MON VOCABULAIRE
GUIDE VISUEL

ROMAIN RACINE, JEAN-CHARLES SCHENKER

Crédits photos

Tous les crédits photos de l'ouvrage sont accessibles avec le QR Code ci-contre.

Direction éditoriale : Béatrice Rego
Marketing : Thierry Lucas
Édition : Virginie Poitrasson
Conception maquette intérieure : Dagmar Stahringer
Conception graphique et mise en pages : Pierre Florette
Couverture : Miz'enpage
© CLE International / Sejer – Paris 2024
ISBN : 9782090353754

SOMMAIRE

Partie 1 — LES PREMIERS MOTS DU QUOTIDIEN 5

1. Les pays et les nationalités 6
2. Les chiffres et les nombres 9
3. Le calendrier 11
4. L'heure et la date 13
5. Les expressions de temps 16
6. Les expressions de quantité 21
7. La routine quotidienne 24
8. Décrire les choses 28
9. Donner son opinion 32
10. Communiquer et échanger des informations 36

Partie 2 — LA PERSONNE 43

11. Le visage 44
12. Le corps 51
13. Les vêtements 62
14. Les accessoires et les produits de beauté 72
15. Les sentiments et les humeurs 79
16. L'arbre généalogique 88
17. La famille et les relations 90
18. L'éducation 100
19. Le crime et la loi 105

Partie 3 — LA NOURRITURE ET LA BOISSON 117

20. La viande, le poisson, les produits laitiers et les collations 118
21. Les fruits et les noix 131
22. Les légumes, les céréales et les champignons 135
23. Le pain, les desserts et les condiments 140
24. Les boissons 148
25. Boire et manger 154
26. Manger sur place et au restaurant 162

Partie 4 — LA SANTÉ 167

27. La maladie 168
28. Les médicaments 176
29. Les médecins 180
30. La forme et le bien-être 184

Partie 5 — LE DOMICILE 191

31. La maison 192
32. Les ustensiles de cuisine 202
33. Les corvées et le nettoyage 210
34. Déménager, louer ou acheter une habitation 213

Partie 6 — LA VILLE 219

35. Les lieux de la ville 220
36. Les commerces alimentaires 228
37. Les commerces non alimentaires 233
38. Les administrations 238

Partie 7 — LE TRAVAIL 242

39. Les métiers manuels 244
40. Les métiers de service 252
41. L'argent et les finances 259
42. Travailler 266
43. Postuler à un emploi 271

Partie 8 — LES ACTIVITÉS 277

44. Les activités de plein air et les sorties culturelles 278
45. Les loisirs domestiques 282
46. Les sports 287

Partie 9 — LE VOYAGE 297

47. Les transports (terrestres, maritimes, aériens) 298
48. L'hébergement 306
49. Les voyages et le tourisme 311

Partie 10 — L'ENVIRONNEMENT ET LE MONDE 317

50. Le temps et le climat 318
51. La géographie et l'espace 328
52. Les préoccupations environnementales 337

Partie 11 — LES ANIMAUX ET LES PLANTES 341

53. Les animaux de compagnie 342
54. Les animaux de la ferme 349
55. Les animaux sauvages 356
56. Les poissons et les mammifères marins 366
57. Les fleurs 372
58. Les arbres 378

Partie 12 — LA SCIENCE ET LA TECHNOLOGIE 385

59. La technologie et ses gadgets 386
60. Les sciences 389

PARTIE 1
LES PREMIERS MOTS DU QUOTIDIEN

1 LES PAYS ET LES NATIONALITÉS

Les cinq continents

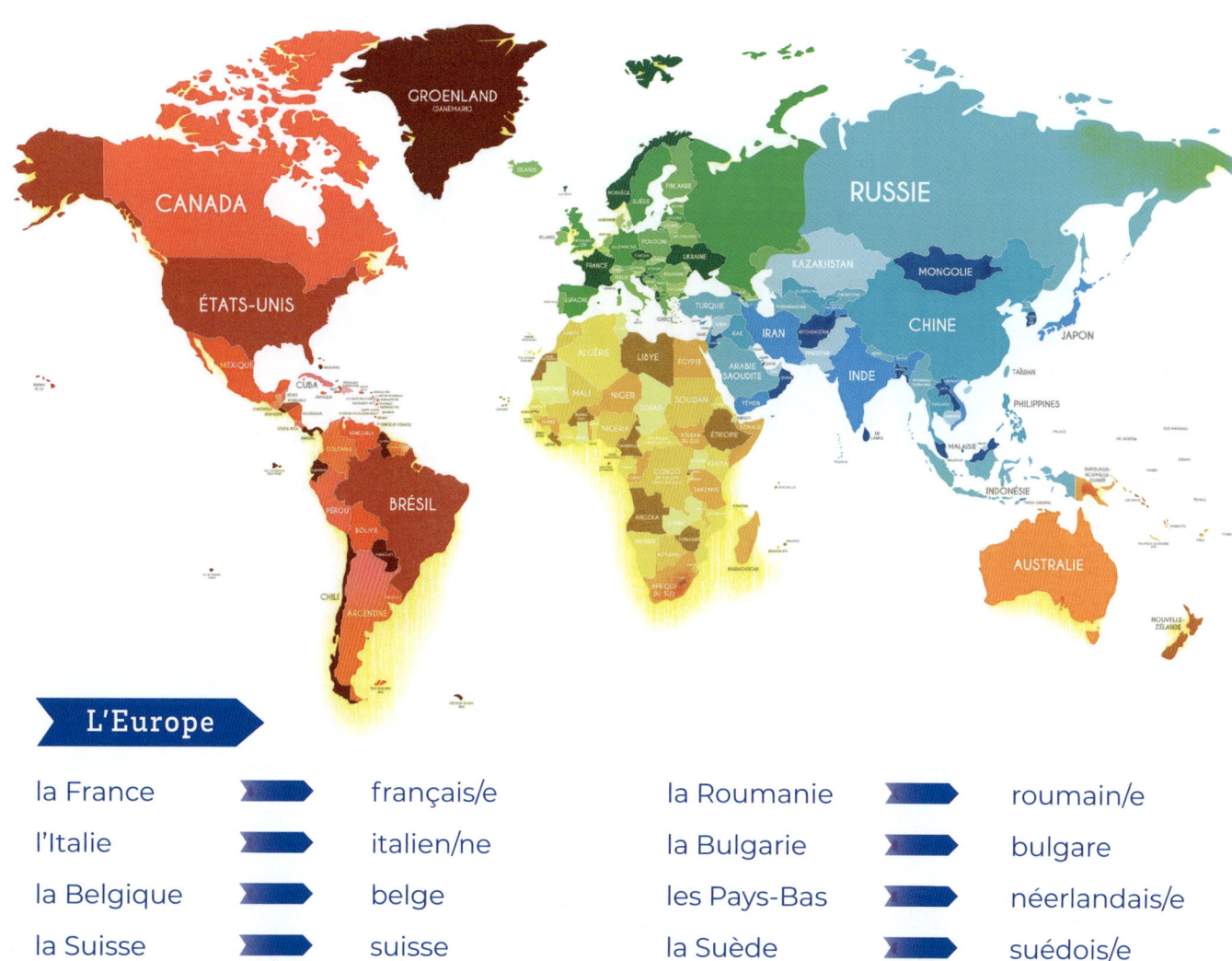

L'Europe

la France	français/e	la Roumanie	roumain/e
l'Italie	italien/ne	la Bulgarie	bulgare
la Belgique	belge	les Pays-Bas	néerlandais/e
la Suisse	suisse	la Suède	suédois/e
l'Allemagne	allemand/e	la Russie	russe
l'Espagne	espagnol/e	la Pologne	polonais/e
le Portugal	portugais/e	Chypre	chypriote
la Grèce	grec/grecque	l'Irlande	irlandais/e
la Grande-Bretagne	anglais/e	l'Autriche	autrichien/ne

LES PAYS ET LES NATIONALITÉS

L'Asie

le Liban	→ libanais/e		le Japon	→ japonais/e
la Turquie	→ turc/turque		l'Inde	→ indien/ne
Israël	→ israélien/ne		la Chine	→ chinois/e
la Syrie	→ syrien/ne		la Corée	→ coréen/ne
le Cambodge	→ cambodgien/ne		l'Indonésie	→ indonésien/ne
le Laos	→ laotien/ne		l'Iran	→ iranien/ne
le Viêt-Nam	→ vietnamien/ne		le Pakistan	→ pakistanais/e
la Thaïlande	→ thaïlandais/e		l'Afghanistan	→ afghan/e

L'Afrique

la Tunisie	→ tunisien/ne		la Côte d'Ivoire	→ ivoirien/ne
l'Égypte	→ égyptien/ne		l'Afrique du Sud	→ sud-africain/e
le Kenya	→ kényan/e		Madagascar	→ malgache
le Sénégal	→ sénégalais/e		l'Algérie	→ algérien/ne
le Maroc	→ marocain/e		le Congo	→ congolais/e

L'Amérique

les États-Unis	▶	américain/e	le Canada ▶	canadien/ne
le Brésil	▶	brésilien/ne	Cuba ▶	cubain/e
le Pérou	▶	péruvien/ne	Haïti ▶	haïtien/ne
l'Argentine	▶	argentin/e	la Bolivie ▶	bolivien/ne
la Colombie	▶	colombien/ne	le Chili ▶	chilien/ne
le Mexique	▶	mexicain/e	le Costa Rica ▶	costaricain/e

L'Océanie

l'Australie ▶ australien/ne   la Nouvelle-Zélande ▶ néo-zélandais/e

Communiquer

« Bonjour ! Je m'appelle Ana, je suis **espagnole**, je viens d'**Espagne**. Et vous ?

– Salut ! Moi, je suis Yukiko, je suis **japonaise** et mon amie Saoussen est **tunisienne**. Mais nous habitons au Québec. »

- Heidi est **suisse** (*adj.*), c'est une **Suissesse** (*nom*) très célèbre.
- Un **Anglais** vient d'Angleterre, un **Britannique** vient du Royaume-Uni et les deux parlent anglais.
- Une **Hollandaise** vient de Hollande, une **Néerlandaise** habite aux Pays-Bas.
- Quand on parle des **Américains**, on pense aux habitants des États-Unis.
- Les **Québécois** sont des **Canadiens** francophones.

LES CHIFFRES ET LES NOMBRES

Les chiffres

0 zéro
1 un
2 deux
3 trois
4 quatre
5 cinq
6 six
7 sept
8 huit
9 neuf

Les nombres

10 dix
11 onze
12 douze
13 treize
14 quatorze
15 quinze
16 seize
17 dix-sept
18 dix-huit
19 dix-neuf

20 vingt
21 vingt **et** un
22 vingt-deux
23 vingt-trois
24 vingt-quatre
25 vingt-cinq
26 vingt-six
30 trente
31 trente **et** un
32 trente-deux

40 quarante
41 quarante et un
42 quarante-deux
50 cinquante
60 soixante
70 soixante-**dix**
71 soixante **et onze**
72 soixante-**douze**
80 quatre-vingt**s**
81 quatre-**vingt-un**

90 quatre-vingt-dix
91 quatre-vingt-onze
100 cent
200 deux cent**s**
201 deux cent un
1000 mille
1 000 000 un million

Exemples

→ J'ai **25 ans (vingt-cinq)** et mon grand-père en a **76 (soixante-seize)**.

→ À Paris, le ticket de métro coûte **1,90 € (un euro quatre-vingt-dix)** et quatre nuits d'hôtel coûtent **six cents euros**. C'est cher !

→ Quelle heure est-il ? Il est **20 h 00 (vingt heures)**, c'est l'heure de dîner.

LES CHIFFRES ET LES NOMBRES

Communiquer

1

« Quel est votre numéro de téléphone portable,
s'il vous plaît ?
– C'est le **06.70.90.98.39**. Voulez-vous également
mon numéro de téléphone fixe au bureau ?
– Oui, avec plaisir.
– C'est le **01.60.23.37.45.** »

2

« Salut, tu as quel âge ?
– J'ai **19** ans. Et toi ?
– Moi, j'ai **17** ans. »

- **Orthographe :** Les nombres **un, vingt** et **cent** sont parfois variables : quarante et **un** garçons mais quarante et **une** filles (accord au féminin). J'ai quatre-vingt**s** ans (avec « s » et liaison !) et ma femme a quatre-ving**t**-huit ans (suivi d'un chiffre : sans « s »). Hier, il y avait deux cent**s** personnes (avec « s ») et aujourd'hui il y en a trois cen**t** dix (suivi d'un chiffre : sans « s »).

Info Culture

En francophonie, il y a différents systèmes pour compter de 0 à 99 :

- En France et dans les pays africains, on dit **soixante-dix** (70), **quatre-vingts** (80) et **quatre-vingt-dix** (90).

- En Belgique, on dit **septante** (70), **quatre-vingts/octante** (80) et **nonante** (90).

- En Suisse, on dit **septante** (70), **huitante** (80) et **nonante** (90).

3 LE CALENDRIER

Les sept jours de la semaine

lundi   le week-end
mardi   un jour férié
mercredi
jeudi
vendredi
samedi
dimanche

Exemples

→ Le **samedi** et le **dimanche**, c'est le **week-end**.

→ Le 1er mai est **férié**, c'est la fête du travail, on ne travaille pas.

Expression

- **Ce n'est pas tous les jours dimanche !**
(= La vie n'est pas tout le temps facile et drôle.)

Les douze mois de l'année

janvier ➤ février ➤ mars
avril ➤ mai ➤ juin
juillet ➤ août ➤ septembre
octobre ➤ novembre ➤ décembre

Exemples

→ En **juillet** et en **août**, les Français partent en vacances.

→ Au mois de **décembre** et au début de l'année, on fête Noël et le Nouvel An.

Communiquer

Sur une carte de vœux :

« Joyeux Noël et bonne année ! »

« Mes meilleurs vœux ! »

Les quatre saisons

Le printemps : mars, avril, mai

L'été : juin, juillet, août

L'automne : septembre, octobre, novembre

L'hiver : décembre, janvier, février

Exemple

→ En Europe, **le printemps**, c'est la saison des fleurs et **en hiver**, il neige.

Expression

• **En avril**, ne te découvre pas d'un fil !

(= Attention, en avril, il peut encore faire froid.)

4 L'HEURE ET LA DATE

Mesurer le temps

• **Les unités de temps :**
une heure
une minute
une seconde
une fraction de seconde

• **Les appareils :**

une horloge   **une pendule**   **une montre**   **un réveil**

Exemples

→ Dans **une heure**, il y a **soixante minutes** et dans **une minute**, il y a **soixante secondes**.

→ **Le réveil** sonne et **la pendule** du salon fait tic-tac.

→ **L'horloge** de la gare indique **11 heures**. Elle avance de **10 minutes**. Ma **montre** n'est pas à **l'heure** non plus, elle retarde de **5 minutes**.

Expression

• J'arrive **dans une minute** !
(= tout de suite...mais tout est relatif !)

Indiquer l'heure

9 h 00 (du matin)   **9 h 15** (= neuf heures et quart)   **12 h 00** (= midi)   **14 h 00** (= deux heures de l'après-midi)   **17 h 45** (= six heures moins le quart)

20 h 30 (= huit heures et demie du soir)   **22 h 00** (= dix heures du soir)   **24 h 00 / 0 h 00** (= minuit)

Exemples

→ Le matin, je me lève à **six heures et demie** (= 6 h 30). L'après-midi, je me promène au parc. Le soir, je me couche à **onze heures moins le quart** (= 22 h 45).

→ Mon avion part à **midi dix** (= 12 h 10) et il arrive à **minuit moins vingt** (= 23 h 40). Le taxi m'attend à **minuit et quart** (= 0 h 15).

→ À ma montre, il est précisément **neuf heures et sept minutes** (= 9 h 07).

Communiquer

« Bonjour. Excusez-moi. Avez-vous l'heure, s'il vous plaît ?
– Oui, il est **onze heures et demie**.
– Merci bien !
– Je vous en prie et bonne journée ! »

L'HEURE ET LA DATE

Expression

- **Il ne faut pas chercher midi à quatorze heures** ! (= c'est simple et évident)

Indiquer la date

Le 1ᵉʳ novembre (= le premier)   **le 2** février (= le deux)   **le 3** juin (= le trois)

le 31 octobre 2024 (= le trente et un)

en 2026

Exemples

→ Le combien sommes-nous aujourd'hui ? Aujourd'hui, c'est **le 3 février**. Nous sommes **le 1ᵉʳ mars**. Demain, nous serons (le) **mardi 2 mars**.

→ J'arriverai **le 10** au soir ou **le 11** au matin.

→ La célèbre révolte étudiante a eu lieu **en mai 1968** (**mille neuf cent soixante-huit**).

→ Cette **année**, ton anniversaire tombe **un samedi**.

Communiquer

1

« Les enfants, dites-moi : quelle est la date aujourd'hui ?

– Aujourd'hui, nous sommes **le 27 mai 2029**.

– Et quel jour sommes-nous aujourd'hui ?

– On est **vendredi**. »

2

« C'est quand ton anniversaire ?

– C'est **le 21 août**. Je suis du signe du lion. Et toi ?

– Moi, c'est **le 3 octobre**. Je suis balance. »

5 LES EXPRESSIONS DE TEMPS

L'agenda

avant-hier ▶ hier ▶ aujourd'hui ▶ demain ▶ après-demain

le matin ▶ le midi ▶ l'après-midi (fém. ou masc.) ▶ le soir ▶ la nuit

la semaine dernière

la semaine prochaine

le mois

le trimestre

l'an (masc.) / l'année (fém.)

Exemples

→ **Cette semaine**, nous restons à la maison mais la **semaine prochaine**, nous partirons au bord de la mer.

→ **Hier soir**, nous sommes allés au restaurant. **Demain matin**, j'ai un rendez-vous très important.

L'exactitude

il y a ≠ dans (+ durée)   **à** (+ heure)   **en** (+ année)   **à l'heure**   **ponctuel/le**

Exemples

→ **En** 1539, le français est devenu la langue officielle de la France.

→ Je me suis levé **il y a** 20 minutes et je vais partir travailler **dans** 10 minutes. Je prends vite un café et un croissant.

→ Le spectacle commence **à** 19 h 30 précises.

→ Hervé est toujours **à l'heure**, c'est un garçon très **ponctuel**.

LES EXPRESSIONS DE TEMPS

L'inexactitude

en avance ≠ en retard   vers (+ heure)
environ   en début de matinée / en fin de journée

Exemples

→ Les uns arrivent **en avance**, les autres arrivent **en retard** mais personne n'arrive à l'heure !
→ Le bus a **environ** dix minutes **de retard**. Je risque d'arriver **en retard** au travail. **Vers** 10 heures, c'est tard, trop tard !

La durée

- pendant   depuis   en   pour

Exemples

→ J'habite en France **depuis** 2 ans.
→ Tous les jours, je fais du sport **pendant** une demi-heure.
→ Nous avons déjeuné à toute vitesse, **en** 45 minutes à peine !
→ Je partirai à l'étranger **pour** 3 ans.

- la matinée   la journée   la soirée   l'année (fém.)

Exemple

→ J'ai passé toute **la journée** à nettoyer mon ordinateur. Quel temps perdu !

- dès   à partir de   de…à   entre   jusqu'à…

Exemples

→ **Entre** midi et deux heures, on déjeune. **De** 16 h **à** 17 h, je fais la sieste.
→ **À partir de** demain / **Dès** demain, je ferai la cuisine tous les jours. C'est promis !

17

Communiquer

1

« Ce soir, je vais aller au cinéma. Tu veux venir avec moi ?
– C'est gentil de m'inviter. Mais je ne peux pas aujourd'hui.
– D'accord. Quel dommage !
– Oui… **Passe une excellente soirée** !
– Merci et à très bientôt ! »

2

« Quand pars-tu en vacances ?
– Je pars au mois de juillet.
– Combien de temps ?
– **Pendant** quinze jours. **Jusqu'au** 23 juillet. »

Expressions

- On se reverra **dans huit jours**. (= 1 semaine)
- On partira en vacances **pendant quinze jours**. (= 2 semaines)
- Tu m'attendras ici, **j'en ai pour** cinq minutes !
(= s'absenter pendant cinq minutes)
- Je reviens **dans un instant** !
(= pour faire patienter quelqu'un)
- Bonne **journée** ! Excellente **soirée** !
(= souhaits pour des activités en journée et en soirée)
- À tout de suite ! **À tout à l'heure** ! À bientôt !
(= formules pour dire au revoir)

LES EXPRESSIONS DE TEMPS

La chronologie

d'abord ➡ puis ➡ ensuite ➡ enfin   avant ≠ après

Exemples

→ **D'abord**, j'ouvre le livre, **puis** je découvre les images, **ensuite** je lis l'histoire et **enfin**, quand j'ai terminé, je referme le livre. Quel bonheur !
→ **Avant** le film à la télé, je m'occupe du ménage. Et **après**, je vais danser.

La fréquence

toujours   jamais   souvent   rarement   une / deux fois par...

Exemples

→ Le soir, je me brosse **toujours** les dents mais je **ne** me lave **jamais** les pieds. Et toi ?
→ Thaïs va **souvent** à l'Opéra, au moins **une fois par** semaine.

L'évolution

de plus en plus ≠ de moins en moins

Exemple

→ Je mange **de moins en moins** mais je grossis **de plus en plus**. C'est bizarre !

La répétition

d'habitude   en général   en principe ≠ exceptionnellement

Exemple

→ **D'habitude**, je bois du vin en mangeant. Mais aujourd'hui, je fais **une exception** : je bois du champagne !

Le temps ressenti

se dépêcher ≠ prendre son temps
être pressé/e ≠ avoir le temps de

vite ≠ lentement
long/ue ≠ bref/brève

tôt ≠ tard

Exemples

→ Je me suis levé trop **tard**, je dois me **dépêcher**. **Vite**, **vite**, je n'ai même **pas le temps de** prendre le petit-déjeuner !

→ Le dimanche matin, nous **prenons notre temps**. Nous **ne sommes pas pressés**. Quel plaisir !

Communiquer

« Moi, je suis plutôt un lève-**tôt**. Et toi ?

– Moi, pas du tout. Je suis au contraire un lève-**tard**. Il ne faut surtout rien me demander avant 11 heures ! »

Expression

- La pièce de théâtre dure **depuis** trois heures. **Que c'est long !** (= c'est interminable)

6 LES EXPRESSIONS DE QUANTITÉ

Quantité globale

tout ≠ rien

+
- **trop (de)**
- **plus (de)**
- **beaucoup (de)**
- **autant (de)**
- **assez (de)**
- **moins (de)**
- **(un petit) peu (de)**

−
- **pas / plus du tout (de)**

Exemples

→ J'ai **assez d'**argent pour m'acheter des livres mais je n'ai **plus du tout d'**argent pour faire des voyages. Tant pis !
→ Est-ce que tu sais si un salarié suisse a **autant de** congés payés qu'un salarié français ?
→ Tu arrives à **tout** mémoriser et tu **n'**oublies **rien**. Chapeau !

• **Distinguez :**
un peu de *(jugement positif : petite quantité)* ≠ **peu de** *(jugement négatif : pas assez)*. Exemples :

« Dans mon assiette, il y a **un peu de** riz et de légumes : cela me plaît et me suffit. Mais il y a (trop) **peu de** viande : c'est dommage ! ».

Expression

• Tu ne me réponds jamais quand je te pose une question, **j'en ai assez** ! (= ça suffit !)

Info Culture

• Pour connaître l'intensité de ses sentiments amoureux pour quelqu'un, le francophone va cueillir une marguerite et l'effeuiller en prononçant la formule suivante : **« je l'aime un peu, beaucoup, passionnément, à la folie... pas du tout ! »** Quel programme !

Quantité plus précise

un (beau ≠ petit) morceau

une tranche

une plaque

une tablette

une boîte

une barquette

une part

un pot

une (demi-)douzaine

en entier

une moitié

LES EXPRESSIONS DE QUANTITÉ

Exemples

→ Chez le fromager, je vais acheter **un beau morceau** de fromage, **une plaque** de beurre et **une demi-douzaine** d'œufs.

→ Oh là là, tu es terrible : tu as mangé **la moitié du pot** de confiture et **une tablette** de chocolat **en entier**. Quel gourmand !

Communiquer

« Dis-moi, au petit-déjeuner, tu préfères plutôt le thé ou le café ? le sucré ou le salé ?

– Moi, je bois toujours du thé vert et je mange du salé : quelques **tranches** de pain et **des morceaux** de fromage. Et toi ?

– Moi, je prends en général du café et un petit-déjeuner sucré : des tartines à la confiture, **une part** de flan et des fruits. »

Info Culture

- Pour acheter ou consommer des œufs, des escargots ou des huîtres, les francophones utilisent le système de comptage dit « **duodécimal** » (la base 12), un système très ancien et toujours pratique : « je voudrais **une douzaine d'escargots** (= 12) et une **demi-douzaine d'huîtres** (= 6), s'il vous plaît ! »

7 LA ROUTINE QUOTIDIENNE

Se préparer le matin

se réveiller

se lever

se doucher

s'habiller

prendre le petit-déjeuner

se laver les dents

préparer ses affaires / son sac

être prêt/e

accompagner les enfants à l'école

Exemples

→ Tous les jours, toute la famille **se lève** à 7 heures du matin. C'est tôt !

→ Le matin, on doit **préparer ses affaires** pour **aller travailler**. Alors, il ne faut rien oublier : le porte-monnaie, le portefeuille, le portable, le trousseau de clefs... et sa tête !

LA ROUTINE QUOTIDIENNE

Communiquer

« **Réveille-toi**, mon chéri ! C'est l'heure. Le réveil a sonné. Il faut **se lever**, **accompagner les enfants à l'école** et partir au travail !

– Oh non ! J'ai sommeil, je n'ai pas assez dormi cette nuit. Laisse-moi dormir encore cinq minutes, s'il te plaît ! Je te promets que je **serai prêt** dans vingt minutes !

– D'accord, mais pas une minute de plus ! »

Expression

• **Métro, boulot, dodo** (= expression pour décrire une **vie routinière**, monotone et sans joie qui se limite au fait de prendre les transports, d'aller travailler et de rentrer se coucher).

Se restaurer à midi

▲ **déjeuner à la cantine**

aller au restaurant

▲ **avaler un sandwich**

faire une pause déjeuner

Exemple

→ Aujourd'hui, je n'ai pas envie d'**avaler un sandwich**, je vais **aller au restaurant**. C'est moins déprimant !

Expression

• Entre midi et une heure, je vais juste **manger un petit truc sur le pouce** (= prendre un repas rapide, assis sur un banc ou en marchant).

Rentrer le soir

faire les courses

aller chercher les enfants à l'école

rentrer à la maison

passer des coups de fil (fam.)

ouvrir son courrier

dîner

prendre un bain

faire les devoirs

regarder un film

se déshabiller / mettre son pyjama

lire une histoire

aller se coucher (avec un bonnet de nuit)

s'endormir

Exemples

→ Je n'arrive jamais à **m'endormir** avant minuit. Et toi ?
→ Il est tard. **Je vais me coucher**. Bonne nuit !
→ Allez, les enfants, c'est l'heure d'aller au lit. **Déshabillez-vous** et **mettez vos pyjamas** !

LA ROUTINE QUOTIDIENNE

Expressions

• Ce monsieur est triste comme **un bonnet de nuit** (= être très ennuyeux).

• Si le sommeil ne vient pas, on dit qu'il faut **compter les moutons pour s'endormir.**

Dormir la nuit

dormir (profondément)   rêver   s'agiter   ronfler
être insomniaque   une insomnie   un sommeil   un somnifère
faire un cauchemar ≠ faire de beaux rêves

Exemples

→ La nuit, je **rêve** régulièrement : en général, je fais de jolis **rêves** et je **dors** tranquillement.

→ Quand je **fais des cauchemars** horribles, j'ai **un sommeil** très **agité**.

→ Je suis épuisée, je ne **dors** plus, tu **ronfles** toutes les nuits.

→ Mon rituel pour bien m'endormir : avant d'éteindre la lumière, je lis quelques pages d'un bon livre. C'est **un somnifère** tout à fait naturel !

Expressions

• Celui ou celle qui dort avec moi dans le même lit n'a pas de chance : je **ronfle comme un sonneur de cloches** (= ronfler très bruyamment).

• C'est **le train-train quotidien** et familial (= la routine de tous les jours).

8 DÉCRIRE LES CHOSES

Les couleurs

bleu/e — rouge — jaune — noir/e — blanc/he — brun/e
vert/e — gris/e — rose — orange — beige — violet/te

Exemple

→ Les couleurs de l'arc-en-ciel sont le **rouge**, l'**orange**, le **jaune**, le **vert**, le **bleu** et le **violet**.

Les formes

rond/e (un rond) — carré/e (un carré) — rectangulaire (un rectangle) — ovale (un ovale) — triangulaire (un triangle)

Exemple

→ À l'époque, les baignoires étaient **carrées**. Cela revient à la mode !

DÉCRIRE LES CHOSES

Les dimensions

petit/e ≠ grand/e
court/e ≠ long/ue
étroit/e ≠ large
épais/se ≠ mince
haut/e ≠ bas/se
profond/e ≠ peu profond/e

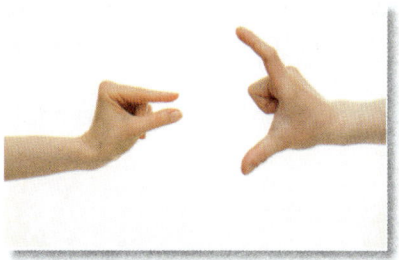

> Exemple

→ Cette **grande** table mesure/fait 2 mètres de **long** et 1,50 mètre de **large**. Elle est **longue** et **large**.

La nature des objets

lourd/e ≠ léger/ère
plein/e ≠ vide

dur/e ≠ mou/molle
rugueux/se ≠ doux/douce

sentir bon ≠ mauvais
puer (fam.)

solide ≠ fragile

> Exemples

→ Une plume est **légère**. Un coussin est **mou**.
→ Une porcelaine est **fragile**. Les poils d'un chat sont **doux**.
→ La poubelle **sent mauvais**. Un verre peut être **plein** ou **vide**.

Communiquer

« Fais attention : ce vase est très **fragile** ! Pose-le doucement sinon il risque de se casser.
– Bien sûr, je suis moins maladroit que tu ne le crois. Voilà. Mais qu'est-ce qu'il est **lourd** ! C'est du cristal ?
– Oui, et quand il n'est pas **vide** comme maintenant, il pèse une tonne ! »

La matière

du plastique

du papier / du carton

du métal / du fer

du verre

de l'or

de la laine

du bois

du cuir

du caoutchouc

Exemples

→ Les emballages **en papier** ou **en verre** sont recyclables.
→ Les déchets **en plastique** ou **en caoutchouc** ne sont pas biodégradables.

DÉCRIRE LES CHOSES

• **Distinguez :**
un verre (= le contenant) ≠ un ver (= l'animal nu qui rampe) ≠ un vers (= la partie d'un poème)

La position

sur 	entre 	autour (de) 	en haut (de)
sous	au-dessus (de)	devant 	en bas (de)
dans	en dessous (de)	derrière	au milieu (de)

Exemple

→ Je loue un appartement dans un immeuble : j'ai des voisins **au-dessus**, **en dessous**, **à gauche** et **à droite**. Et moi, je suis **au milieu**. Vous imaginez le bruit !

• **Liaison interdite !**
Pour prononcer correctement la position « **en haut** », évitez de faire la liaison : en // haut !

Expressions

• Quand il s'adresse à moi, il devient toujours **rouge comme une pivoine** (= être très ému).
• La parole **est d'argent** et le silence **est d'or** (= il vaut parfois mieux se taire plutôt que de parler).
• **Ça se voit comme le nez au milieu de la figure** (= c'est clair et évident).

9 DONNER SON OPINION

Exprimer son avis

un avis　　une opinion　　un point de vue
penser　　croire
trouver　　avoir l'impression
à mon avis　　selon moi

Exemples

→ **À mon avis**, les débats sont nécessaires pour le bon fonctionnement d'une société.
→ **Je pense** que tu as raison ≠ **Je crois** que tu as tort.
→ **Je trouve** que tu exagères mais c'est **mon point de vue** personnel.
→ **Je pense** comme vous. ≠ Je ne suis pas **de votre avis**.

Expression

- Ma sœur est énervante, elle **met son grain de sel** partout (= avoir **un avis** sur tout).

Apprécier ≠ critiquer

bien ≠ mal
bon/ne ≠ mauvais/se
parfait/e ≠ nul/le
aimer ≠ détester
plaire ≠ déplaire
trouver (intéressant)　　sembler (clair)
préférer　　convenir

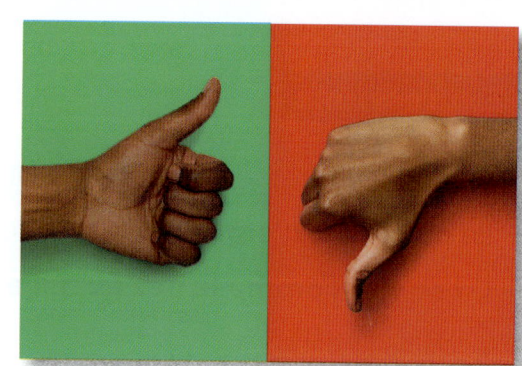

DONNER SON OPINION

Exemples

→ **Je trouve** ça beau, joli, amusant, sympa, intéressant, intelligent. ≠ **Nous trouvons** ça laid, moche, ennuyeux, désagréable, inintéressant, bête.

→ Cela me **semble** clair, correct. ≠ Cela nous **semble** compliqué, faux.

→ Cela me **plaît**. ≠ Cela nous **déplaît**.

→ Cela me **convient**. ≠ Cela **ne** nous **convient pas**.

→ C'est **parfait**. On peut tout laisser tel quel ! ≠ Ce n'est pas ça. C'est à refaire !

→ **J'aime** beaucoup cela. ≠ **Nous n'aimons pas** trop ça.

→ La langue que **je préfère**, c'est le français bien sûr !

→ C'est **bien**. C'est **bon**. ≠ C'est **mal**. C'est **mauvais**.

→ C'est **super** ! ≠ C'est **nul** !

→ **J'adore** ! ≠ **Je déteste** !

Expression

- (Plutôt) **pas mal** ! (= assez bien ou, selon l'intonation, très bien)

Le débat

être d'accord ≠ ne pas être d'accord

une vérité ≠ un mensonge

clair / évident ≠ insensé / extravagant

logique ≠ illogique

vrai ≠ faux

bien sûr / absolument ≠ pas du tout

être sûr/e   être convaincu/e

constater   confirmer   comprendre

se tromper   douter

33

> **Exemples**

→ **Je suis d'accord** avec vous. ≠ **Je ne suis pas** du tout **d'accord**.
→ C'est **évident**. Vos explications sont **claires** et précises. J'ai **tout compris**.
≠ Ce n'est **pas clair** ce que vous dites là. On n'y **comprend** rien !
→ Ça me paraît **logique**, **sensé**. ≠ Ça me paraît **illogique**, **insensé**.
→ C'est **vrai**. C'est la **vérité**. ≠ Ce n'est pas vrai, c'est **faux**. Ce sont des **mensonges** !
→ Je **confirme** ce que vous venez de dire. ≠ Vous **vous trompez**. Je n'ai jamais dit cela.
→ Oui, **absolument** ! ≠ Non, **pas du tout** !

> **Communiquer**

[un débat] « **Selon moi**, il faudrait stériliser tous les chats du quartier. Il y en a trop !
– **Je suis** tout à fait **d'accord avec** vous. Mais avec quels moyens ? La municipalité n'a plus un sou !
– Non, **vous vous trompez**. La municipalité a de l'argent, mais **je ne suis pas sûr** qu'elle veuille le dépenser pour cela.
– Et alors, qu'est-ce que vous préconisez pour régler ce problème ?
– **Je pense** qu'il faut créer une association de quartier qui prendrait en charge les frais de stérilisation.
– Donc, si je vous **comprends** bien, c'est aux habitants de payer. Alors là, je **ne suis plus du tout d'accord** avec vous. C'est à la municipalité de mieux s'organiser !
– **Je constate** que vous êtes optimiste... »

DONNER SON OPINION

Expressions

- Vous **passez du coq à l'âne** ! (= tenir un discours incohérent, passer d'un sujet à l'autre)

Quelques formules pour le débat

tout d'abord	entrer dans le vif du sujet	pour clore notre débat
pour commencer	en venir au deuxième point	en conclusion
en introduction	en venir au fait	pour finir / terminer
prendre la parole	interrompre / couper la parole	pour conclure

Exemples

→ **Pour commencer**, je voudrais demander à tous les participants du débat de **ne pas se couper la parole**.

→ À présent, **entrons dans le vif du sujet** !

→ Vous racontez des détails sans importance. **Venez-en au fait** !

→ **Ne m'interrompez pas** tout le temps. Laissez-moi finir ma phrase !

→ Après ces exemples, **venons-en au dernier point**.

→ **En conclusion**, j'aimerais tout simplement dire que la situation n'est pas désespérée.

Expression

- **Revenons à nos moutons** !
(= reprendre le sujet de la conversation après une digression)

10 COMMUNIQUER ET ÉCHANGER DES INFORMATIONS

Le courrier postal

• **La lettre**

une plume
une feuille de papier
écrire
envoyer
un courrier
une lettre prioritaire
une carte postale
un/e facteur/trice

un stylo
une enveloppe
rédiger
poster
un timbre
une lettre recommandée
une boîte aux lettres
un bureau de poste

Exemples

→ Pour **écrire une lettre** d'amour, je prends ma **plume**. Ensuite, je colle un joli **timbre** sur **l'enveloppe** et je l'**envoie**. Comment va réagir l'amour de ma vie ?

→ Avec **la lettre recommandée**, je suis sûr que le destinataire recevra ma lettre car **le facteur** qui distribue **le courrier** va lui demander une signature.

COMMUNIQUER ET ÉCHANGER DES INFORMATIONS

L'adresse postale

l'expéditeur ≠ le destinataire

le titre de civilité (Monsieur / Madame / Mademoiselle), le prénom, le nom

le numéro, le nom de la voie (rue / avenue / boulevard / place / chemin)

le code postal, la commune

le pays

Exemple

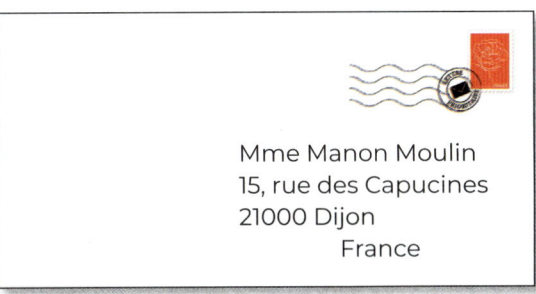

 Sur une enveloppe, on utilise un certain nombre d'abréviations qu'il faut maîtriser :
M. (= Monsieur), **Mme** (= Madame), **Mlle** (= Mademoiselle), **Dr** (= Docteur : un médecin homme / femme), **Me** (= Maître : un/e avocat/e ou un/e notaire) ; **av.** (= avenue), **bd** (= boulevard), **pl.** (= place), **ch.** (= chemin), **exp.** (= expéditeur)

Expression

- Pour expliquer mon retard, j'ai dit à mon patron qu'il y avait beaucoup d'embouteillages. Mais ce n'était pas vrai. Heureusement, mon petit mensonge **est passé comme une lettre à la poste** (= être cru sans difficulté).

Info Culture

- La tradition francophone veut qu'on mentionne **le numéro** avant **la voie** :
3, **av.** de la République.
- En Suisse, dans certaines communes francophones proches de l'aire germanophone, on peut également rencontrer l'inverse : **avenue** de la République, **3**.

Le courrier électronique

• **L'adresse électronique**

une majuscule `A`   un point `.`   un sous-tiret `_`

une minuscule `a`   tiret `-`   une arobase `@`

Exemple

→ Une phrase commence par une lettre **majuscule** et se termine par **un point**. Entre les deux, on utilise des virgules. Mais attention : dans les adresses électroniques, les virgules (,) ne sont pas admises.

Communiquer

« Quelle est votre **adresse électronique** ? J'aimerais vous envoyer un courriel.
– C'est : vincent-tiret-beaumarchais-**arobase**-institutfrancais-**point**-com. Tout en **minuscules**.
– Donc : vincent-beaumarchais@institutfrancais.com. C'est juste ?
– Oui, c'est ça ! »

• **La messagerie**

une messagerie électronique

une boîte de réception / une boîte mail

un courriel / un e-mail

transférer un message

bloquer les courriels indésirables / les spams

supprimer un message / mettre à la corbeille

télécharger un document

imprimer

COMMUNIQUER ET ÉCHANGER DES INFORMATIONS

Exemple

→ J'ouvre ma **boîte mail** tous les jours. Consulter ma **messagerie** est devenu une drogue !

 En francophonie, on utilise en général le terme « **courriel** » (= courrier électronique) au lieu de « **mail** » ou « e-mail ».

• **Rédiger un courriel**

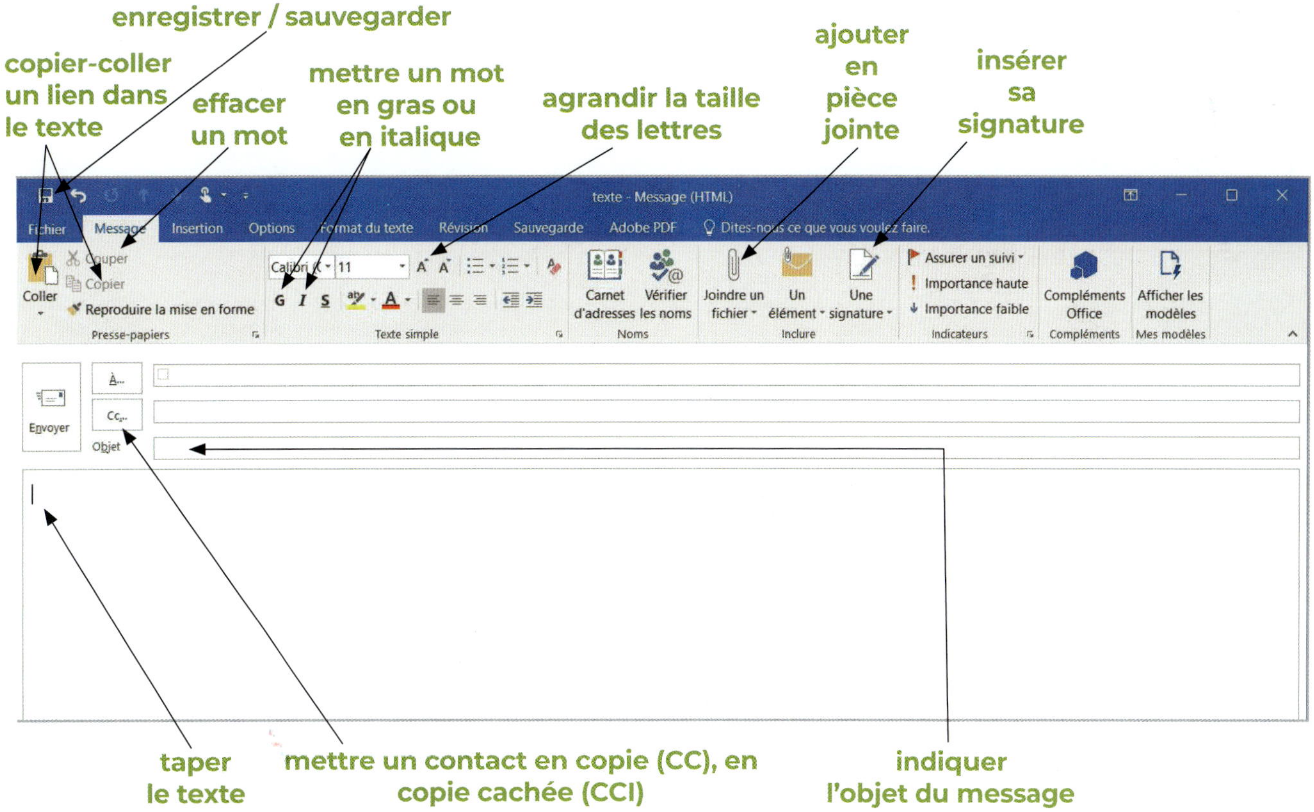

Légendes de la capture d'écran :
- copier-coller un lien dans le texte
- enregistrer / sauvegarder
- effacer un mot
- mettre un mot en gras ou en italique
- agrandir la taille des lettres
- ajouter en pièce jointe
- insérer sa signature
- taper le texte
- mettre un contact en copie (CC), en copie cachée (CCI)
- indiquer l'objet du message

Exemples

→ Quand je **rédige** des courriels, j'adore faire de belles mises en page : certains mots, je les mets **en italique**, d'autres **en gras**, et parfois j'**agrandis** certaines lettres.

→ Montre-moi ce **courriel** bizarre sur ton portable, mais ne le déroule pas trop vite, sinon je n'arrive pas à lire **le texte** !

→ **Les messages** importants, je les **enregistre** d'abord comme brouillon. C'est toujours mieux de les relire et de les corriger le lendemain avant de les envoyer.
→ Pour faciliter le flux d'information, n'oublie pas de **mettre** tes collègues **en copie** !
→ Pour **ajouter** un fichier en **pièce jointe**, il faut cliquer sur l'icône correspondante.

Communiquer

« Salut, Boris ! Tu as reçu mon **courriel** avec la réservation d'hôtel **en pièce jointe** ?
– Ah non. Je n'ai pas reçu ton mail. Je vais vérifier dans **les indésirables**… ça y est, je l'ai retrouvé.
Je vais donc **télécharger** et **sauvegarder** le document, puis l'**imprimer**. Comme mon anti-virus est très performant, beaucoup de courriels sont directement déplacés dans la boîte spam. »

 En francophonie, au lieu de « **spam** », on peut utiliser le terme « **pourriel** » (= courriel pourri, c'est-à-dire **message indésirable**).

Le message vocal

. Le téléphone fixe

un appareil téléphonique   un câble
un combiné (avec ou sans fil)
composer un numéro   appeler
décrocher   raccrocher
laisser sonner   ne pas répondre

COMMUNIQUER ET ÉCHANGER DES INFORMATIONS

Exemples

→ **Le combiné** permet à la fois d'écouter les messages de son interlocuteur au bout du **fil** et de lui répondre en direct.

→ J'ai **composé le bon numéro** et ça **sonne**, mais personne ne **décroche le téléphone**. Je vais donc **raccrocher**.

Communiquer

« Allô, pourrais-je parler à monsieur Racine, s'il vous plaît ?... Je suis bien chez monsieur Racine ?

– Non, ici Jacques Corneille **à l'appareil**. Vous faites erreur, il n'y a pas de monsieur Racine à ce **numéro**.

– Oh, excusez-moi, Monsieur, **je me suis trompée de numéro** !

– Il n'y pas de mal. Au revoir, Madame ! »

• **Le téléphone mobile**

un portable   **avoir du réseau**

laisser un message sur le répondeur

**envoyer un texto (= un sms)
ou un mms (= un message multimédia)**

joindre quelqu'un au téléphone

allumer ≠ éteindre son portable

le mode silencieux / vibreur

interrompre   **couper**

Exemple

→ À table, il est très impoli de laisser son **portable allumé**. Il est conseillé soit de l'**éteindre** complètement soit de le mettre **en mode silencieux** pour éviter de déranger.

41

Communiquer

1

« Salut, Yasmine. J'ai essayé de te **joindre** sur ton **portable**.
Impossible de te **laisser un message** sur ta **boîte vocale**.
Du coup, je t'**envoie ce texto** pour t'inviter à dîner ce soir.
Réponds-moi vite ! Bises. Adélaïde. »

2

« Allô, Carlo, tu m'entends ?
– Non, pas très bien. La communication est très mauvaise.
Le réseau n'est pas bon, on risque d'être **interrompus** à tout moment.
– Je te disais : est-ce que tu pourrais....
Allô, allô, tu m'entends ? Mince, **ça a coupé** ! Il faut que je le rappelle. »

• **Distinguez :**
un portable (= le téléphone mobile) ≠ un portable (= l'ordinateur portable)

Expression

• Le réseau est très mauvais ici, c'est la troisième fois que notre conversation est coupée en plein milieu. Je crois que je vais **péter un câble** !
(= s'énerver, se mettre en colère)

PARTIE 2
LA PERSONNE

11 LE VISAGE

Décrire le visage

- le sourcil
- l'œil – les yeux (masc.)
- le nez
- la joue
- la dent
- le front
- la paupière
- le cil
- l'oreille (fém.)
- la bouche
- la lèvre
- le menton

Exemples

→ Cette fille a **les yeux** marron et ce garçon a **les yeux** bleus, bleu clair plus exactement.
→ Ce gamin tire **la langue**. Quel impoli !
→ **Mon nez** est bouché. Je me mouche avec un mouchoir. Atchoum !
→ Elle n'est pas contente et cela se voit : elle fronce **les sourcils**.

Quelques particularités du visage

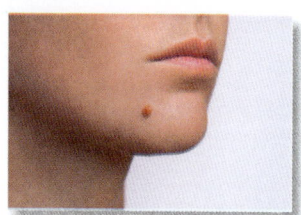  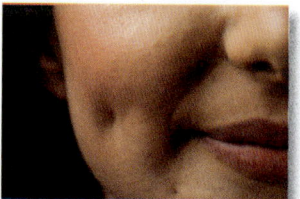 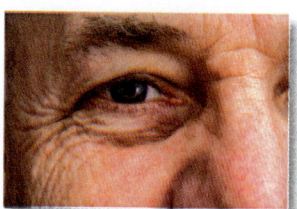

▲ un grain de beauté   ▲ des taches de rousseur   ▲ une fossette   ▲ une ride

une oreille décollée   des yeux en amande   un nez en trompette   un nez crochu

LE VISAGE

Exemples

→ J'ai **des taches de rousseur**.
→ Elle a **les yeux en amande** et **un grain de beauté** sur le menton.
→ Elle a **des fossettes** aux joues.
→ Il a **le nez en trompette** et **les oreilles décollées**.
→ Grand-père a **des rides** et grand-mère est **ridée**. C'est normal : ils ont quatre-vingt-dix ans !

Communiquer

« Vous avez déjà croisé notre nouveau voisin du dessus ? Qu'est-ce qu'il est beau !
– Le brun aux **yeux** bleus ? Vous avez raison, il n'est pas mal !
– Et encore, vous n'avez pas remarqué deux charmants détails : il a quelques **taches de rousseur** sur **les joues** et une jolie **fossette** au **menton**. Il est craquant comme tout !
– Oh, je vois : vous êtes tombée sous son charme ! Bon, je vous laisse. Au revoir ! »

Expressions

- Elle **a les dents longues** (= avoir beaucoup d'ambition).
- Il **a la langue bien pendue** (= faire des commentaires francs et directs).
- Elle **a** cette personne **dans le nez** (= ne pas supporter).

Info Culture

- En francophonie, dans un registre familier, on dit « **il/elle n'est pas mal !** » pour dire « il est beau / elle est belle ». Pour dire « il/elle me plaît (beaucoup) », on peut employer les expressions « **il/elle est craquant/e (comme tout)** » et « **je suis tombé/e sous son charme** ».

Les cheveux

- **La couleur des cheveux**

| blonds | bruns | châtains | roux |

> **Exemples**

→ Sven a les cheveux **roux** alors que sa sœur est **blonde**.
→ Avec l'âge, les cheveux deviennent **gris** puis **blancs**. C'est la vie !

 • En français, les mots pour désigner la couleur des cheveux ne correspondent pas forcément aux couleurs normales : il est **roux**, elle est **rousse** (= il/elle a les cheveux **roux**, et non pas rouge !)

LE VISAGE

. **La coupe et les types de cheveux**

> Exemple

→ Frédérique a les cheveux **raides** et **courts** tandis qu'Antonia a les cheveux **mi-longs** et légèrement **frisés**.

> Communiquer

« Tu as vu la belle **blonde** là-bas ?

– La fille aux cheveux **longs** et **bouclés** ? mais non, elle n'est pas **blonde**, elle est **rousse** !

– Ah oui, peut-être. Alors très légèrement. En tout cas, ce qui est sûr, c'est qu'elle n'est pas **brune** ! »

Expressions

- Cet homme a les cheveux **poivre et sel** (= avoir des cheveux bruns et blancs à la fois). Cela lui va très bien !
- Arrête de **couper les cheveux en quatre** ! (= discuter de points de détail sans importance)

Info Culture

- Quant à la couleur des **cheveux**, les francophones distinguent trois grandes catégories de personnes : les **blonds/blondes** (cheveux **blonds** et **châtain clair**), les **roux/rousses** (cheveux **roux**) et les **bruns/brunes** (cheveux **châtain foncé**, **bruns** et « **noirs** »).

La coiffure et la barbe

- **La coiffure**

une frange

des mèches (fém.)

une raie
(au milieu / sur le côté)

des couettes
(fém.)

une queue de cheval

un chignon

une tresse

LE VISAGE

> **Exemples**

→ Se faire un beau **chignon** le matin, c'est du travail !
→ Quand elle s'attache les cheveux, elle ne se fait pas une simple **queue de cheval** mais **une tresse** extraordinaire !
→ Il porte **la raie** sur le côté gauche. Cela lui donne un air sage et coquin à la fois.
→ Il a perdu ses cheveux, il est **chauve**. Tant mieux : il n'a plus besoin de se coiffer !

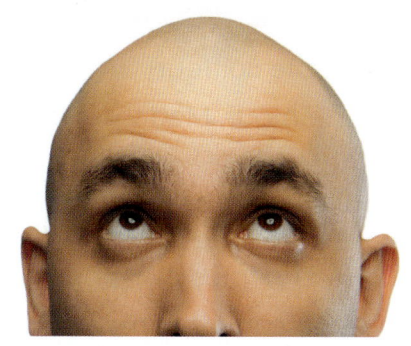

être chauve

· **Les accessoires pour les cheveux**

un serre-tête

un chouchou

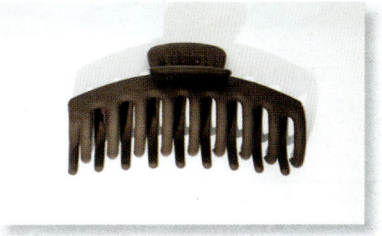

une pince

une barrette

un bandeau

> **Exemples**

→ Elle porte **un serre-tête** pour tenir ses cheveux.
→ Comme une mèche lui tombe sur les yeux, elle la fixe avec **une barrette**.
→ Pour faire mon chignon, j'utilise **un bandeau**. Avec cela, j'ai l'air d'une reine !

Communiquer

[Chez le coiffeur]

« – Bonjour, Madame. Comment je vous **coiffe** aujourd'hui ?

– Aujourd'hui, Mélanie, vous allez me couper un peu **les mèches** qui me tombent sur le front. Mais pas trop **court** ! Puis vous allez me faire une légère teinture en **blonde**. J'aimerais avoir **les cheveux** plus clairs pour l'été. C'est possible ?

– Bien sûr, Madame ! »

coiffer

• **La barbe**

une moustache   **une barbe**   **une barbiche**

Exemples

→ Il porte **une barbe**, il est barbu.
→ Il porte **une moustache**, il est moustachu.

Expression

• Ma chérie, tu **parles dans ta barbe** (= parler à voix basse sans articuler), je ne comprends pas ce que tu dis !

2 LE CORPS

Le corps humain

• **Les parties du corps**

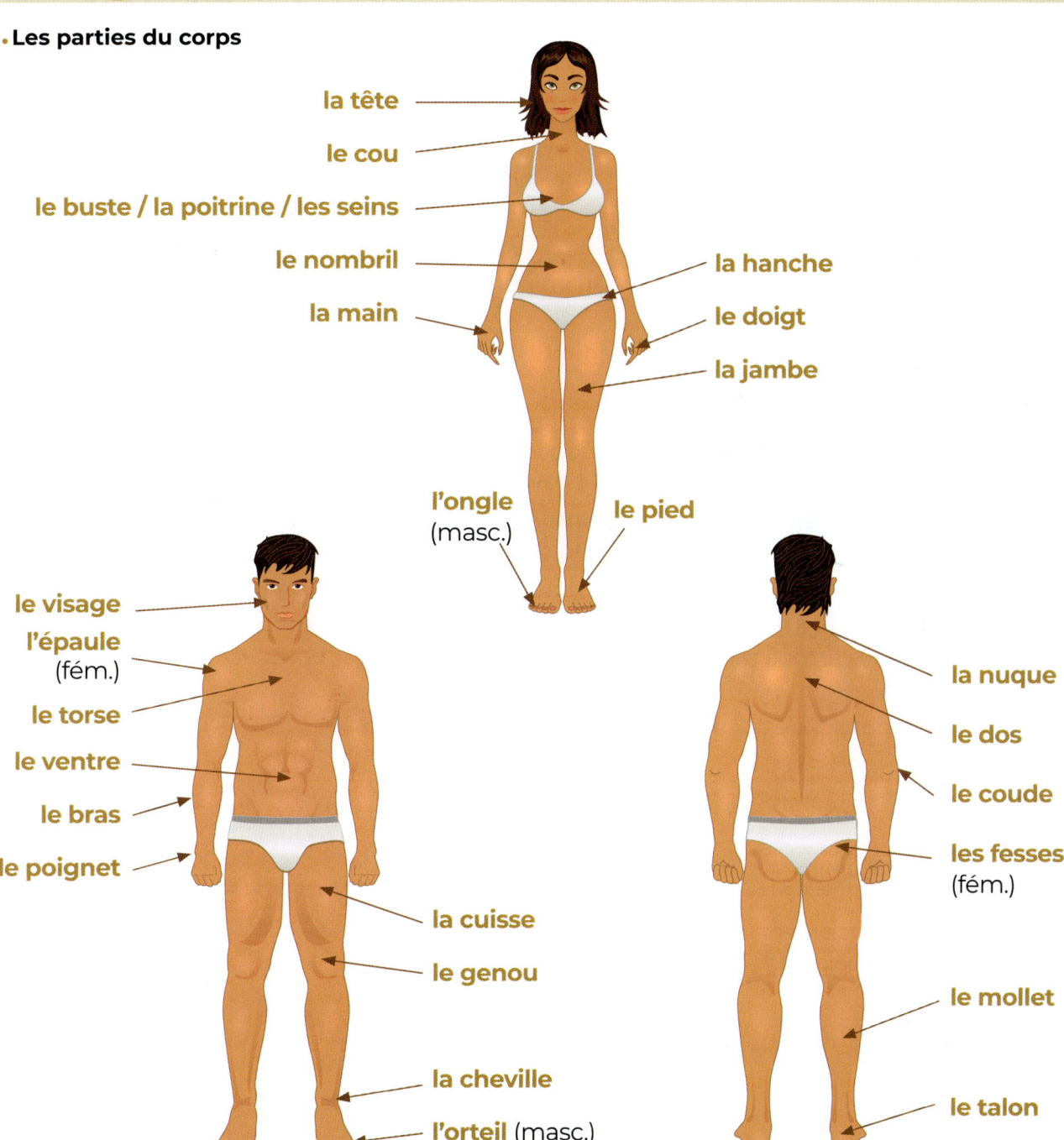

Exemples

→ Pour mieux bronzer, elle s'allonge d'abord sur **le ventre** puis sur **le dos**.

→ Pour enlever les tensions, je vais chez le kiné pour me faire masser **le cou**.

→ Tous les matins, je fais un peu de gymnastique : je tourne ma **tête** et mon **buste**, je plie mes **jambes** et mes **genoux**, je lève mes **bras** avec des poids. Tout cela pour me muscler, rester souple et être en pleine forme !

→ **L'épaule**, **le poignet**, **le coude**, **la hanche**, **le genou** et **la cheville** sont des articulations.

→ Je trouve que j'ai **un torse** très poilu. Qu'en penses-tu ?

Expressions

• Selon moi, on est dans une société très égocentrée. Il serait peut-être utile d'arrêter de **se regarder** constamment **le nombril** ! (= ne voir que son propre cas, sa propre personne)

• La direction de mon entreprise me demande d'être de plus en plus disponible, sans salaire supplémentaire. **J'en ai plein le dos** ! (= en avoir assez)

• Partir quinze jours en vacances dans un hôtel cinq étoiles, **ça coûte un bras** ! (= **coûter les yeux de la tête** = coûter très cher)

• Ce soir, j'invite des amis à dîner. Mais je ne vais pas **me casser la tête** ! (= ne pas se compliquer les choses)

• S'exprimer en public, c'est **son talon d'Achille** (= le point faible).

• **Distinguez :** un poignet (= l'articulation entre la main et l'avant-bras) ≠ une poignée (= la quantité qui se laisse enfermer dans une main) ≠ une poignée de porte (pour l'ouvrir ou la fermer).

• Remarquez également la différence de **prononciation** entre « poignet » [poignè] et « poignée » [poigné] !

LE CORPS

- **Le système / l'appareil digestif**

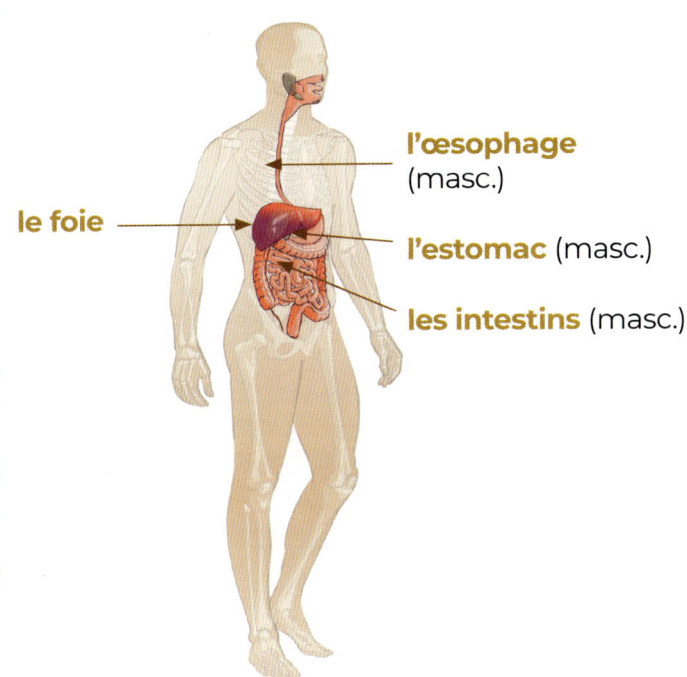

le foie
l'œsophage (masc.)
l'estomac (masc.)
les intestins (masc.)

- **Le système respiratoire**

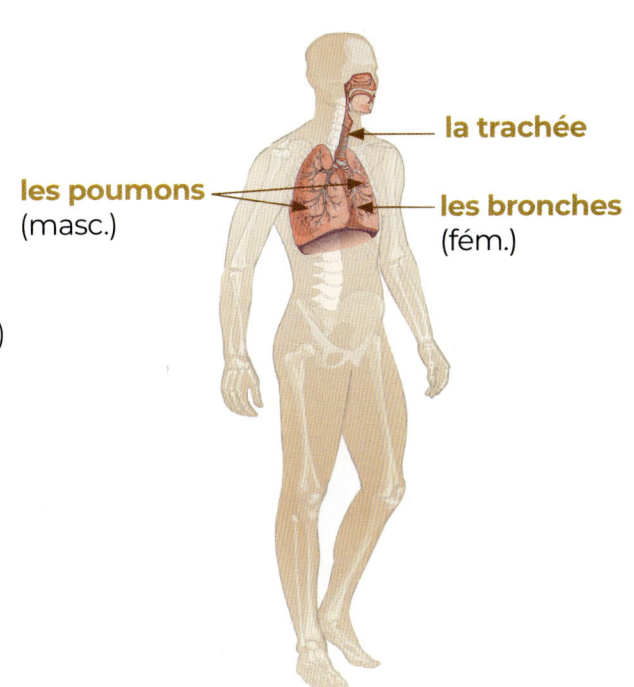

la trachée
les poumons (masc.)
les bronches (fém.)

- **Le système sanguin**

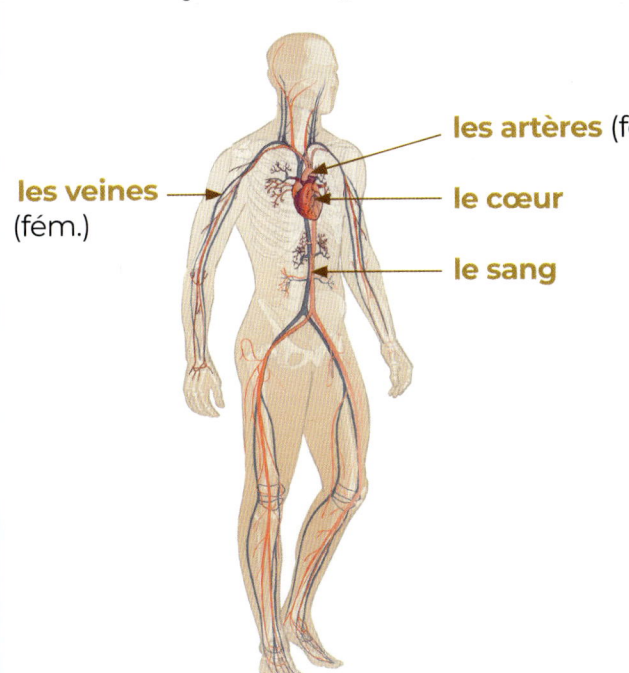

les veines (fém.)
les artères (fém.)
le cœur
le sang

- **Le système nerveux**

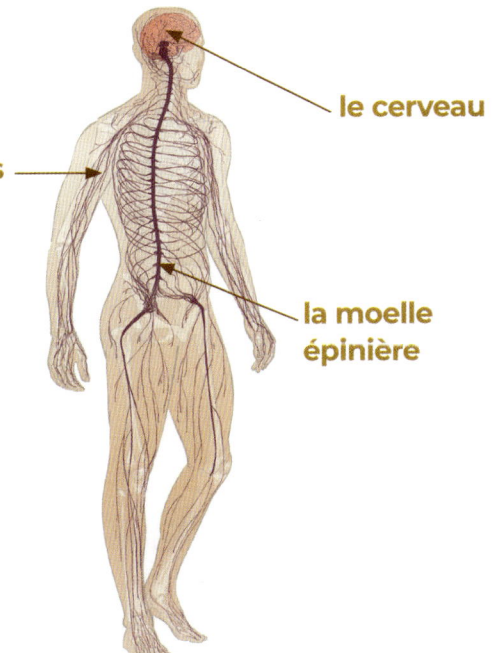

le cerveau
les nerfs (masc.)
la moelle épinière

53

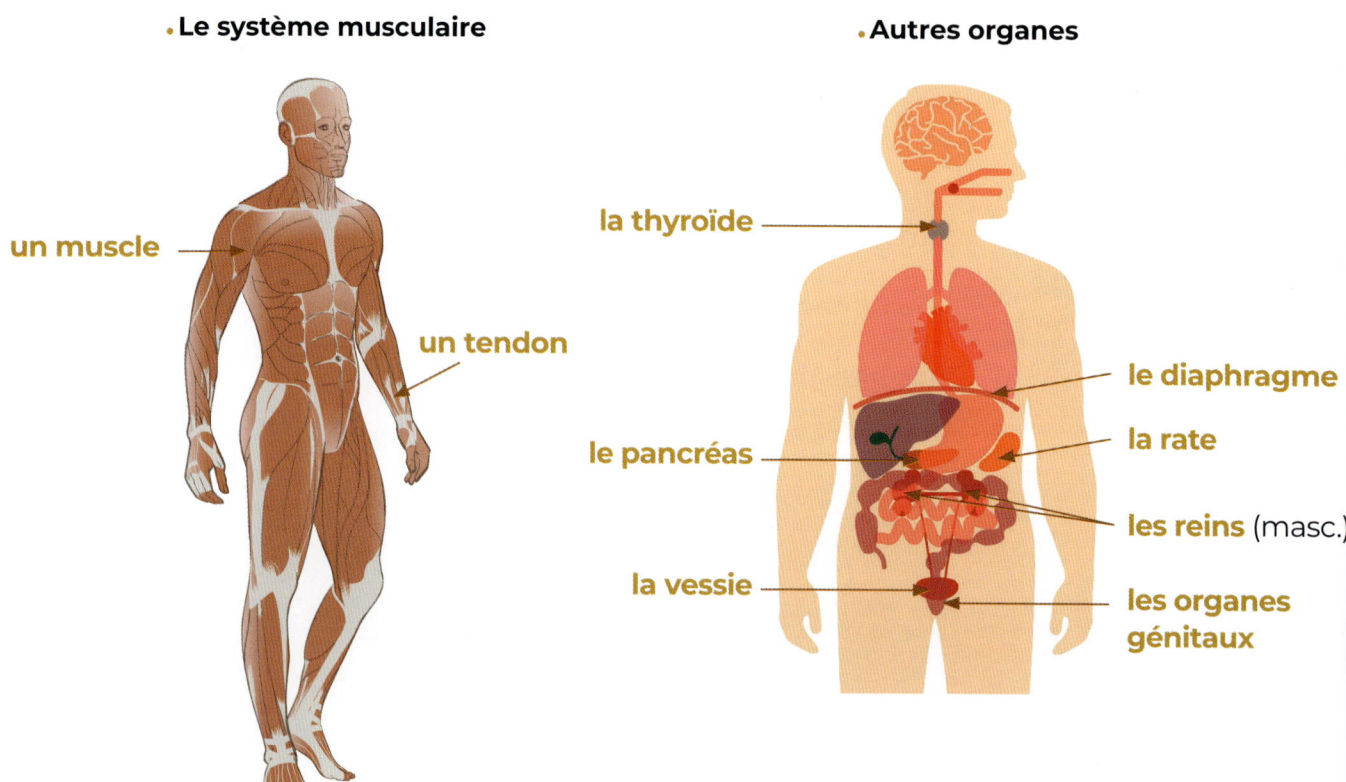

•Le système musculaire

un muscle
un tendon

•Autres organes

la thyroïde
le diaphragme
la rate
le pancréas
les reins (masc.)
la vessie
les organes génitaux

> **Exemples**

→ À l'aide **des muscles** et **des tendons**, le corps humain peut bouger de manière extraordinaire.

→ **Mon cœur** bat très fort. **Le sang** coule dans mes **veines**. Quand me je coupe, ça saigne.

→ Un virus a attaqué **mes poumons**. J'ai du mal à respirer. J'ai l'impression d'étouffer.

→ J'ai **la vessie** pleine. Je dois absolument aller faire pipi. C'est urgent !

→ Je digère mal les fritures : j'ai **l'estomac** et **les intestins** fragiles. Et **mon foie** travaille insuffisamment dès que j'avale un aliment trop gras. C'est décidé : dès demain, je me mets au régime !

> **Expressions**

• Ce monsieur est très gentil mais il **a un pois chiche à la place du cerveau** ! (= être totalement stupide, manquer d'intelligence)

• Je suis très nerveux en ce moment. J'**ai les nerfs à fleur de peau** (= être très irritable, se mettre en colère pour un rien).

LE CORPS

• **Le squelette**

un os / les os
casser   fracturer

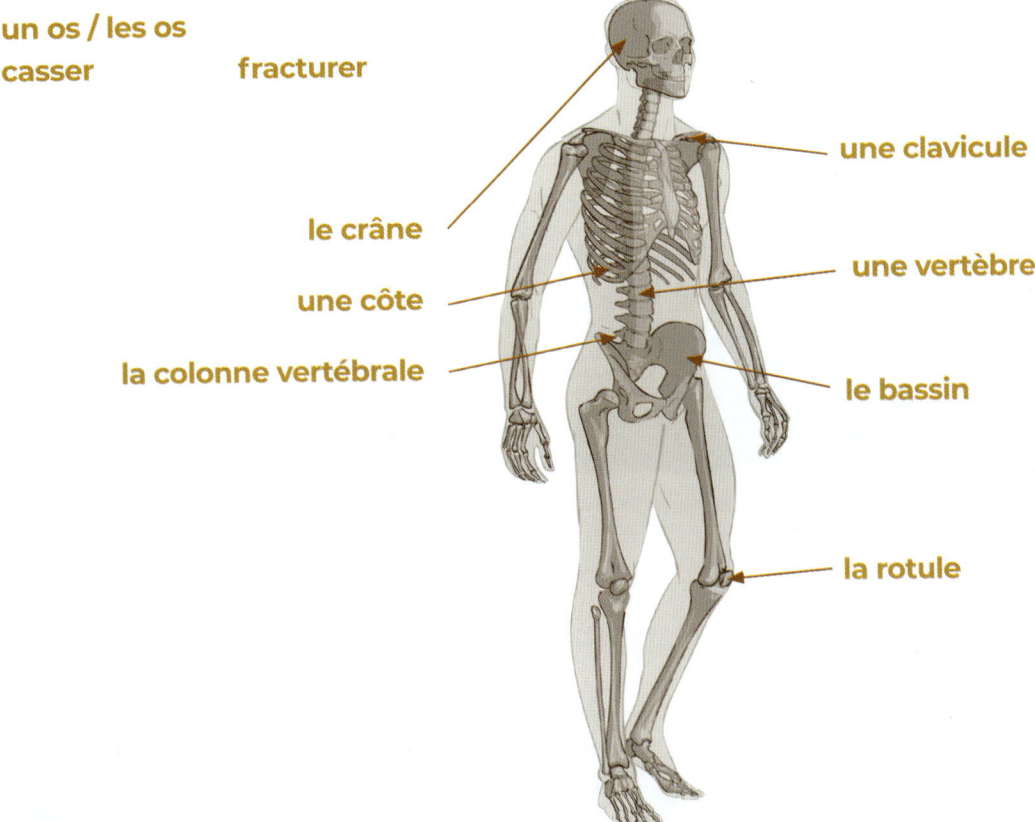

- une clavicule
- le crâne
- une vertèbre
- une côte
- la colonne vertébrale
- le bassin
- la rotule

> **Exemples**

→ Les chiens adorent ronger **les os**.
→ Le cerveau est logé dans **le crâne** qui le protège des chocs.
→ En chutant sur le côté, je me suis cassé **une côte** et fracturé **une clavicule**. C'est très douloureux. Mais heureusement, **la colonne vertébrale** n'a pas été touchée !

- **Distinguez : la côte** (= l'os du corps) ≠ la côte (= le bord de mer, ex. la côte d'Azur) ≠ la cote (= à la bourse) ≠ le côté (= la position, ex. à côté de).
- **Prononciation : un os** (au singulier, le "s" est prononcé, comme "bosse"), mais **les os** (au pluriel, le "s" n'est pas prononcé, comme *les eaux" !)

> **Expression**

• Elle fait tout pour avancer très vite dans sa carrière mais là, elle **est tombée sur un os** (= rencontrer une difficulté ou une résistance).

Les mouvements et les positions du corps

se lever ➤ être debout

se coucher ➤ être couché/e, allongé/e

s'agenouiller ➤ être à genoux

s'asseoir ➤ être assis/e

marcher

courir

glisser

tomber

grimper

sauter

nager

Exemple

→ Les enfants préfèrent bouger au lieu de rester **assis** sur une chaise : ils **sautent** à la corde, se mettent **à genoux**, **s'assoient** sur des pierres, **grimpent** dans les arbres, se roulent par terre, **courent** partout, parfois **glissent** et **tombent**… et **se relèvent**. C'est la vie !

Expression

- Après la réussite de son bac, elle **a sauté de joie** (= être très content).

LE CORPS

Les expressions du corps humain

 éternuer
 pleurer
 rougir

 rire
 lécher ses doigts
 sucer
 hausser les épaules

 frissonner
 faire un clin d'œil
 soupirer
 tousser

 sourire
 applaudir
 bâiller
 froncer les sourcils

Exemples

→ Il ne sait pas quoi répondre. Il **hausse les épaules**.
→ Il est minuit et je **bâille** sans arrêt. Je suis fatiguée, il est temps d'aller me coucher.
→ Je **frissonne**, comme si j'avais de la fièvre. En plus, je viens d'**éternuer** plusieurs fois de suite.
→ Si je **fronce les sourcils**, cela veut dire que je suis mécontent ou de mauvaise humeur.
→ Je n'aime pas quand on me **fait des clins d'œil**.

Expressions

- Cette charlotte aux poires caramélisées, on **s'en lèche les doigts** ! (= trouver très bon)
- **Cœur qui soupire** n'a pas ce qu'il désire (= être insatisfait ou déçu).

Les cinq sens

- **La vue**

voir / regarder

avoir une bonne vue ≠ être malvoyant/e

avoir de bons yeux ≠ être borgne ≠ être aveugle

visible ≠ invisible

clair ≠ sombre

Exemples

→ Je ne **vois** pas **clair**. Tu peux allumer la lumière, s'il te plaît ? Il fait vraiment **sombre** dans cette pièce. Ou alors il me faut des lunettes !
→ Ce vieux cheval est **borgne**, c'est pour cela qu'il a un regard bizarre avec son seul œil qui voit.

Communiquer

« Coucou ! je suis là !
– Je **regarde** par la fenêtre. Je t'entends mais je ne te **vois** pas. Tu te caches où ?
– Tu es **aveugle** ? Là, dans la rue, juste sous ton balcon.
– Ah, voilà. Maintenant, je te **vois** ! »

Expressions

- Cet observateur d'oiseaux **a des yeux de lynx** (= avoir de très bons yeux).
- Ce surveillant **n'a pas les yeux dans sa poche** (= bien observer les choses).

LE CORPS

• **L'ouïe**

entendre / écouter

avoir l'ouïe fine ≠ être malentendant/e

avoir une bonne oreille ≠ être sourd/e

le silence ≠ le bruit

silencieux/se ≠ bruyant/e

Exemples

→ Il chante très bien, il **a une excellente oreille**.
→ Allô, allô, je ne t'**entends** pas bien. Tu peux répéter ?
→ Aujourd'hui, je vais à l'université pour **écouter** un célèbre professeur.

Communiquer

« Hé oh ! Pierre, je t'ai appelé trois fois. Tu es **sourd** ?
– Excuse-moi, mais je ne t'ai pas **entendu**. Il y a beaucoup de **bruit** ici.
– Tu as raison. À côté d'une autoroute, ce n'est pas vraiment **silencieux** ! »

Expression

• Si tu continues de faire des bêtises, je vais te **tirer l'oreille** ! (= gronder)

• **L'odorat**

sentir   avoir l'odorat développé

puer (fam.)   sentir bon ≠ mauvais

une odeur   un parfum

Exemples

→ Les mouches **ont l'odorat** extrêmement **développé**. Elles sentent **les odeurs** même en dormant !
→ Pour avoir **une bonne odeur** dans la maison, je brûle de l'encens.
→ Cette rose dégage **un parfum** magnifique !

Communiquer

1

« Qu'est-ce qui se passe ? Tu as l'air bizarre.
– Oh, je ne **sens** plus rien. Je crois que j'ai le nez bouché !
– Alors, tu ne **sens** pas **le parfum** que j'ai mis ?
– Si, si ! [snif, snif] Oh, qu'est-ce que tu **sens bon** !

2

« Qu'est-ce que ça **sent mauvais** ici !
– Oui, c'est vrai. Hum… Est-ce que tu as sorti la poubelle hier soir ?
– Ah, non, j'ai oublié !
– Bravo, maintenant ça **pue** dans tout l'appartement ! »

Expression

• Au niveau social, **ça sent pas bon** ! (fam. = supposer que la situation va mal tourner)

• **Le goût**

goûter	**goûteux/se ≠ fade**	**sucré/e ≠ salé/e**
sentir le goût de...	**amer/ère**	**acide**

Exemples

→ J'ai envie de **goûter** ce gâteau à la crème. Ça a l'air délicieux ! J'espère qu'il n'est pas trop **sucré**.
→ Je **sens le goût du** chocolat noir. C'est **amer** !
→ Ce plat manque de sel. Il est **fade**.

LE CORPS

Communiquer

« J'ai comme un drôle de **goût** dans la bouche. Qu'est-ce que tu as mis dans ton plat ?
– Du citron vert. Ce n'est pas bon ?
– C'est trop **acide** pour moi.
– Oh là là, qu'est-ce que tu es difficile ! »

Expression

• Chantal a choisi une décoration élégante et raffinée pour son appartement parisien. Elle **a du goût** (= savoir distinguer ce qui est beau et ce qui est laid).

• **Le toucher**

toucher

sentir

caresser

une caresse

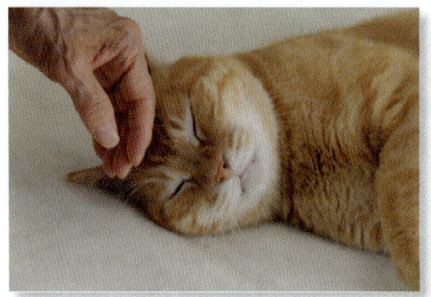

Exemples

→ Attention, ne **touche** pas le fil électrique. Tu risques de t'électrocuter !
→ Tous les jours, je **caresse** mon chat pendant des heures. La câlinothérapie, ça fait du bien !
→ Quand je m'allonge dans la neige, je **sens** le froid pénétrer dans mon corps.

Expression

• Tu veux porter plainte contre cet homme politique influent ? Je te donne un bon conseil : **Pas touche !** (fam. = ne pas avoir le droit d'y toucher : à quelqu'un d'important, à un sujet tabou, etc.)

13 LES VÊTEMENTS

S'habiller

s'habiller ≠ se déshabiller
mettre / enfiler ≠ ôter / enlever / retirer
changer de tenue / de vêtements
essayer

être bien ≠ mal habillé/e
porter
se changer
une cabine d'essayage

> **Exemples**
> → Jules soigne sa **tenue** pour son image. Il est hors de question pour lui d'être **mal habillé** !
> → Au secours ! Mes armoires et mes tiroirs sont remplis de **vêtements**, je ne sais pas quoi **mettre** !

Des vêtements pour femme

un tailleur

un pantalon

une blouse / un haut

une robe (de soirée)

une (mini-)jupe

un chemisier

un gilet

LES VÊTEMENTS

> **Exemples**

→ Quand il fait froid dehors, je mets un manteau par-dessus mon **tailleur** car il faut s'habiller chaudement.
→ Ce soir, il fait doux, je vais mettre **une robe** mi-longue et **un gilet** court.

Des vêtements pour homme

un costume
(une veste et un pantalon)

une cravate

une chemise

un smoking

un nœud papillon

un polo

> **Exemples**

→ Quand il fait très chaud, je change de **chemise** tous les jours.
→ Au festival de Cannes, **le smoking** est « obligatoire » pour monter les marches.

> **Expression**

• Pour fêter son anniversaire, mon père **s'est mis sur son trente-et-un** (= mettre ses plus beaux habits) : smoking, nœud papillon, chapeau et foulard de soie. Quelle élégance !

Des vêtements d'extérieur

un imperméable

un anorak

un blouson

un manteau

une veste

une doudoune

Exemples

→ Quand il pleut, les Suisses mettent **un manteau de pluie** et les Français **un imperméable**. C'est juste une question de vocabulaire !

→ Une vraie **doudoune** n'est pas fabriquée en fibres synthétiques mais en duvet d'oie.

Expressions

• Pour éviter la censure, on fait circuler des tracts et des journaux clandestins **sous le manteau** (= discrètement, clandestinement).

• Vous n'avez aucun principe : aussitôt que la situation change, vous **retournez votre veste** ! (= changer d'opinion et de camp par pur intérêt).

LES VÊTEMENTS

Des tenues décontractées

| un débardeur | un short / un bermuda | un maillot de bain |

| un t-shirt | un jean | un pull | un sweat-shirt |

> **Exemples**

→ Quand je rentre du travail, je mets une tenue plus décontractée : **un jean** et **un t-shirt** ou **un bermuda** et **un débardeur**.

→ À la piscine et à la plage, je me mets en **maillot de bain**.

Des tenues pour la maison

un pyjama — un peignoir — une chemise de nuit — une robe de chambre

> **Exemples**

→ À la sortie du bain, je mets **un peignoir**. Le dimanche matin, quand je reste à la maison, je mets ma **robe de chambre**.
→ Mes enfants adorent traîner en **pyjama** le soir avant d'aller se coucher. Allez oust, les enfants ! au lit maintenant !

Des sous-vêtements

une maille filée (= un trou dans un bas, un collant)

> **Exemples**

→ Oh, j'ai mal choisi la taille de mes **collants**. Maintenant, j'ai plein de plis aux genoux !
→ Dans les grands magasins, on trouve **les sous-vêtements** des femmes au rayon « lingerie ».

> **Expression**

• Aujourd'hui, rien ne marche comme je veux. J'**ai le moral dans les chaussettes** (= être déprimé, démoralisé) !

LES VÊTEMENTS

Des tenues de travail

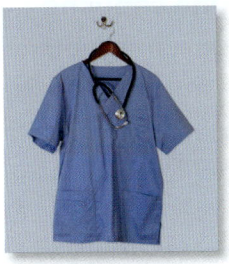
une blouse

un uniforme

une salopette

Exemples

→ Les médecins et les infirmières portent **des blouses**.
→ Les gendarmes et les militaires portent **des uniformes**.
→ Les plombiers, les peintres et les maçons portent **des salopettes**.

Des tenues de sport

▲ **un jogging /
un survêtement**

être à l'aise

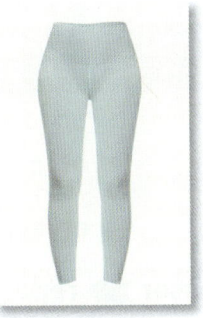
▲ **un legging**

une tenue confortable

▲ **un boxer**

Exemple

→ Pour **être à l'aise** quand ils font du sport, beaucoup de gens portent des caleçons moulants (courts ou longs) : Antoine a mis **un boxer** et Joséphine **un legging**.

Les parties d'un vêtement

un bouton   une poche   une manche (courte ≠ longue)   une capuche
un col (roulé, rond, en V)   une fermeture éclair   une braguette

boutonner ≠ déboutonner   reboutonner   perdre et recoudre un bouton

retrousser les manches   remonter une fermeture éclair

> **Exemple**

→ Tu ne dois pas avoir l'air négligé. **Boutonne** correctement ta chemise et vérifie que **la braguette** de ton pantalon est fermée. Sinon, tout le monde va se moquer de toi !

> **Expressions**

• Afin de soutenir la création d'entreprises, l'État **a mis la main à la poche** (= payer, financer) en **mettant** 3 milliards d'euros **sur la table** (= dépenser).
• Si je veux terminer la rédaction de ce livre avant la fin de l'année, il faut que je **me retrousse les manches** ! (= se mettre au travail)

La matière des tissus

en coton   en laine   en soie   en cuir   en acrylique
en fourrure   en velours   en lin   en synthétique

se laver en machine ▶ lavable   se repasser ▶ repassable
ne pas se froisser ▶ infroissable

> **Exemples**

→ Je privilégie toujours les tissus en **matière** naturelle comme **le coton** et **le velours**, car je suis allergique aux **tissus synthétiques**.
→ En hiver, j'adore porter des pulls **en laine**. C'est confortable et chaud !
→ Tu portes encore des manteaux de **fourrure**, toi ? Ah, tu me rassures, c'est de **la fausse fourrure** !

Les motifs

uni/e
(= d'une seule couleur et sans motif)

à rayures

à carreaux

à pois

à fleurs

Exemple

→ Quelle chemise préfères-tu ? La bleue **à rayures** ou celle **à pois** ?

Communiquer

[À la boutique]

« Vous désirez, Madame ?

– Je cherche **un tailleur** pour me mettre en valeur.

– Quelle taille faites-vous ?

– Je fais du 44.

– Nous avons ce modèle **à carreaux** ultra chic. **Le tissu** est **en coton biologique** et **laine** mélangés. C'est à la mode cette saison. Voulez-vous l'essayer ? **La cabine d'essayage** est au fond de la boutique.

– Ah, non. Ce **tailleur** ne me plaît pas du tout. Il est trop court et trop excentrique. Il me faudrait quelque chose de plus sobre et de moins voyant.

– Là, vous avez un autre modèle, **à petits pois** discrets, plus long et ajusté à la taille. Il **se lave en machine** et le tissu ne **se froisse** pas au lavage. En plus, il est soldé à moins 30 % !

– En effet, c'est intéressant. »

> **Expression**

• Le lin est très froissable mais **il froisse avec noblesse** ! (= même froissés, les vêtements en lin restent élégants)

Des chaussures

des escarpins (masc.)

des bottes (fém.)

des bottines (fém.)

des baskets / des tennis (fém.) (fém.)

des pantoufles / des chaussons (fém.) (masc.)

des sandales (fém.)

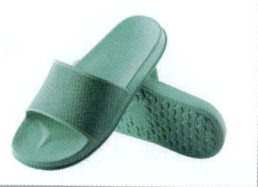
des claquettes (fém.)

des tongs (fém.)

des chaussures de marche (fém.)

des mocassins (masc.)

une paire de chaussures   **des souliers** (masc.)   **des pompes** (fam.)   **une pointure**
un talon (plat/ haut/ aiguille)   **une semelle**   **un lacet**   **une boucle**
être chaussé/e ≠ être pieds nus

> **Exemples**

→ Si la plupart **des souliers** sont **à lacets**, beaucoup de **baskets** sont à scratch.
→ **Les escarpins** sont **des chaussures** élégantes mais pas toujours confortables.
→ Qu'il est bon de marcher **pieds nus** sur la plage dans le sable chaud !

LES VÊTEMENTS

Communiquer

[Au magasin de chaussures]
« Est-ce que je peux vous renseigner ?
– Oui, j'ai vu **une paire de chaussures** dans la vitrine. Un modèle en cuir noir, **à talons plats**.
– Quelle **pointure** faites-vous ?
– Je fais du 42.
– Malheureusement, il ne me reste plus que du 41. Vous voulez essayer quand même ?
– Oui… En effet, elles sont trop petites. Elles me serrent trop et elles ne sont pas confortables. Avez-vous un autre modèle dans le même style ?
– Oui, celles-ci. C'est du 42. Elles sont plus larges, avec **un talon** plus **haut** et **une semelle** renforcée. **Des bottines** très élégantes.
– Elles me plaisent beaucoup. Je vais les prendre ! »

Expressions

- Le proverbe dit : **l'habit ne fait pas le moine** (= les apparences sont trompeuses).
- Je **suis** complètement **à côté de mes pompes** à cause du décalage horaire (= être perturbé/e).
- Il croit avec conviction en la République, **il est droit dans ses bottes** (= être fidèle à ses principes).

Info Culture

Il existe un modèle de **pantoufles** mythiques que tous les francophones connaissent : la charentaise. Ce **chausson** agréable à porter a été conçu dans la région d'Angoulême, en 1666, à partir de morceaux de feutre recyclés. Perfectionnées et remises au goût du jour au début du XXe siècle, **les charentaises** deviendront un symbole du confort et savoir-faire français dans le monde entier !

14 LES ACCESSOIRES ET LES PRODUITS DE BEAUTÉ

Les accessoires

un chapeau

une casquette

un bonnet

un béret

une écharpe

un foulard

une ceinture

des bretelles (fém.)

des gants (masc.)

un sac à main

un parapluie

des lunettes (fém.) (de soleil)

Exemple

→ Tous **les accessoires** traditionnels reviennent à la mode : **le béret**, **les bretelles**, **le foulard**, le nœud papillon. Mais on les porte autrement et dans d'autres circonstances !

Communiquer

« Dis-moi, qu'est-ce que je mets aujourd'hui : **une écharpe** ou **un foulard** ?
– Cela dépend. S'il fait froid dehors, mets **une écharpe** en laine et s'il fait plutôt bon, mets **un foulard** plus léger, en soie par exemple.
– Comme j'ai peur d'avoir froid, je vais mettre **une écharpe**… et **un bonnet !** »

Expression

• Cet inspecteur des impôts ne me plaît pas. Il a l'air d'**avoir avalé son parapluie** (= être excessivement rigide, physiquement et moralement).

LES ACCESSOIRES ET LES PRODUITS DE BEAUTÉ

Les bijoux

une bague (avec une pierre précieuse)

une alliance (pour le mariage)

un collier (de perles)

une chaîne

un bracelet

une montre

des boucles d'oreilles

une broche

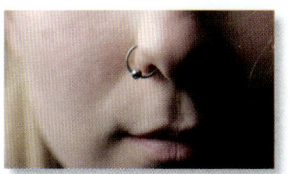
un piercing
être percé/e

un tatouage
être tatoué/e

Exemples

→ **Les boucles d'oreilles** préférées de tante Marianne sont les pendeloques et les créoles.
→ C'est de plus en plus à la mode d'être **tatoué** et de porter **une chaîne** autour du cou.

Communiquer

[À la plage]

« Tu vois le jeune homme là-bas, au torse musclé et **tatoué** ?
– Celui à **la boucle d'oreille** qui porte **un bracelet** autour de la cheville ?
– Non, le barbu avec plein de **bagues** aux doigts et **une chaîne** autour du cou. Tu le trouves comment ?
– Bof. Je n'aime pas trop les types **tatoués**.
– Ah bon ? Moi, je trouve ça plutôt sexy. Chacun ses goûts ! »

> **Expression**

• Mon mari s'occupe de tout dans la maison : du ménage, du bricolage, de la cuisine, des factures, absolument de tout. C'est **une vraie perle** ! (= un être parfait)

Les produits de beauté

• **Les soins du corps**

un gel douche

un savon

une éponge

un gant de toilette

se sécher avec une serviette de toilette/bain

se nettoyer les oreilles avec un coton-tige

un tube de dentifrice

une brosse à dents

un cure-dents

un fil dentaire

un rince-bouche

couper ses ongles avec un coupe-ongle

une lime à ongles

un vernis à ongles

LES ACCESSOIRES ET LES PRODUITS DE BEAUTÉ

 s'hydrater avec un lait corporel

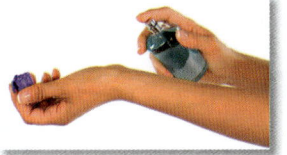 se parfumer avec un parfum

 un déodorant

 s'épiler avec une pince à épiler

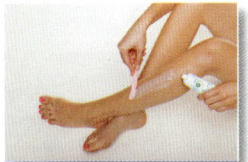 la crème dépilatoire

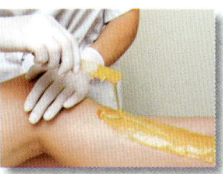 la cire chaude

 une trousse de toilette

Exemples

→ Pour emporter tous mes **produits de beauté** avec moi en vacances, j'ai acheté une grande **trousse de toilette**.

→ Pour enlever les poils disgracieux autour des sourcils, je me sers d'**une pince à épiler**. Pour les enlever sur mes jambes, j'utilise **une crème dépilatoire**.

→ Beaucoup de jeunes adorent **le vernis à ongles** à paillettes. C'est plus gai !

Expressions

- Les deux amis **se sont serré la pince** (fam.= se donner une poignée de main).
- J'ai fait une bêtise aujourd'hui. Résultat : mon père **m'a passé un savon** ! (= gronder très fort)

• **Les soins des cheveux**

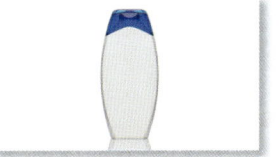 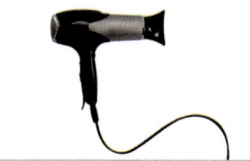  

un shampoing / un après-shampoing   **se sécher au sèche-cheveux**   **démêler avec un peigne**   **coiffer avec une brosse**

 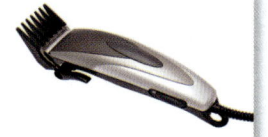  

couper / raccourcir avec des ciseaux   **une tondeuse**   **colorer avec une teinture**   **décolorer avec une poudre décolorante**

faire une mise en plis avec des bigoudis   **fixer avec de la laque**   **du gel**

Exemples

→ En ce moment, j'ai les cheveux trop longs et très secs. Ils font des nœuds que je n'arrive presque plus à **démêler** avec ma **brosse**. Aïe !

→ Quand je me lève, j'ai souvent les cheveux en bataille. Impossible de les discipliner avec **un peigne**. Il me faut beaucoup de **gel** et de **laque** pour y arriver !

Expression

• Quand j'ai découvert les mauvaises conditions de travail du personnel dans les compagnies aériennes à bas coût, cela **m'a fait dresser les cheveux sur la tête** ! (=être stupéfait et horrifié)

LES ACCESSOIRES ET LES PRODUITS DE BEAUTÉ

• Les soins du visage

se maquiller ≠ se démaquiller   s'hydrater   se poudrer   se raser
embellir son teint   bronzer

un rouge à lèvres   une ombre à paupières   un fard à joues   un mascara

 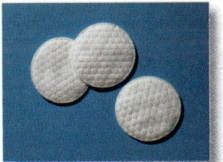  

un crayon à sourcils   un coton   un démaquillant   une lotion tonique

  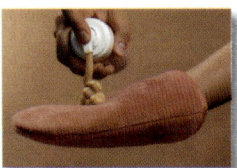

une crème de jour / de nuit   une crème anti-rides   une crème auto-bronzante

  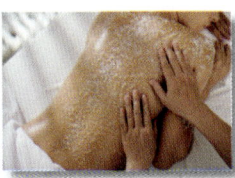

un poudrier   un masque   un gommage

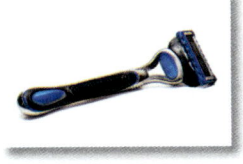   

un rasoir   une mousse à raser   un blaireau   un après-rasage

Exemples

→ Une fois par semaine, je me rends chez l'esthéticienne. Je me fais faire **des masques** et **des gommages** pour enlever les boutons, les points noirs et les cellules mortes. Après, j'ai **un teint** éclatant !

→ Pour pouvoir **me remaquiller**, j'ai toujours **un bâton de rouge à lèvres** et **un poudrier** dans mon sac.

→ J'adore aller chez le barbier : il me taille la barbe et la moustache avec **un rasoir** et des ciseaux.

Communiquer

« Qu'est-ce que tu es **bronzée** ! Quelle chanceuse ! Tu es partie aux Antilles en vacances ?
– Mais pas du tout ! En hiver, j'applique **une crème auto-bronzante** et je vais régulièrement au salon de bronzage pour des séances de rayons ultra-violets.
– Mais tu ne crains pas les effets négatifs : taches, rides, cancer de la peau ? »

• **Distinguez : le teint** (= l'aspect du visage) ≠ le thym (= la plante aromatique), **un blaireau** (= pour étaler la mousse sur le visage et se raser) ≠ un blaireau (= l'animal noir et blanc vivant dans les bois).

Expression

• Lorsque j'ai dit à Hubert qu'il me plaisait, il **a piqué un fard** (= rougir brusquement).

5 LES SENTIMENTS ET LES HUMEURS

De bonne humeur

être bien luné/e
bien disposé/e

joyeux/se
enjoué/e

gai/e
enthousiaste

Exemple

→ Vivre avec quelqu'un qui est toujours **gai** et **de bonne humeur**, c'est très agréable.

Communiquer

« Qu'est-ce qui t'arrive ? Tu me parais bien **enjoué** ce matin : tu siffles des airs **joyeux** et tu chantes sous la douche.
– Oui, c'est vrai. J'ai tellement bien dormi que je suis **de très bonne humeur**, **d'excellente humeur** même. »

De mauvaise humeur

être mal luné/e

maussade

faire la moue

faire la gueule (très fam.)

être mal disposé/e

boudeur/se

bouder

se lever du mauvais pied

Exemple

→ Je déteste les gens qui **boudent** ou qui sont **d'humeur maussade**. Quand je les croise le matin, ma journée est gâchée !

Communiquer

« Ce matin, tu as l'air de **bouder** : tu ne réponds pas à mes questions ou alors de façon très désagréable. Tu **es mal luné** ? Qu'est-ce qu'il se passe ? Tu **t'es levé du mauvais pied** ?
– Non. Arrête de me poser des questions, s'il te plaît. Je veux être tranquille !
– C'est bien ce que je disais : tu **fais la gueule** ! »

Le contentement

content/e	**le contentement**
soulagé/e	**le soulagement**
satisfait/e	**la satisfaction**
fier/fière (même prononciation au fém. et au masc. !)	**la fierté**

Exemples

→ Ma fille est devenue médecin. Je suis **fier** d'elle. Et mon fils a enfin retrouvé du travail : je suis **soulagé** !

→ Je suis **contente** que vous ayez réussi à réaliser votre projet. Félicitations !

Expression

• Il a été recruté par un grand cabinet d'avocats. Il est **fier comme un coq** (= très fier).

Info Culture

• Pour exprimer son **contentement** en réponse à une proposition, on peut dire : **« avec (grand) plaisir ! »**, **« (très) volontiers ! »** ou, très familièrement, **« c'est vachement bien ! »**

LES SENTIMENTS ET LES HUMEURS

La joie

joyeux/se	la joie	se réjouir de
heureux/se	le bonheur	
excité/e	l'excitation (fém.)	
ravi/e	le ravissement	
enchanté/e	l'enchantement (masc.)	

Exemples

→ Je suis **ravie / enchantée** d'avoir fait votre connaissance. Au plaisir de vous revoir !
→ Chers congressistes, je **me réjouis / suis heureux** de vous accueillir aujourd'hui pour ce congrès international consacré aux enjeux de la Francophonie. Bienvenue !

Expression

• Tout va très bien et la vie me sourit. Je suis **heureux comme un poisson dans l'eau** (= très heureux).

Info Culture

• Quand on est content, **on sourit**. Quand on est **joyeux**, **on éclate de rire** ou **on rit aux éclats**. Quand quelque chose est très drôle, on dit que **c'est à mourir de rire** ou qu'**on est mort de rire** !

Le mécontentement

mécontent/e	le mécontentement
déçu/e	la déception
découragé/e	le découragement
se plaindre	la plainte

Exemples

→ Quoi qu'on dise et quoi qu'on fasse, nos voisins sont **mécontents**. Ils **se plaignent** tout le temps. Qu'est-ce que c'est pénible !
→ Je suis très **déçu** que l'entreprise m'ait refusé une augmentation de salaire.
→ À tous les projets que je propose, on répond toujours non. Je suis vraiment **découragé** !

Expression

• **Cela m'ennuie** (= être mécontent/e) que tu ne viennes pas à mon anniversaire.

La tristesse

triste — la tristesse
chagriné/e — le chagrin
peiné/e — la peine
malheureux/se — le malheur
regretter — le regret
consoler — la consolation
pleurer — **verser des larmes** (fém.)

Exemples

→ Je **regrette** / j'ai **le regret** de vous annoncer que votre candidature n'a pas été retenue.
→ Que Léopoldine ait fait une chute de cheval, j'en suis extrêmement **peinée**.

Expressions

• Au moment de signer la vente de ma maison familiale, j'**étais au bord des larmes** (= être très chagriné, près de pleurer).
• Quand j'ai appris la mort de mon chat, j'**ai pleuré comme une madeleine** (= pleurer abondamment).

Info Culture

• Pour consoler une personne malheureuse en amour, on peut citer (ou chanter) les deux vers suivants : « Plaisir d'amour ne dure qu'un instant / Chagrin d'amour dure toute la vie ! »

LES SENTIMENTS ET LES HUMEURS

La colère

agacé/e	l'agacement (masc.)	
énervé/e	l'énervement (masc.)	s'énerver
fâché/e	la fâcherie	se fâcher
être en colère	la colère	se mettre en colère
furieux/se	la fureur	

Exemples

→ Je vais te confier un secret sur ton mari. Promets-moi de ne pas **te mettre en colère** ! Reste calme, s'il te plaît. **Ne t'énerve pas** !

→ Je me suis mal comporté en classe et l'école en a informé mes parents. Mon père est **furieux** !

Expression

• Lorsque j'entends des bêtises pareilles, **la moutarde me monte au nez** (= se mettre en colère) !

Info Culture

• Pour exprimer leur colère (et un refus), les francophones disent souvent : « **arrête, ça m'énerve !** », « **ça suffit !** », « **je n'en peux plus !** », « **j'en ai ras-le-bol !** », « **j'en ai marre !** », « **non, c'est non !** », « **hors de question !** » ; pour exprimer leur indignation, ils s'écrient souvent : « **c'est inadmissible !** », « **c'est honteux !** » ou, très familièrement, « **c'est dégueulasse !** »

La surprise

perplexe	la perplexité
étonné/e	l'étonnement (masc.)
surpris/e	la surprise
stupéfait/e	la stupéfaction
choqué/e	le choc

Exemples

→ Je suis **étonnée** que vous me demandiez cela. Ce n'est pas très habituel !

→ Je ne suis pas du tout **surpris** que ce magasin ait fermé ses portes. Il n'y avait jamais personne !

→ Quand j'ai appris que Jean-Jacques Rousseau avait abandonné ses enfants, j'ai été très **choquée**. Je suis d'ailleurs toujours **sous le choc** !

 Comme **une surprise** peut être agréable ou désagréable, il est parfois utile de préciser : « quelle **bonne surprise** ! », « quelle **mauvaise surprise** ! »

Expression

• Quand j'ai découvert le montant très élevé de la facture de gaz, je **suis tombé des nues** (= être très surpris).

Info Culture

• Pour exprimer la surprise, les francophones disent familièrement : « **ah, bon ?** », « **ça alors !** », « **je n'en reviens pas !** », « **je n'y crois pas !** », « **ce n'est pas vrai !** », « **c'est impossible !** », « **pas possible !** », « **non, vraiment ?** », « **c'est hallucinant !** ».

La peur

inquiet/ète	l'inquiétude (fém.)	s'inquiéter
angoissé/e	l'angoisse (fém.)	s'angoisser
effrayé/e	la frayeur	s'effrayer
paniqué/e	la panique	paniquer
terrifié/e	la terreur	
craindre	redouter	avoir peur de

LES SENTIMENTS ET LES HUMEURS

Exemples

→ Je **m'inquiète** de son absence prolongée. Il m'a dit qu'il reviendrait tout de suite. Je **crains** qu'il ne lui soit arrivé quelque chose !

→ J'**ai peur** du noir et je **redoute** les cauchemars. Laisse la lumière allumée, s'il te plaît !

Expressions

- Notre chat a peur d'une mouche. C'est **une vraie poule mouillée** ! (= être paniqué pour un rien)
- Quand il y a des orages, je **tremble comme une feuille** (= avoir très peur).

Info Culture

- Pour rassurer et calmer quelqu'un, les francophones disent : **« pas de souci ! »**, **« ne vous inquiétez pas ! »** Et les jeunes (pour faire plus court) : **« t'inquiète ! »**

La honte

désolé/e	la désolation
gêné/e	la gêne
embarrassé/e	l'embarras (masc.)
honteux/se	la honte
avoir honte	faire honte

Exemples

→ Je suis **désolé** d'avoir commis cette erreur. Veuillez m'en excuser !
→ Vous me faites trop de cadeaux. J'en suis **gênée** !
→ On va à l'Opéra et vous êtes habillés comme des clochards. Vous **me faites honte** !

Expression

- Après cet échec, il **est parti la queue entre les jambes** (= avoir honte, être honteux).

Info Culture

- Pour qualifier une personne qui ne respecte pas les codes de politesse d'usage et qui se croit tout permis, les francophones peuvent dire « **un sans-gêne** ».

L'empathie

tolérant/e

la tolérance

avoir de la sympathie / de l'empathie pour

la pitié

compatir

la compassion

avoir pitié de

faire pitié

Exemple

→ Elle a perdu sa mère. J'éprouve de **la compassion** pour elle. Mais, elle **ne me fait pas pitié** : elle va hériter d'un immense appartement et d'une maison à la campagne !

Info Culture

- En réponse à des mots gentils, suite à un événement douloureux que vous avez vécu (une maladie, un décès), vous pouvez écrire : « **Nous vous remercions de vos témoignages de sympathie et d'amitié, qui nous ont beaucoup touchés.** »

L'indifférence

méprisant/e ≠ méprisé/e

le mépris

indifférent/e

l'indifférence (fém.)

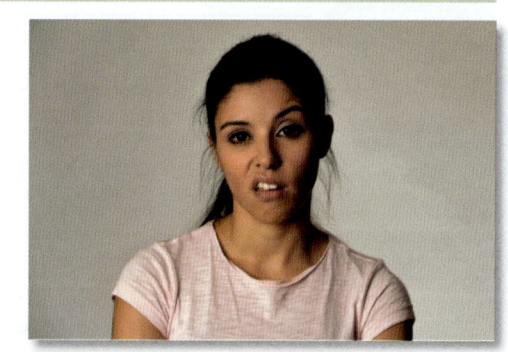

Exemples

→ Il lui est complètement **indifférent** de savoir si l'ordinateur s'est planté ou s'il y a eu une coupure d'électricité. Le résultat est le même !

→ Il arrive que les citoyens de la classe moyenne se sentent **méprisés** par le comportement **méprisant** des hommes politiques. À long terme, cela pourrait susciter de la méfiance et de la haine.

Pour exprimer son **indifférence**, on a le choix entre : **« peu m'importe ! »**, **« ça m'est égal ! »** ou, plus familièrement, **« je m'en fous ! »** et **« j'en ai rien à cirer ! »**.

Expression

- **Ça ne me fait ni chaud ni froid !** (= laisser indifférent)

L'ennui

ennuyeux/se   **s'ennuyer**   **l'ennui** (masc.)

inintéressant/e

être sans intérêt

traîner en longueur

Exemple

→ Le film qu'on a vu au cinéma était long et **inintéressant**. Je **me suis** beaucoup **ennuyée**.

→ La réunion **a traîné en longueur**. C'était insupportable !

- **Distinguez :** je **m'ennuie** (= trouver le temps long) ≠ une personne / chose **ennuyeuse** (= inintéressante) ;
c'est **ennuyeux** / je suis ennuyé/e (= être contrarié, mécontent) ≠ je m'ennuie de toi (= tu me manques).

Expressions

- Ce roman est à l'image de l'auteur : **ennuyeux comme la pluie** ! (= être monotone et inintéressant)
- Dans ce village perdu, je **m'ennuie à mourir** (= trouver le temps extrêmement long).

16 L'ARBRE GÉNÉALOGIQUE

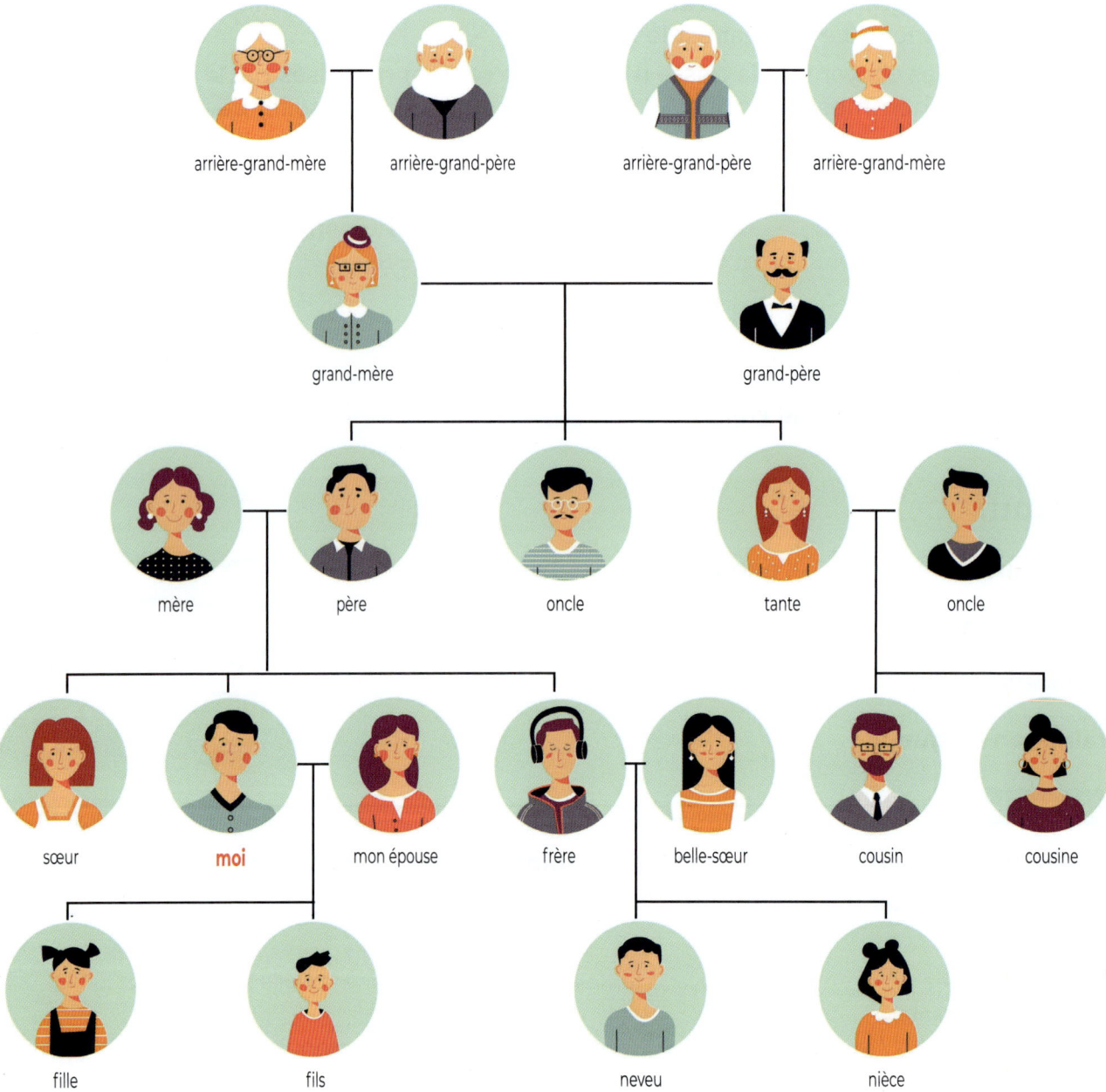

Exemples

→ **Mes parents** ont des prénoms composés : **mon père** s'appelle Jean-François et **ma mère** Anne-Laure.

→ J'adore **mes grands-parents** : **ma grand-mère** Léonie et **mon grand-père** Théodore. Ce sont mes grands-parents maternels, donc du côté de ma mère. Mes grands-parents paternels, je ne les ai pas connus, ni d'ailleurs **mes arrière-grands-parents**.

→ J'ai également **des frères et sœurs** : **une sœur**, Sophie, et **un frère**, Arthur. Sophie est mariée à Hugo, qui est **mon beau-frère**, et Arthur est marié avec Marie, qui est **ma belle-sœur**.

→ J'ai en plus **un neveu**, Jules, et **une nièce**, Rose (les enfants de Sophie et Hugo).

→ En revanche, je n'ai pas de **cousin** ni de **cousine** car **mon oncle** Edouard et **ma tante** Louise n'ont pas eu d'enfants.

→ Mes grands-parents sont très fiers d'avoir **des petits-enfants** : **une petite-fille** et **un petit-fils**.

→ Mes parents regrettent que je sois célibataire. Ils auraient tellement voulu avoir **un** deuxième **gendre** (**un beau-fils**) ou **une** deuxième **bru** (**une belle-fille**).

 • **Distinguez :** Jérémie a une petite fille (= une enfant très jeune) qui est **la petite-fille** adorée de sa grand-mère.

Expression

• **Tel père, tel fils ! / Telle mère, telle fille !** (=pour les qualités et les défauts, les enfants ressemblent en général aux parents)

Info Culture

• Dans un registre familier, les francophones disent en général : « **papa** » pour « père » et « **maman** » pour « mère ». De même, « **papi** ou **pépé** » pour « grand-père », « **mamie** ou **mémé** » pour « grand-mère », « **tonton** » pour « mon oncle » et « **tatie** ou **tata** » pour « ma tante ».

17 LA FAMILLE ET LES RELATIONS

Être amoureux

être attiré/e
rencontrer quelqu'un
avoir un coup de foudre

➡ faire la cour
faire une déclaration d'amour

➡ tomber amoureux/se
être (follement) amoureux/se

échanger un baiser
s'embrasser
flirter (un flirt)

s'enlacer
faire l'amour

vivre une relation passionnelle

s'aimer passionnément, à la folie

Exemples

→ Figure-toi, quand j'ai rencontré ton meilleur ami, **je suis** immédiatement **tombée amoureuse** de lui. C'était **le coup de foudre** !

→ On ne se quitte plus : on **s'embrasse**, on **s'enlace**, on **fait l'amour**. On a tous les deux 65 ans mais on **s'aime passionnément** comme de jeunes **amoureux** !

Communiquer

« Salut, Mathilde. Pourquoi tu voulais me voir ?... Tu **as rencontré quelqu'un** ?

– Comment tu as deviné ? En effet. Un homme formidable ! Il s'appelle Jocelyn, il est beau, intelligent et drôle. On **vit une relation passionnelle.** C'est le bonheur. Je suis au septième ciel ! »

Expression

• Oh là là, , j'**ai des papillons dans le ventre** (être amoureux/se) depuis que j'ai rencontré Mohammed !

LA FAMILLE ET LES RELATIONS

Info Culture

• Pour remplacer **« faire la cour »** et **« faire l'amour »**, on peut dire dans un registre familier **« draguer »** et **« coucher ensemble »** : « Ma fille a dragué ton fils. Ils ont couché ensemble. Il semblerait que ce soit son petit copain. Ah, les jeunes ! »

La vie en couple

se mettre en ménage
emménager ensemble

partager sa vie avec quelqu'un
vivre sous le même toit

vivre à deux
vivre en couple
la vie commune

Exemple

→ Ils se sont rencontrés hier et aujourd'hui ils veulent déjà **se mettre en ménage**. Mais attention : **partager sa vie avec** quelqu'un et **vivre sous le même toit**, ce n'est pas la même chose !

Communiquer

« Bonjour, ça va ? Ça fait six mois qu'on travaille ensemble. Ma femme et moi, nous aimerions t'inviter à dîner à la maison. Qu'en dis-tu ?
– Avec plaisir.
– Tu peux venir accompagné, si tu **partages ta vie avec quelqu'un**.
– D'accord, je viendrai avec Sam, mon compagnon **avec qui je vis** depuis plus de 20 ans.
– Ça sera l'occasion de nous le présenter ! »

> **Info Culture**
>
> • Pour marquer son attachement à son amoureux/se, un francophone peut utiliser les mots doux suivants : **« mon chéri/ma chérie »**, **« mon amour »**, **« mon trésor »**, **« mon cœur »**, **« mon ange »**, ou alors (plus familièrement) **« mon biquet/ma biquette »**, **« mon lapin »**, **« mon poussin »**, **« mon chouchou »**, **« mon soleil »**, etc.

Les formes d'union

- **le célibat, être célibataire, le/la célibataire**
- **l'union libre** (fém.)**, vivre en concubinage, le compagnon / la compagne**
- **le pacs, se pacser, le/la partenaire**
- **les fiançailles, se fiancer, le/la fiancé/e**
- **le mariage, se marier, l'époux = le mari, l'épouse = la femme, les époux = les conjoints**

- **la séparation, se séparer, séparé/e**
- **le divorce, divorcer, divorcé/e**
- **le veuvage (ou la viduité), devenir veuf/veuve, le veuf / la veuve**

> **Exemples**

→ Au bout de dix ans de vie commune, il s'est enfin décidé : il m'a demandée en **mariage**. Quelle joie, on va **se marier** et faire une méga fête !

→ Comme c'était l'usage à l'époque, ma mère est restée **veuve** pendant les 300 jours « réglementaires » après le décès de **son mari**, puis elle **s'est remariée**.

→ Pour dissoudre **un pacs**, il suffit de remplir et d'envoyer une déclaration conjointe de dissolution du pacs à l'autorité qui l'a enregistré.

→ Vous voulez **divorcer** ? Il faut savoir que les procédures de **divorce** sont longues et compliquées.

LA FAMILLE ET LES RELATIONS

> **Info Culture**
>
> • En France, **le pacs** et **le mariage** sont ouverts, sans distinction, aux couples hétérosexuels et homosexuels. D'ailleurs, l'homosexualité fut dépénalisée en France en 1791 et **le divorce** autorisé pour la première fois l'année suivante. Quant à l'adultère, dépénalisé depuis 1975, il ne constitue plus une cause suffisante pour entraîner automatiquement **le divorce**.

Le désamour

être infidèle	avoir une dispute	ne plus s'entendre	s'insulter
tromper son partenaire	faire une scène à	se détester	se battre
avoir une aventure	s'engueuler (fam.)	se haïr	
avoir une liaison	une scène de ménage	se disputer ≠ se réconcilier	

> **Exemples**

→ Il arrive qu'on **se dispute** et même qu'on **s'insulte**, mais finalement, on **se réconcilie** toujours.

→ Chez nos voisins, **les scènes de ménage** sont de plus en plus fréquentes : l'autre jour, madame **a fait une scène** à monsieur en public. Quelle vulgarité !

→ À l'amour fou a rapidement succédé la haine : à présent, ils ne se parlent plus, ils **se haïssent**.

La rupture

rompre

se séparer

l'ex-femme / l'ex-mari

(se) quitter

laisser tomber (fam.)

partir

laisser / abandonner

Exemples

→ Jacques la supplie : **« Ne me quitte pas ! ne pars pas ! ne me laisse pas ! »**

→ Après une relation qui a duré sept ans, elle **a rompu** définitivement.

→ Mon « ex » s'est rapidement consolé : on **s'est quittés** en mai et deux mois plus tard, il s'est remis en couple.

Expression

- **Il faut se quitter souvent pour s'aimer toujours** (= être physiquement loin renforce l'amour).

La vie en famille

- **Les types de famille**

la famille nucléaire　　**la famille monoparentale**

la famille recomposée　　**la famille homoparentale**

fonder une famille

la famille proche ≠ éloignée

être adopté/e　　**être orphelin/e**

la famille adoptive　　**un orphelinat**

LA FAMILLE ET LES RELATIONS

> **Exemples**

→ Ma mère a divorcé et je vis seule avec elle. Nous sommes ce qu'on appelle **une famille monoparentale**.

→ On distingue **la famille proche** (les parents, les enfants, les grands-parents, les frères et sœurs) et **la famille éloignée** (les cousins, les oncles et les tantes). La première, quand elle est réduite aux parents et aux enfants, s'appelle **une famille nucléaire**.

→ J'ai deux papas qui **m'ont adopté/e** quand j'avais cinq ans. C'est **ma famille adoptive**.

→ Ses parents sont décédés quand il était petit. C'est **un orphelin** qui a grandi dans **un orphelinat**.

. **La fratrie**

l'aîné/e

le cadet/la cadette

le benjamin/la benjamine

le demi-frère

la demi-sœur

la garde (partagée) des enfants

> **Exemples**

→ J'ai deux **sœurs aînées** et **un frère cadet**. Je suis donc le troisième de **la fratrie** et mon frère est le petit dernier, **le benjamin** de la famille.

→ Depuis que ma mère s'est remariée, j'ai un beau-père et deux **demi-sœurs**. Ce sont les filles de mon beau-père, issues d'une première union. Nous sommes une **famille recomposée**.

→ Les parents ont divorcé et **la garde exclusive** des enfants a été accordée à la mère. Le père a contesté cette décision et a réussi à obtenir **la garde partagée** : les enfants passent une semaine sur deux chez lui.

Expression

- Nous avons **l'esprit de famille** (= un fort sentiment d'attachement les uns envers les autres).

Les événements familiaux

- **La naissance**

accoucher (un accouchement) **naître (une naissance)** **baptiser (un baptême)**
une sage-femme   **un faire-part de naissance**

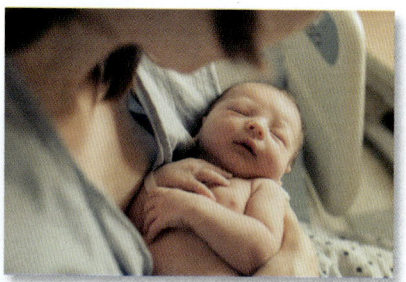

Exemples

→ Ma petite sœur **est née** le 15 août. Elle **a été baptisée** et a reçu le nom de Louise. Pour mon plus grand bonheur !

→ En général, les femmes **accouchent** à la maternité ou chez elles en présence d'**une sage-femme**.

Communiquer

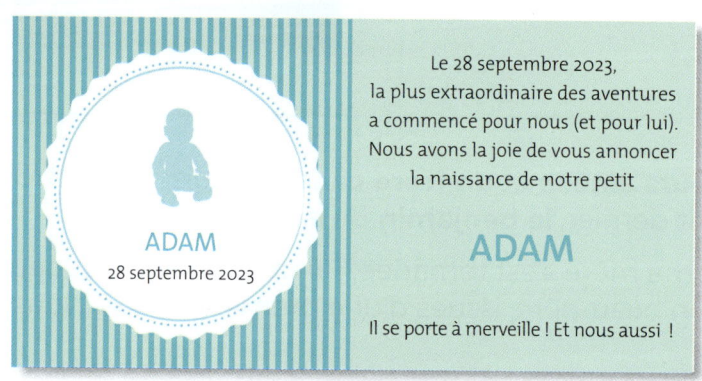

Expression

- Il n'a jamais dû vraiment travailler pour réussir dans la vie. Il **est né avec une cuillère d'argent dans la bouche** (= avoir un entourage familial très favorable).

LA FAMILLE ET LES RELATIONS

Info Culture

• En Alsace, c'est **la cigogne qui apporte les bébés**. Partout en France, si vous vous trouvez beau, intelligent et chanceux, c'est que **les (bonnes) fées se sont penchées sur votre berceau**. Tant mieux pour vous !

• **Le mariage**

un faire-part de mariage
inviter, convier
fêter, célébrer
une nuit de noces

une cérémonie (civile / religieuse)
une mairie (un hôtel de ville)
une église
une lune de miel / un voyage de noces

un vin d'honneur
un repas de mariage
une salle des fêtes

Exemples

→ **Le vin d'honneur (à la salle des fêtes)** est un apéritif servi aux amis entre **la cérémonie de mariage** et **le repas de mariage** (au restaurant) qui, lui, est réservé aux membres proches de la famille.

→ Sur **votre faire-part de mariage**, n'hésitez pas à remplacer le verbe **« inviter »** par **« convier »**, terme plus élégant et plus cérémonieux.

Communiquer

TOI et MOI
= NOUS DEUX

21 mai 2024

Bérénice & Ulysse

sont heureux de vous **convier**
à leur mariage, qui sera **célébré**
le 21 mai 2024 à 16 heures
à la mairie de Bèze (Côte-d'Or).

À l'issue de la **cérémonie**,
les familles auront le plaisir de vous
accueillir pour **un vin d'honneur**
servi dans **la salle des fêtes** de la mairie.

Réponse souhaitée avant le 5 février.

Le **mariage** est à la fois **l'union contractuelle** et **la cérémonie** (= les noces) : « après le mariage et la **nuit de noces**, les époux sont partis en **lune de miel** ».

Expressions

- Vous vous engagez **pour le meilleur et pour le pire** ! (= en acceptant les joies et les peines)
- Samedi dernier, il **lui a passé la bague au doigt** (= épouser quelqu'un).
- Ce soir, on va **faire la noce** ! (= faire la fête)

Info Culture

- En France, le seul mariage reconnu officiellement est **le mariage civil**. Si vous le souhaitez, vous pouvez faire suivre le passage obligatoire devant le maire par une cérémonie religieuse.

· L'enterrement

mourir (une mort)
décéder (un décès)
disparaître (une disparition)

enterrer (un enterrement, une inhumation)
incinérer (une incinération, une crémation)

un cercueil
une urne

un cimetière	**une gerbe funéraire**
une tombe	**une couronne mortuaire**
un columbarium	
être en deuil	**porter le deuil**
des obsèques (fém.)	**des funérailles** (fém.)
les pompes funèbres (fém.)	
un faire-part de décès	
les condoléances (fém.)	

LA FAMILLE ET LES RELATIONS

Exemples

→ Vous pouvez opter pour **l'inhumation** au **cimetière**, c'est-à-dire **l'enterrement (« être enterré »)**, ou pour **la crémation** au **crématorium (« être incinéré »)**. **L'urne funéraire** contenant les cendres sera déposée au **columbarium**.

→ Tout **décès** doit être déclaré à la mairie. En général, ce sont **les pompes funèbres**, c'est-à-dire l'entreprise en charge d'organiser **les obsèques**, qui s'en occupent.

→ Si la famille de **la personne décédée** ne refuse pas expressément les fleurs (sur **le faire-part de décès** : « ni fleurs ni couronnes », choisissez soit **une gerbe funéraire** soit **une couronne mortuaire** et faites-les livrer par votre fleuriste au lieu de cérémonie ou directement sur **la tombe**.

Communiquer

 [un faire-part de décès]

> M. Charles-Édouard Machault,
> son époux
> M. et Mme Honoré Machault,
> Mlle Gisèle Machault, ses enfants
> M. Charles Machault,
> M. et Mme Julie Thiot, ses petits-enfants
> Mme Louis Fougeret, sa sœur
>
> ont la tristesse de vous faire part du décès de
>
> **Mme Charles-Édouard MACHAULT,**
> née Marie-Madeleine Scarron,
>
> survenu le mardi 1er avril 2023 en son domicile à Langres,
> dans sa quatre-vingt-onzième année.
>
> L'inhumation aura lieu le 4 avril, dans l'intimité, au cimetière de Morimond, à 15h00.
>
> Un registre à signatures tiendra lieu de condoléances.

« J'ai appris pour votre épouse. **Mes sincères condoléances** !

– Merci. Je suis très touché. En effet, je **suis en deuil** depuis maintenant 20 jours. C'est terrible de voir à quel point la vie ne tient qu'à un fil. »

Expression

• Il est très malade, il **a déjà un pied dans la tombe** (= être presque mort).

18 L'ÉDUCATION

Le bâtiment scolaire

▲ **la cour de récréation** ▲ **la cantine** ▲ **le gymnase**

le préau **la médiathèque** **le terrain de sport**

la salle informatique

Exemples

→ Lorsqu'il pleut, les écoliers ne jouent pas dans **la cour de récréation** mais sous **le préau**.
→ **Le gymnase** sert à l'éducation physique et sportive. On y pratique le sport.

La salle de classe / la salle de cours

▲ **une disposition en îlots ≠ en rangées** ▲ **un casier** ▲ **un porte-manteau**

un tableau noir **un tableau blanc** **un panneau d'affichage**

une craie et une éponge **un feutre** **le bureau du professeur**

Exemples

→ Allez, les enfants, dépêchons ! La classe va commencer. Accrochez vos imperméables **au porte-manteau** et prenez vos affaires dans **votre casier** !
→ Afin de renforcer la concentration des élèves, les tables sont disposées **en rangées**.
→ Pour faciliter le travail en petits groupes, **la salle de classe** est parfois aménagée **en îlots**.

Communiquer

« Bonjour. Petite interrogation surprise ce matin. Sébastien, venez **au tableau** !
– Non, M'sieur ! S'il vous plaît ! Pitié !
– Si, si ! Dépêchez-vous ! Quel est le vrai nom de Molière ? Prenez **une craie** et écrivez la réponse **au tableau noir**. Les autres, silence !
– ...Jean-Baptiste... Poquelin...
– Bravo. C'est bien orthographié ! Vous pouvez vous rasseoir. Au suivant ! »

L'enseignement primaire (à l'école)

▲ l'école maternelle
l'école élémentaire
un/e écolier/ère

▲ un/e instituteur/trice
le maître / la maîtresse

▲ les activités périscolaires
un/e animateur/trice

Exemples

→ **L'école primaire** regroupe **l'école maternelle** (à partir de 3 ans) et **l'école élémentaire** (à partir de 6 ans).
→ **L'institutrice** a fini de faire classe, maintenant **l'animateur** va proposer aux enfants des **activités** pendant le temps **périscolaire** (après la cantine et après 15 h 30).

Expression

• Aujourd'hui, je préfère m'amuser plutôt que d'aller en classe je **fais l'école buissonnière** !
(= ne pas aller étudier ou travailler)

Info Culture

• En France, **l'école publique** est gratuite, laïque et obligatoire (jusqu'à l'âge de 16 ans).

L'enseignement secondaire (au collège et au lycée)

▲ **un professeur (« le/la prof »)**

un/e enseignante/e
passer un examen
les diplômes : le brevet, le baccalauréat (« le bac »)

▲ **un/e surveillant/e**

un/e pion/ne (fam.)
un bulletin scolaire
un relevé de notes

Exemples

→ **Le collège** va de la sixième classe (6e) à la troisième (3e), alors que **le lycée** comprend la seconde, la première et la terminale.

→ Les résultats **des examens** sont publiés sur le panneau d'affichage du lycée.

→ Pendant votre parcours scolaire, vous **passerez** les deux **diplômes** suivants : **le brevet** (à la fin du collège) et **le baccalauréat** ou **le baccalauréat professionnel** (« le bac » ou « le bac pro », à la fin du lycée).

Communiquer

[une blague] « Michel rentre de **l'école** avec son **bulletin** : des zéros partout.
– Quelle excuse vas-tu encore me donner ? soupire son père.
– Cette fois, j'hésite entre l'hérédité et l'environnement familial. »

Expression

• J'ai fait une bêtise au collège. Je pensais recevoir une punition, mais heureusement mon prof a été sympa : il **a passé l'éponge** ! (= pardonner)

L'ÉDUCATION

L'enseignement supérieur (à l'université)

un/e étudiant/e

un/e boursier/ère

un/e professeur d'université

l'université (fém.) = la fac (fam.)

• **Le campus universitaire**

▲ la cafétéria

le bureau des inscriptions

▲ l'amphithéâtre (« l'amphi »)

le restaurant universitaire (« le resto U »)

▲ la bibliothèque

la résidence universitaire

• **Les sections universitaires**

la faculté des lettres

la faculté de droit

la faculté de philosophie et des sciences sociales

la faculté des sciences

la faculté de médecine

• **Les types de cours**

un cours magistral

un TD (travaux dirigés)

un TP (travaux pratiques)

• **Les diplômes**

le BTS (Brevet de technicien supérieur : bac + 2 ans)

la licence (bac + 3)   le master (bac + 5)   le doctorat (bac + 6-11) = le parcours LMD

Exemples

→ L'amphi(théâtre) est une grande salle pourvue de gradins disposés en hémicycle. Il sert aux **cours magistraux**.

→ Pour suivre **un TD** ou **un TP**, on s'installe dans des salles de cours où les tables sont disposées en U pour travailler en petits groupes.

→ Dans certaines conditions, un étudiant peut être **boursier** et obtenir une bourse pour financer ses études.

Communiquer

« Salut, Marianne ! Tu vas à **la fac** aujourd'hui ?

– Salut, Sophie ! Oui, j'ai un cours de **droit** constitutionnel jusqu'à midi.

– Moi, j'ai mon cours de **philo** qui finit aussi à midi. On déjeune ensemble ?

– Ok, mais évitons **le resto U** : il y a trop de monde. Je préfère aller à **la cafétéria**. »

Les matières scolaires

Français **Philosophie** **Histoire-géographie**
Éducation physique et sportive (EPS) **Langues vivantes**
Enseignement moral et civique (EMC) **Enseignement scientifique**

• **Disciplines spécialisées**

Mathématiques **Physique-chimie** **Sciences de la vie et de la Terre (SVT)**
Sciences économiques et sociales (SES)

• **Enseignements optionnels**

Latin **Grec**

Exemples

→ En **philo**, on a étudié aujourd'hui le *Traité des sensations* de Condillac pour mieux comprendre le courant philosophique du sensualisme.

→ En **français**, parmi les livres qui sont au programme, il y en a deux que j'adore : les *Essais* de Montaigne et les *Mémoires d'Hadrien* de Yourcenar.

→ Quels sont les principes et les conditions de la démocratie dans une république laïque ? Voilà une question à laquelle **le cours d'EMC** tente de répondre.

→ Comprendre les modes de raisonnement propres aux sciences et acquérir une culture scientifique, c'est l'un des objectifs **des cours de SVT**.

Expressions

• Oh là là, tu as vu le nombre hallucinant de matières qu'il y a au lycée ? On **y perd son latin** (= ne plus rien y comprendre) tellement il y a de choix !

• Faute de consensus, la réforme des programmes scolaires **a été renvoyée aux calendes grecques** (= reporter à une date qui ne viendra sans doute jamais).

19 LE CRIME ET LA LOI

La loi et la justice

• **Le pouvoir judiciaire**

un palais de justice
un tribunal
exécuter une décision
faire respecter les lois

appliquer la loi
sanctionner
punir

être sévère ≠ clément/e
être intransigeant/e ≠ laxiste

> Exemple

→ Les habitants du quartier trouvent que les acteurs d'incivilités et les petits délinquants des rues ne sont plus du tout **punis**. Pour eux, la **justice** est devenue totalement **laxiste** !

• **Un texte de loi**

légal ≠ illégal
licite ≠ illicite

entrer en vigueur
s'appliquer

au nom de la loi
en vertu de

avoir force de loi
faire foi

annuler
être nul et non avenu

> Exemples

→ **Au nom de la loi**, je vous arrête !
→ **En vertu de** l'article 3 de la loi relative à l'interruption volontaire de la grossesse, **entrée en vigueur** le 17 janvier 1975, les femmes ont le droit d'avorter en France.
→ Le règlement est établi en français et en anglais. Mais en cas de désaccord, c'est la version française qui **fait foi**.
→ Les grèves sont **légales** (= conformes à la loi) en France mais certaines d'entre elles sont **illicites** (= interdites par une règle de droit), comme la grève perlée (= un ralentissement du travail).

Expression

- **Nul n'est censé ignorer la loi** (= chacun doit connaître les lois en vigueur).

Le citoyen et la loi

• **Droits, obligations, interdictions**

obéir à une règle (l'obéissance) ≠ désobéir (la désobéissance)

suivre la loi ≠ enfreindre une loi

commettre une infraction à la loi

respecter la loi (le respect) ≠ transgresser / violer la loi

(la transgression / la violation)

être en litige avec

avoir un casier judiciaire (chargé ≠ vierge)

Exemples

→ Je n'ai rien à me reprocher, j'ai **un casier judiciaire vierge** !
→ Tout à l'heure, j'**ai commis une infraction** au code de la route : j'ai oublié de **respecter** les priorités au carrefour.
→ Je **suis en litige avec** mon employeur : il ne veut pas me payer l'indemnité de licenciement qu'il me doit.

• **Le/la plaignant/e**

être victime d'une arnaque / d'une escroquerie / d'une agression

poursuivre l'auteur en justice   porter plainte

prendre un avocat   défendre ses droits

dénoncer   subir un dommage / un préjudice

LE CRIME ET LA LOI

> **Exemple**

→ Ma voisine **a été victime d'une escroquerie** sur Internet. Elle **a porté plainte** au commissariat pour **poursuivre l'escroc en justice**.

• **Le témoin**

rapporter / relater les faits   **apporter son témoignage sur**   **faire un faux témoignage**

> **Exemple**

→ Lors de l'audition, **les témoins ont rapporté** des détails sur l'assassinat du jeune homme. **Un témoignage** glaçant !

• **Le/la contrevenant/e**

engager sa responsabilité   **obligé/e de respecter les termes d'un contrat**

être mis/e en demeure (de payer)

> **Exemple**

→ **Les contrevenants** (= qui contreviennent au règlement) seront désormais passibles d'une amende de 450 euros, un montant qui se veut dissuasif.

• **Des profils de délinquants**

▲ **un pickpocket = un/e voleur/se**

un/e cambrioleur/se
un voyou

▲ **un malfaiteur = un bandit / un gangster**

un/e arnaqueur/se
un escroc

> **Exemple**

→ Nos voisins ont été cambriolés l'année dernière mais la police n'a jamais retrouvé **les cambrioleurs**.

- **Régler un litige / un différend**

une conciliation
un arrangement / un accord à l'amiable
convenir d'une indemnité / d'une transaction (financière)

verser des dommages et intérêts
un recouvrement de dettes (par huissier)
confisquer / saisir un bien

une médiation
un arbitrage
prévoir une contrepartie financière

rembourser ses dettes
une vente aux enchères

Exemples

→ Je ne peux plus **payer mes dettes**. Aujourd'hui, c'est **l'huissier** qui vient **saisir** mes meubles et mes beaux tableaux pour **rembourser** tout l'argent que je dois à mes créanciers. **Une vente aux enchères** publiques sera organisée après-demain. J'en ai le cœur brisé !

→ L'entreprise et le client ont réussi à éviter une action en justice pour régler leur litige. Ils ont trouvé **un accord à l'amiable** qui **prévoit une contrepartie financière** pour le client.

Communiquer

« Figure-toi que j'ai été **victime d'une agression** hier soir en rentrant du travail.
– Qu'est-ce qu'il t'est arrivé ?
– Un **voyou** m'a poussée dans la rue et m'a arraché mon sac à main. J'ai eu un choc terrible !
– **Tu as porté plainte**, j'espère ?
– Évidemment. Ce serait bien que **ce voleur** soit arrêté et **poursuivi en justice** pour ce qu'il a fait, n'est-ce pas ? »

Expression

- Il faut le dire : ma collègue est psychorigide. Elle **est à cheval sur** le règlement intérieur comme personne ! (= suivre le texte à la lettre, refuser toute interprétation plus large)

LE CRIME ET LA LOI

Les juridictions

• **La justice administrative**

le tribunal administratif ➡ **la cour administrative d'appel** ➡ **le Conseil d'État**

> Exemple

→ **Le tribunal administratif** juge les litiges entre l'administration et le citoyen.

• **La justice civile**

le tribunal de proximité
le tribunal judiciaire
le tribunal de commerce
le conseil de prud'hommes

> Exemple

→ On m'a licencié de manière abusive. Je vais donc **saisir « les prud'hommes »** (= le conseil de prud'hommes), le tribunal compétent pour les litiges individuels entre employeur et salarié.

- **La justice pénale**

le tribunal de police	un/e contrevenant/e	la contravention
le tribunal correctionnel	un délinquant/e	le délit
la cour d'assises	un assassin	le crime
le tribunal pour enfants (= le tribunal des mineurs)		
un/e criminel/e	un/e meurtrier/ère	

un jugement (d'un tribunal)

un arrêt (d'une cour)

faire appel / interjeter appel

se pourvoir en cassation

un arrêt de la cour de cassation (pourvoi rejeté ou arrêt cassé)

Exemples

→ **Le tribunal de police** juge les auteurs d'infractions sanctionnées par **une contravention** (sans peine de prison) alors que le **tribunal correctionnel** est compétent pour juger **les délits** passibles d'une peine de prison (jusqu'à 10 ans) ou d'une amende supérieure ou égale à 3750 euros.

→ Après une condamnation en première instance, l'avocat de la défense déclare à la presse que son client **fera appel** du **jugement** pour rétablir la vérité.

Les infractions

- **Une contravention**

l'excès (masc.) de vitesse
le refus de priorité
le stationnement interdit
une incivilité
la dégradation d'un bien

LE CRIME ET LA LOI

- **Un délit**

▲ **le vol** (à l'arraché, à la sauvette, à l'étalage)

▲ **le cambriolage**

la conduite en état d'ébriété
le harcèlement
la consommation de drogues
la fuite après accident (= le délit de fuite)
la corruption

la discrimination
le port d'arme
la fraude (fiscale)
l'escroquerie (fém.)
un homicide involontaire

- **Un crime**

▲ **le braquage**

▲ **le terrorisme**

le meurtre / l'assassinat (avec préméditation)
étrangler (l'étranglement)
assassiner
poignarder (le poignard)

le trafic de stupéfiants
empoisonner (le poison)
tuer
fusiller (le fusil)

Exemples

→ L'automobiliste a été condamné pour **excès de vitesse**, sans permis, et **délit de fuite**.

→ Un pharmacien a été condamné pour triple **assassinat**. La cour d'assises a retenu des circonstances aggravantes et **la préméditation**. En effet, il **a étranglé** sa femme, **fusillé** ses deux enfants et **empoisonné** son chat au cyanure.

→ En général, **un crime** est prescrit au bout de 20 ans. En revanche, **le crime contre l'humanité** est imprescriptible, c'est-à-dire qu'il n'y a aucun délai de prescription.

> **Info Culture**
>
> • Les infractions particulièrement graves sont **poursuivies d'office**, c'est-à-dire que la justice engage automatiquement des poursuites judiciaires, et non pas **sur plainte**.

De l'infraction au procès

• **L'inculpation**

▲ un policier / un agent de police

dresser un procès-verbal (= verbaliser)
rechercher des témoins
interpeller (une interpellation)
mettre en garde à vue
le procureur
délivrer un mandat d'arrêt
engager des poursuites
le juge d'instruction

▲ un gendarme

enquêter (une enquête)
chercher des indices / une preuve
arrêter un suspect (une arrestation)
interroger (un interrogatoire)
ouvrir une enquête judiciaire
perquisitionner (une perquisition)
un classement sans suite
mettre en examen / inculper

> **Exemples**
>
> → **L'agent de police** m'a infligé une contravention de 135 € pour dépassement de la vitesse autorisée en centre-ville.
>
> → Après le meurtre d'une grand-mère, **les gendarmes ont interpellé, arrêté** et **mis en garde à vue** un suspect. Maintenant ils recherchent **des témoins** pour mieux comprendre comment ce drame s'est produit.
>
> → À la suite d'**une perquisition,** le procureur **a délivré un mandat d'arrêt** contre notre voisin.
>
> → Sans éléments de preuve, **le procureur** a décidé de **classer** l'affaire **sans suite**.
>
> → **Le juge d'instruction** instruit l'affaire pour établir la culpabilité ou l'innocence du **suspect**. S'il y a **des preuves** suffisantes, le suspect est **inculpé / mis en examen**.

LE CRIME ET LA LOI

• **Le procès**

le juge	**organiser les débats contradictoires**
diriger l'audience	**la partie civile**
l'avocat de la défense	**une plaidoirie**
se retirer pour délibérer	**décider à huis clos**
prononcer un jugement (au tribunal)	**rendre un arrêt (à la cour)**
le procureur	**un réquisitoire**
un/e expert/e	**les jurés**

Exemples

→ Lors de **l'audience**, **les témoins** et **les experts** se présentent à la barre pour être entendus.
→ Dans **son réquisitoire, le procureur** requiert 5 ans de prison ferme contre l'agresseur.
→ Dans **sa plaidoirie, l'avocat de la défense** plaide l'acquittement de son client.
→ Accusé, levez-vous ! **Les jurés** ont fini de **délibérer**.

• **La personne jugée**

comparaître (la comparution)	**un/e prévenu/e**
avouer (un aveu)	**un/e accusé/e**
reconnaître les faits ≠ nier les faits	
bénéficier de circonstances atténuantes ≠ accumuler des circonstances aggravantes	
être jugé/e coupable (la culpabilité) ≠ non coupable (l'innocence)	
être condamné/e (une condamnation)	
acquitté/e (un acquittement)	**relaxé/e (une relaxe)**
un travail d'intérêt général	**une amende**
une peine de prison ferme ≠ avec sursis	
la réclusion criminelle (à perpétuité)	**récidiver (une récidive)**

> **Exemples**

→ Une personne qui **comparaît** devant un tribunal s'appelle **un prévenu**. S'il est déclaré **non coupable**, il est **relaxé**. Une personne mise en examen et renvoyée devant une cour d'assises s'appelle **un accusé**. S'il est **jugé non coupable**, il est **acquitté**.

→ Après **avoir** longtemps **nié**, il **a avoué** : il **a reconnu les faits** qui lui sont reprochés. Il **est condamné à 2 ans de prison avec sursis**. Espérons qu'il ne **récidivera** pas.

→ **La réclusion criminelle à perpétuité**, c'est ce qu'on appelle tout simplement « la prison à vie ».

La prison

• **En détention ≠ en liberté**

incarcéré/e
écroué/e
derrière les barreaux
un/e prisonnier/ère
une cellule
un/e gardien/ne de prison

emprisonné/e
mis/e en prison
sous les verrous
un/e détenu/e
le parloir
gracié/e

relâché/e
purger sa peine

libéré/e
remis/e en liberté

> **Exemples**

→ **Le prisonnier a purgé sa peine** au bout de 20 ans **derrière les barreaux**.

→ La boulangère a été **écrouée** pour le meurtre de ses clients. Elle avait mis de l'arsenic dans ses baguettes et ses croissants.

→ **Le détenu** sort de **sa cellule** et se rend **au parloir** pour parler à sa femme.

→ Condamné à mort en 1980 pour avoir tué un policier, Philippe Maurice a échappé à la guillotine car il avait été **gracié** par le président de la République.

LE CRIME ET LA LOI

• **Dans l'histoire**

les oubliettes (d'un château)

un cachot (pour les condamnés à mort)

une galère (un galérien)

le bagne (un bagnard)

les travaux forcés

la peine de mort

un bourreau

décapité/e (la décapitation)

guillotiné/e (la guillotine)

pendu/e (la pendaison)

> Exemples

→ La reine Marie-Antoinette fut **guillotinée** le 16 octobre 1793. Avant **sa décapitation**, elle avait été **incarcérée** dans **un cachot** à la Conciergerie de Paris.

→ **La peine de mort** a été abolie en France en 1981.

> Expressions

• Cette actrice a disparu des écrans de cinéma, elle est complètement **tombée dans les oubliettes** (= être totalement oublié).

• Pour obtenir une carte de séjour, **quelle galère !** (= rencontrer beaucoup de complications)

> Info Culture

• L'île du diable à Cayenne était jusqu'en 1946 le célèbre et redoutable **bagne** français où étaient déportés **les condamnés aux travaux forcés** et **les prisonniers** politiques, dont par exemple le capitaine Alfred Dreyfus. Relisez *Papillon* (1969) d'Henri Charrière pour en savoir davantage !

PARTIE 3
LA NOURRITURE ET LA BOISSON

20 LA VIANDE, LE POISSON, LES PRODUITS LAITIERS ET LES COLLATIONS

La viande

- **Couleurs**

les viandes rouges : bœuf, mouton, agneau, cheval

les viandes blanches : veau, porc, volaille, lapin

les viandes noires : le gibier à poil et à plume

- **Textures**

tendre, moelleux/se, fondant/e ≠ dur/e, caoutchouteux/se, filandreux/se

maigre ≠ gras/se

sec/sèche ≠ juteux/se

savoureux/se ≠ sans goût

- **Façons de cuire**

griller   poêler   mijoter   rôtir

- **Durée de cuisson**

cru/e (absence de cuisson) ➤ bleu/e ➤ saignant/e ➤ à point ➤ bien cuit/e

Exemples

→ Cette viande n'est ni **tendre** ni **juteuse**, elle est **caoutchouteuse** et **sèche** : il faut la mâcher pendant des heures !

→ Je préfère la cuisson **à point**. Mais les amateurs de viande rouge préfèrent une cuisson **saignante**. Ils disent que c'est meilleur !

Communiquer

« Salut, Auguste, tu as aimé le bistrot que je t'avais recommandé ?

– C'était parfait, sauf la **viande**.

– Pourquoi ? Quel était le problème ?

– Au lieu d'être **fondante**, elle était **dure** et **filandreuse**. J'aurai dû prendre un plat de viande qui avait **mijoté** pendant au moins 4 heures ! »

LA VIANDE, LE POISSON, LES PRODUITS LAITIERS, LES COLLATIONS

Le bœuf

- **Morceaux**

▲ **une côte** (à l'os)

▲ **un rumsteack**

▲ **une bavette**

▲ **une joue**

une entrecôte (sans os)

un filet

un faux-filet

une poitrine

- **Préparations**

▲ **un steak haché**

▲ **un tournedos**

▲ **un rôti**

▲ **un tartare**

un bifteck
un ragoût

un chateaubriand
un pot-au-feu

un rosbif
une fondue bourguignonne

un carpaccio
un hachis parmentier

Exemples

→ Pour **un pot-au-feu**, il faut choisir **de la joue** (un morceau maigre), **de la poitrine** (un morceau gras) et **de la queue de bœuf** (un morceau moelleux). Tout un art !

→ Pour **le carpaccio** et **le tartare**, on utilise de **la viande de bœuf** crue.

Expression

- **Qui vole un œuf vole un bœuf !** (= même une légère infraction doit être punie, sinon le malfaiteur risque d'en commettre une autre, encore plus grave)

L'agneau

- **Morceaux**

▲ **une côtelette**

▲ **une épaule**

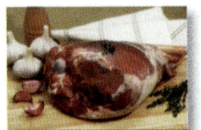
▲ **un gigot**

un carré

une selle

une souris

- **Préparations**

une brochette   une merguez   un navarin   un tajine

Exemple

→ **Les côtelettes**, **les brochettes** et **les merguez** sont très appréciées pour les grillades.

Expression

- Le mari de ma sœur est **doux comme un agneau** (= être très gentil, très peu agressif).

Le veau

- **Morceaux**

une escalope   une noix   un médaillon   un collier

- **Préparations**

▲ une paupiette   ▲ une blanquette   ▲ un osso-buco
un rôti   un sauté   un cordon-bleu

Exemples

→ Pour réussir **ma blanquette de veau**, il me faut **de la poitrine**, **du jarret** et **du collier**.
→ Ma grand-mère Paulette est la reine **des paupiettes** : elle sait les préparer comme personne !

Expression

- À l'occasion du 80ᵉ anniversaire de mon grand-père, on **a tué le veau gras** (= faire un grand repas en l'honneur de quelqu'un).

LA VIANDE, LE POISSON, LES PRODUITS LAITIERS, LES COLLATIONS

Le porc

- **Morceaux**

▲ **un jambon**
un filet / un filet mignon

▲ **une côte**
une échine

▲ **un travers**
du lard

- **Préparations**

▲ **du jambon cru**

▲ **un rôti**

▲ **une saucisse (de Morteau / de Strasbourg)**

du jambon blanc
un boudin (noir / blanc)
une andouillette

un jambon persillé
des rillettes
des lardons

un saucisson (sec / à l'ail)
un pâté en croûte
un aspic au jambon

Exemple

→ Chez mon charcutier, j'aime acheter des tranches de **pâté en croûte « Richelieu », du saucisson à l'ail, des rillettes** et **du boudin noir**. C'est tellement bon !

Communiquer

[À la charcuterie] « Bonjour, Madame, je voudrais deux tranches de **jambon blanc** et **du jambon cru**.
– Combien en voulez-vous ?
– Huit tranches très fines, s'il vous plaît. C'est pour **une assiette de charcuterie**. »

Expression

- Tu peux être plus clair et moins ironique ? quand tu parles, **on ne sait pas si c'est du lard ou du cochon** (= être ambigu et flou).

> **Info Culture**
>
> • **Les saucisses**, à base de viandes crues, sont à cuire alors que la viande **des saucissons** est préalablement cuite. Pour ces derniers, coupez-les en fines tranches et dégustez-les à l'apéritif !

La volaille

▲ un poulet   ▲ une dinde   ▲ un canard   ▲ un pigeon
une poule   un coq / un coquelet   une oie   un lapin

• **Morceaux et préparations**

▲ une aile   ▲ un coq au vin   ▲ un civet de lapin
une cuisse   un magret de canard   un lapin à la moutarde
un filet (« le blanc »)   un sot-l'y-laisse   des rillettes (d'oie / de canard)

> **Exemple**
>
> → En cuisine, **le lapin** (d'élevage) est considéré comme **une volaille**. Mais peu importe la classification, **le lapin à la moutarde**, c'est bon !

> **Expressions**
>
> • Ma sœur avait un emploi bien rémunéré mais elle a démissionné. À mon avis, elle **a tué la poule aux œufs d'or !** (= renoncer bêtement à une richesse assurée)
>
> • Sans s'en rendre compte, ce pauvre client **s'est fait plumer comme un pigeon** ! (= se faire voler toute sa fortune)

LA VIANDE, LE POISSON, LES PRODUITS LAITIERS, LES COLLATIONS

Le gibier

 ▲ un cerf
 ▲ un sanglier
 ▲ un faisan
 ▲ une perdrix

un chevreuil
un lièvre
une caille
une biche

• **Préparations**

une terrine
(de lièvre / de faisan)

un pâté (de sanglier)

une gigue (de chevreuil)

Exemple

→ En automne, j'ai l'habitude d'aller au restaurant pour manger **une gigue de chevreuil** marinée, accompagnée d'un gratin dauphinois, c'est délicieux !

Expression

• Elle voulait diriger une entreprise, élever des enfants et s'occuper d'une association. À présent, elle est complètement épuisée. Comme quoi, **il ne faut pas courir plusieurs lièvres à la fois !** (= impossible de faire plusieurs activités à la fois)

Info Culture

• **Le pâté** est un assemblage de viandes hachées et cuites dans un moule ou dans une pâte **(« un pâté en croûte »)** alors qu'**une terrine** est une préparation charcutière cuite au four et servie dans un récipient en terre (« une terrine »).

Les abats

un foie
une cervelle
une tête
une langue
un museau

un rognon
un ris
un estomac
une joue
un pied

• **Préparations**

un foie gras (entier)   des tripes   un fromage de tête   une salade de museau

Exemple

→ En cuisine, les organes des animaux changent parfois de nom : les reins s'appellent **des rognons**, le cerveau devient **une cervelle** et le thymus correspond au **ris**. Quant aux **tripes**, elles sont cuisinées à partir de l'**estomac** des vaches.

Expression

• Ce garçon n'est pas très intelligent et n'a aucune mémoire : il **a une cervelle de moineau !** (= être très stupide)

Le poisson

• **Parties d'un poisson**

une tête   une joue   une queue
une nageoire   une écaille   une arête

• **Façons de préparer**

vider   écailler   retirer la peau   lever les filets

• **Façons de cuisiner**

au four   en papillote   mariné/e   en tartare   en quenelles
au gril   au court-bouillon   en soupe   à la meunière   façon tataki

Exemples

→ Je demande toujours au poissonnier de nettoyer et de préparer **le poisson** que j'achète, c'est-à-dire de l'**écailler** et de le **vider**.

→ La bouillabaisse marseillaise, ce grand classique des plats **cuisinés** du Midi de la France, est **une soupe de poisson** servie avec de la rouille et des croûtons aillés.

LA VIANDE, LE POISSON, LES PRODUITS LAITIERS, LES COLLATIONS

→ Si vous optez pour une cuisson **en papillote**, le poisson ne séchera pas et sa chair restera tendre.

Communiquer

« Zut, en mangeant ce délicieux poisson, j'ai avalé **une arête**. Elle m'est restée coincée dans la gorge. J'ai bu de l'eau mais cela n'a servi à rien. Qu'est-ce que je dois faire ?

– Mange de la mie de pain ! On dit que cela fait partir **les arêtes** qui se mettent en travers de la gorge. »

Expression

• Dans le milieu de la gastronomie, notre chef cuisinier **se sent comme un poisson dans l'eau** (= se sentir très à l'aise, dans son élément).

Les poissons d'eau de mer

la sardine — **le thon** — **l'anchois** (masc.) — **le cabillaud / la morue** — **le maquereau**

▲ **le hareng** — ▲ **la raie** — ▲ **le saumon** — ▲ **la daurade / dorade** — ▲ **le rouget**

la sole — **le bar / le loup** — **le merlan** — **le colin** — **la lotte**

Exemples

→ Saviez-vous que sur les côtes atlantiques on déguste **des bars** et en Méditerranée **des loups** mais qu'il s'agit du même poisson ?
→ Lorsque **le cabillaud** est salé et séché, il change de nom : il devient **une morue** !
→ Avez-vous déjà goûté **un couscous à la lotte** et **une sole meunière** ? C'est délicieux !

Les poissons d'eau douce

▲ une truite ▲ une anguille ▲ un brochet ▲ un sandre
une carpe un esturgeon une perche un omble chevalier

Exemples

→ Saviez-vous que **le caviar** est fabriqué à base d'**œufs d'esturgeon** ?
→ Le chef vous recommande aujourd'hui **les quenelles de brochet**. C'est exquis !

Expression

• L'entreprise veut moderniser notre service mais je la soupçonne d'avoir des intentions secrètes : licencier du personnel. **Il y a anguille sous roche !** (= cacher une surprise désagréable)

Les fruits de mer

• **Les coquillages**

une huître un bigorneau une coquille un bulot
(plate / creuse)   Saint-Jacques

▲ un calamar / ▲ un poulpe ▲ un oursin ▲ une algue marine
un encornet
une palourde une moule un (pied de) couteau une seiche

LA VIANDE, LE POISSON, LES PRODUITS LAITIERS, LES COLLATIONS

Exemples

→ Sur un plateau de **fruits de mer**, il y a en général deux variétés d'**huîtres (des plates et des creuses)**, **des palourdes** et **des bulots**. Mais vous pouvez le composer selon votre goût et vos envies !
→ En Italie, **les palourdes** servent à préparer les célèbres spaghetti « alle vongole » et on peut y goûter un risotto à **l'encre de seiche**. Quel délice !
→ Nos enfants raffolent **des noix de Saint-Jacques** au safran. C'est tellement savoureux !

Expressions

• Très amoureux, il ne quitte plus sa petite amie, il **est accroché à elle comme une moule à son rocher** (= être fermement attaché).
• Suite à la disparition de son mari, elle **s'est fermée comme une huître** (= arrêter toute communication avec son environnement)

• **Les crustacés**

▲ **un crabe**
un tourteau

▲ **une langoustine**
une langouste

▲ **un homard**
une écrevisse

▲ **une crevette (rose / grise)**
une gamba
(une grosse crevette)

Exemple

→ Saviez-vous que **l'écrevisse** et **la langoustine** ressemblent à de petits **homards** mais que la première vit en eau douce alors que la seconde vit en eau salée ?!

Expression

• Qu'est-ce qu'il est timide ! Quand on lui parle, il devient **rouge comme une écrevisse** ! (= rougir d'émotion)

Les produits laitiers

• **Le lait**

cru	pasteurisé	**UHT** (= ultra-haute température)
entier	demi-écrémé	écrémé
en poudre	concentré	

- **Le beurre**

doux ≠ salé (demi-sel)   moulé   en baratte

- **La crème (fraîche)**

liquide ≠ épaisse   allégée   acidulée   fouettée   chantilly

- **Les œufs**

un œuf fermier (poules élevées en plein air) ≠ un œuf de batterie (poules élevées en cage)

- **Le yogourt/yaourt**

ferme ≠ brassé   bulgare   grec
nature ≠ au sucre   aux fruits   aromatisé

- **Le fromage blanc**

un petit-suisse   une faisselle

Exemple

→ La **crème chantilly** est tout simplement une **crème fouettée** à laquelle on ajoute du sucre glace et de la vanille.

Expressions

- Franchement, cette personne **n'a pas inventé le fil à couper le beurre** (= être peu intelligent).
- Dans tout ce que l'on entreprend, **on ne fait jamais d'omelette sans casser des œufs** (= il y a toujours des risques inévitables).

Les fromages

- **Fromages à pâte molle**

le chaource

le brie

le camembert

le langres

l'époisses

le munster

le maroilles

le pont-l'évêque

LA VIANDE, LE POISSON, LES PRODUITS LAITIERS, LES COLLATIONS

- **Fromages à pâte dure**

▲ le saint-nectaire   ▲ le morbier   ▲ le beaufort   ▲ le gruyère

le cantal   le reblochon   le comté   l'emmental

- **Fromages à pâte persillée**

la fourme d'Ambert   le roquefort   le bleu de Bresse   le bleu d'Auvergne

- **Fromages de chèvre**

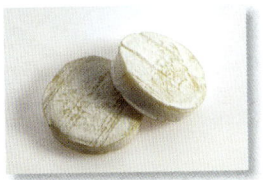   

le rocamadour   le crottin de Chavignol   le chabichou du Poitou   le pouligny-saint-pierre

- **Fromages de brebis**

l'étorki   la féta

• **Fromages frais**

la mozzarella

le mascarpone

Exemples

→ Il faut bien distinguer, au niveau du goût et de la qualité, **les fromages AOP fermiers au lait cru** et **les fromages industriels**, souvent **à tartiner.**

→ À la fromagerie et à la crémerie, on peut acheter **du fromage à la coupe**, du beurre et des œufs, même si ces derniers ne sont pas un produit laitier.

→ Le **langres** est un **fromage à pâte molle** à croûte lavée qu'on reconnaît à sa fontaine. Si vous êtes gourmand/e, vous pouvez y verser un peu de champagne avant sa dégustation.

Communiquer

« En fin de repas, je voudrais servir à nos invités un beau plateau de fromages. Je vais acheter chez le fromager **un morceau de comté** et **du beaufort**. Qu'en penses-tu ?

– C'est bien. Mais prends également **un fromage à pâte molle**, **un chaource** par exemple, et **un fromage à pâte persillée**, **un roquefort** ou **une fourme d'Ambert**. »

Expressions

• À la moindre critique qu'on t'adresse, tu t'énerves beaucoup trop : tu **en fais tout un fromage** ! (= exagérer)

Info Culture

• **L'appellation d'origine contrôlée/protégée (AOC/AOP)** permet de choisir les produits laitiers en fonction de leur origine géographique et de leur qualité.

21 LES FRUITS ET LES NOIX

Les fruits

• **Les fruits à pépins**

la pomme — la poire — le coing — le raisin — la figue — la grenade

• **Les fruits à noyau**

la cerise — l'abricot (masc.) — la pêche — la nectarine (le brugnon) — la prune

la mirabelle — la datte

• **Les fruits « rouges »**

la fraise (des bois) — la framboise — la mûre — la myrtille

la groseille — le cassis — la baie de sureau (noir)

• **Les agrumes**

l'orange (sanguine) — la clémentine / la mandarine

    le citron (vert)   le pamplemousse   le kumquat

• **Les fruits exotiques**

la banane   l'ananas (masc.)   le kiwi   le kaki   la mangue   le litchi

la papaye   le fruit de la passion   la goyave   la noix de coco

• **Les légumes-fruits**

la rhubarbe   le melon   la pastèque

> **Exemples**

→ Quand on a fini de manger **une pomme**, il reste le trognon avec **les pépins**.
→ Un pruneau est **une prune** séchée et **la rhubarbe**, bien qu'un légume, est consommée comme **un fruit** acidulé soit en compote soit en confiture.

> **Communiquer**

« Je ne sais pas quel dessert proposer aux invités. Je voudrais éviter **les desserts aux agrumes**, trop acides, **les mousses aux fruits exotiques**, ainsi que les sempiternelles **tartes aux fraises**. Tu as une idée ?
– Tu peux faire **une salade de fruits,** avec **des pommes, des poires, des pêches, des abricots, des kiwis** et **du melon**. C'est frais et léger.
– Ah, non, je n'ai pas envie d'enlever **tous les pépins** et **les noyaux**, c'est du boulot !
– Alors, achète **une grappe de raisin** et **une barquette de framboises !** »

LES FRUITS ET LES NOIX

- **Distinguez :** **une pêche** (= le fruit à noyau) ≠ une pêche (= la capture du poisson) ; **une grenade** (= le fruit) ≠ une grenade (= l'arme : une grenade à mains) ; **un coing** (= le fruit) ≠ un coin (= l'angle : au coin de la rue) ; **une mûre** (= le fruit rouge) ≠ mûr/e (= la maturité d'un fruit) ≠ un mur (= la construction en pierre) ; **une baie** (= le petit fruit charnu) ≠ une baie (= le littoral : « la baie de Somme », ou une ouverture : « une baie vitrée ») !

Expressions

- Tout le monde profite de lui, il ne dit jamais non. Ce garçon est **une bonne poire !** (= trop serviable et facilement exploitable)
- Je suis en pleine forme, j'**ai la pêche !** (= être plein d'énergie)
- Même s'il n'en est qu'à sa première exposition de photos, cet/te artiste **ne se prend pas pour la queue d'une cerise** (= être très prétentieux).
- Dans cette entreprise, le mot d'ordre est « rendement », les employés sont donc **pressés comme des citrons** (= être exploité).
- Aujourd'hui, je suis de bonne humeur, j'**ai la banane** (= afficher un grand sourire).

Info Culture

- Les enfants adorent **le sirop de grenadine** qui est traditionnellement fabriqué à base de pulpe de **grenade**.

Les fruits à coque

une châtaigne — une amande — une noisette — une noix — une noix de cajou

une noix de pécan — une pistache — un pignon (de pin) — une cacahuète

Exemples

→ Quand vous achetez des « marrons chauds » ou des « marrons glacés », en réalité ce sont **des châtaignes** comestibles. Les vrais marrons sont toxiques !

→ **Les amandes** sont utilisées pour fabriquer bon nombre de gourmandises : les pralines (amandes grillées dans du sucre), les calissons d'Aix (à base de poudre d'amande) et la galette des rois fourrée à la pâte d'amande.

→ En Tunisie, le thé à la menthe est parfois servi avec **des pignons de pin**.

une galette des rois

 • **Distinguez :** une amande (= le fruit à coque) ≠ une amende (= la sanction pécuniaire) !

Expression

• Ce produit se trouve partout et ne coûte rien, **ça ne vaut pas une cacahuète !** (= ne pas valoir grand-chose)

Info Culture

• **« Casse-noisette »** est un ballet de Tchaïkovski mais c'est aussi un ustensile de cuisine pour briser la coque des noix, des amandes et des noisettes. Il s'appelle plus souvent **un casse-noix**.

22 LES LÉGUMES, LES CÉRÉALES ET LES CHAMPIGNONS

Les légumes

• **Les salades « vertes »**

la laitue

l'endive (fém.)

la trévise / la chicorée rouge

la scarole

la feuille de chêne

la roquette

la mâche

le pissenlit

la salade Iceberg

• **Les racines et les tubercules**

la carotte

le radis

le navet

le céleri-rave

la betterave

la pomme de terre

la patate douce

le panais

• **Les feuilles et les tiges**

le poireau

l'asperge (verte/blanche)

le céleri-branche

la bette

le chou (vert/rouge)   les épinards (masc.)   le cresson

• **Les bulbes**

le fenouil   l'oignon (masc.)   l'échalote (fém.)   l'ail (masc.)

• **Les cucurbitacées**

le concombre   la courge   le potiron / la citrouille   la courgette

• **Les fruits-légumes**

la tomate (cerise)   l'aubergine (fém.)   le poivron (rouge / vert / jaune)

• **Les légumes-fleurs**

l'artichaut (masc.)   le chou-fleur   le brocoli

• **Les légumineuses**

la lentille   le haricot (blanc / rouge / noir)   le haricot vert

le pois chiche   le petit pois   le pois mangetout   le flageolet

LES LÉGUMES, LES CÉRÉALES ET LES CHAMPIGNONS

> **Exemples**

→ Préparer **une salade de laitue**, c'est du travail : il faut détacher les feuilles une à une à la main, les trier, les laver plusieurs fois, les mettre dans une passoire et les essorer pour en chasser l'eau. Et il faut également savoir préparer une excellente vinaigrette !

→ Au printemps, c'est la saison **des asperges**. Il faut bien les éplucher et les bouillir dans de l'eau salée. Servez-les avec une mayonnaise faite maison. C'est un régal !

→ **Les frites** sont faites à partir de **pommes de terre** coupées en morceaux. On dit que c'est en Belgique qu'on mange les meilleures frites du monde.

> **Communiquer**

[Au marché] « Bonjour, Madame ! Je voudrais **des poivrons, des tomates** et **des courgettes**.
– Bien sûr. Je vous en mets combien ?
– **Deux poivrons**, un vert et un rouge, **un kilo de tomates** bien mûres, en grappes si vous en avez ; et **quatre courgettes** bien fermes.
– Et avec ceci ?
– Il me faudrait également **une botte de radis**, **une tête d'ail** et **une barquette de roquette**. Est-ce que vous auriez **des épinards** frais ?
– Désolée, je n'en ai plus.
– Tant pis ! À la place, donnez-moi trois **artichauts**, s'il vous plaît. »

• **Distinguez :** **une lentille** (= le légume) ≠ une lentille (de contact, pour la vue) ; **un pois** (= le légume) ≠ un poids (= l'objet lourd sur une balance)

> **Expressions**

• Pendant les vacances, j'ai dépensé tout mon argent. Je **n'ai plus un radis !** (= ne plus avoir d'argent)

• Le professeur nous a expliqué le vocabulaire. Tous les étudiants ont compris, sauf moi. Je **suis complètement dans les choux !** (= être perdu, avoir échoué)

• On va à la plage et j'ai oublié mon maillot de bain. **Quelle courge !** (= imbécile, débile)

• On a perdu le marché de l'Italie et de l'Espagne pour nos produits. **Les carottes sont cuites !** (= c'est une situation désespérée qui finira mal)

Info Culture

• Dans le conte *Cendrillon* de Perrault, la fée transforme **la citrouille**, d'un coup de baguette magique, en un magnifique carrosse tout doré. Que c'est poétique !

Les céréales

le blé   **l'épeautre**   **le sarrasin**   **l'orge** (fém.)

le maïs   **le riz**   **le quinoa**   **le seigle**

• **Des préparations**

▲ **la farine (blanche / complète)**   ▲ **la semoule**   ▲ **la polenta**

les flocons d'avoine   **les graines de sésame**   **les pâtes (de blé dur / fraîches / aux oeufs)**

Exemples

→ Avec l'industrialisation massive de l'agriculture, **le millet** a été remplacé par **le blé** et **le seigle**.
→ **La farine** de **sarrasin** sert à la fabrication des célèbres galettes bretonnes.
→ **La semoule** est l'ingrédient principal du couscous.

Expression

• Sur Internet, j'ai acheté un médicament « homologué » mais c'était un faux. **On m'a roulé/e dans la farine !** (= tromper, arnaquer)

LES LÉGUMES, LES CÉRÉALES ET LES CHAMPIGNONS

Info Culture

- **L'orge** est la **céréale** qui est généralement utilisée en brasserie pour fabriquer la bière. Elle constitue le malt après avoir subi un maltage (un processus de germination). On y ajoute du houblon (une plante grimpante) pour l'amertume.

Les champignons

une girolle / une chanterelle

un cèpe / un bolet

un pied-de-mouton

un champignon de Paris

une morille

une truffe (blanche / noire)

Exemples

→ Je n'achète plus de **champignons de Paris** en boîte. Ils perdent complètement leur goût et prennent celui de la conserve !

→ Pour préparer une omelette goûteuse, vous avez le choix : omelette **aux morilles** ou omelette **aux girolles**. Laquelle préférez-vous ?

Communiquer

« Regarde ! En me promenant dans la forêt, j'ai ramassé un panier entier de **champignons** : **des chanterelles, des bolets**, et j'ai même trouvé **une truffe noire**. On pourra se préparer une omelette, un magret de canard ou un risotto. Qu'en dis-tu ?

– Quelle belle cueillette ! Nous allons nous régaler ! »

Info Culture

- Sur la couverture de l'album *L'Étoile mystérieuse* des aventures de Tintin, vous remarquerez **un champignon vénéneux** (= toxique) géant qui ressemble à **une amanite tue-mouches**, mais les deux couleurs, le rouge et le blanc, sont inversées !

23 LE PAIN, LES DESSERTS ET LES CONDIMENTS

Le pain

• **Les pains ordinaires**

une ficelle   une flûte   une baguette classique   une baguette tradition

• **Les pains spéciaux**

▲ un pain aux céréales   ▲ un pain aux noix   ▲ un pain de mie

un pain complet
une biscotte

un pain au levain
un bretzel

une boule de campagne
un pain de seigle

• **Les pains méridionaux**

une fougasse (aux lardons)   un pain aux olives   une focaccia

• **Les brioches**

une brioche parisienne   une tresse au beurre   un kouglof (alsacien)

LE PAIN, LES DESSERTS ET LES CONDIMENTS

• **Les viennoiseries**

▲ **un croissant**

▲ **un pain au chocolat / une chocolatine**

▲ **un chausson aux pommes**

▲ **un pain aux raisins**

un oranais (croissant aux abricots)

▲ **un palmier**

un croissant aux amandes

▲ **des chouquettes (nature / à la crème)**

Exemples

→ **Baguette tradition**, **baguette classique**, **flûte** ou **ficelle** ? C'est en principe une question de poids : 300 g, 250 g, 200 g et 100 g pour la ficelle.

→ **Les viennoiseries**, dont font également partie **les brioches**, sont des spécialités boulangères à mi-chemin entre **le pain** et **la pâtisserie**. On les mange soit au petit déjeuner soit entre les repas quand on a une petite faim.

Communiquer

« Il est 10 heures. J'ai un petit creux. Je vais m'acheter **un croissant** ou **un oranais** à la boulangerie. Tu viens avec moi ?
– Bonne idée. J'ai envie d'**un chausson aux pommes** et de **chouquettes**. »

Expression

• Cette semaine, j'ai quatre réunions et deux rapports à rédiger. J'**ai du pain sur la planche !** (= avoir beaucoup de choses à faire)

Les desserts

• **Les pâtisseries**

▲ un mille-feuille

▲ un éclair
(au chocolat/au café)

▲ une religieuse

une bûche de Noël
un chou à la crème
un fraisier / un framboisier

un baba au rhum
un saint-honoré
un flan (pâtissier /
aux abricots)

un opéra
un paris-brest
une tartelette
au citron (meringuée)

• **Les gâteaux**

▲ une madeleine

▲ un macaron

▲ un cannelé (bordelais)

une tarte tropézienne
un financier
un kouign amann

une tarte aux pommes
un quatre-quarts
un far (breton)

un fondant au chocolat
un pain d'épices
un gâteau basque

• **Les confiseries**

▲ un bonbon

▲ une sucette

▲ un caramel

▲ un nougat
(dur / mou)

un fruit confit

une dragée

une réglisse

un calisson
(d'Aix)

LE PAIN, LES DESSERTS ET LES CONDIMENTS

• **Les gâteaux secs (« les biscuits »)**

▲ **un sablé**　　　　　　　▲ **un petit-beurre**　　　　　▲ **une gaufrette**

un palet breton　　　　　　un spéculoos　　　　　　　une crêpe dentelle
une lunette　　　　　　　　un croquant (de Cordes)　　une corne de gazelle

• **Les desserts (les entremets)**

▲ **des profiteroles**　　　　▲ **une tarte tatin**　　　　　▲ **une île flottante**

un clafoutis (aux cerises)　　un soufflé (à la vanille)　　une charlotte (aux poires)
une crème brûlée　　　　　une crème caramel　　　　une mousse au chocolat
une crêpe Suzette　　　　　un riz au lait　　　　　　　une banane flambée
　　　　　　　　　　　　　　　　　　　　　　　　　　　(au rhum)

Exemples

→ **L'éclair** et **la religieuse** contiennent tous les deux de la crème pâtissière. La différence est dans la présentation : le premier est tout en longueur, la seconde est composée de deux boules superposées.

→ **La tropézienne**, fourrée à la crème diplomate et légèrement parfumée à la fleur d'oranger, nous vient directement du Midi de la France. Une merveille !

→ Pour moi, **le nougat** ne doit être ni trop dur ni trop mou mais bien tendre.

Communiquer

[au restaurant] « Qu'est-ce que tu prends comme dessert ?
– Je vais choisir **une charlotte aux poires** ou **une île flottante**.
– Moi, j'hésite entre **le clafoutis aux mirabelles** et **la crêpe Suzette**.
– Voilà ce que je te propose : on prend chacun un dessert et on partage ! »

• **Distinguez :** **un opéra** (= la pâtisserie) ≠ un opéra (= l'œuvre musicale) ; **un éclair** (= la pâtisserie) ≠ un éclair (= lors d'un orage, la foudre) ; **un financier** (= le gâteau) ≠ un financier (= le banquier) ; **une bûche** (= la pâtisserie) ≠ une bûche (= de bois pour la cheminée) ; **une religieuse** (= la pâtisserie) ≠ une religieuse (= la nonne, la moniale)

Expression

• Je n'avais pas besoin de discuter longtemps avec lui pour le convaincre. Je **l'ai retourné comme une crêpe !** (= faire changer d'avis rapidement, sans résistance)

Info Culture

• Lorsqu'en 1789 le peuple réclamait du pain, la reine Marie-Antoinette aurait répondu : **« S'ils n'ont pas de pain, qu'ils mangent de la brioche ! »** Il faut savoir qu'à l'époque, la farine blanche pour la fabrication des brioches coûtait beaucoup plus cher que la farine noire utilisée pour la fabrication du pain destiné au peuple.

Les condiments

• **Les condiments de base (pour relever le goût)**

une huile (d'olive / de colza / de tournesol / de noix)

un vinaigre (de cidre / de vin / balsamique)

un bouillon (de bœuf / de poulet / de légumes)

un fumet (de poisson)

le sel

le sucre

le miel

LE PAIN, LES DESSERTS ET LES CONDIMENTS

• Les légumes-condiments

▲ un cornichon   ▲ une câpre   ▲ un piment (d'Espelette)

le gingembre   le raifort   le wasabi

• Les herbes aromatiques (pour aromatiser)

la menthe   l'aneth (masc.)   la citronnelle   la coriandre   la marjolaine

– les fines herbes :
le persil   la ciboulette   le cerfeuil   l'estragon (masc.)

– les herbes de Provence :
l'origan (masc.)   la sarriette   le romarin   le thym   le basilic   le laurier

• Les épices (pour épicer ou pimenter)

le poivre   le paprika   le curcuma   le curry
(blanc / noir)   (vert / rouge)
la cannelle   la vanille   l'anis (masc.)   le safran
la cardamome   le cumin   la noix de muscade   le clou de girofle

145

- **Les arômes naturels (pour parfumer)**

la fleur d'oranger   l'eau de rose   l'amande amère   le zeste de citron

- **Les sauces (pour assaisonner ou accompagner)**

– salées :

▲ **la mayonnaise**　　　　▲ **la moutarde**　　　　▲ **la vinaigrette**
　　　　　　　　　　　　　　(de Dijon / à l'ancienne)

la sauce béchamel　　　　**la harissa**　　　　　　**la sauce tartare**
l'aïoli (= une mayonnaise à l'ail)　**la sauce soja**　　　**la sauce béarnaise**

– sucrées :

la crème (pâtissière /　　**le caramel (liquide)**　　**le sirop d'érable**
anglaise / bavaroise)

> **Exemples**

→ Il vaut mieux ne pas trop **saler** et trop **épicer** les plats, sinon le goût des aliments est dénaturé !

→ Avec **du poivre blanc** et **de la moutarde**, on **relève** le goût d'**une mayonnaise** faite maison.

→ Pour préparer une bonne **vinaigrette**, il faut choisir **de bonnes huiles**, **du vinaigre** de qualité et **des herbes aromatiques** en fonction de la salade à **assaisonner**.

→ Le dessert préféré d'Hélène, c'est **le riz au lait à la cannelle** ou **à la vanille**. Cela lui rappelle de bons souvenirs d'enfance !

LE PAIN, LES DESSERTS ET LES CONDIMENTS

Communiquer

« C'est excellent mais très **assaisonné**…. Oh là là !
– Qu'est-ce que tu as ? Tu es rouge comme une tomate !
– C'est très piquant, très **pimenté** ! Cela me brûle la bouche !
– Oui, parce que c'est un plat un peu **relevé**.
– Le mot « relevé » est faible, j'ai le feu dans la bouche. Je ne savais pas que **la harissa** était aussi forte !
– Alors, bois un peu d'eau et ça passera ! »

Expressions

- Lors d'un entretien, mon responsable a critiqué tout ce que je faisais. **La moutarde m'est montée au nez** (= être très irrité tout d'un coup) et je lui ai répondu de façon peu agréable !
- Quand un film sort au cinéma, personne ne peut prévoir son succès. **La mayonnaise prend ou ne prend pas** (= la situation évolue de façon positive ou négative).
- Ce formateur utilise plein d'anglicismes. Il ne comprend pas que c'est ridicule de **mettre** des mots anglo-saxons **à toutes les sauces** (= dans toutes les situations et n'importe comment) !

Info Culture

- Proche de la composition des **herbes de Provence**, **le bouquet garni** est un assemblage d'**herbes aromatiques (laurier, thym…)**, le tout attaché avec une ficelle. On l'utilise pour des plats mijotés (le pot-au-feu, le coq au vin, etc.) et, en fin de cuisson, on le retire du plat pour éviter que des tiges désagréables ne demeurent dans la sauce.

24 LES BOISSONS

Les boissons chaudes

• **Du matin au soir**

un café (crème / au lait)	**un café noisette**
un expresso	**un cappuccino**
un café viennois	**une chicorée**
un café allongé ≠ serré	**un café renversé** (Suisse)

un chocolat chaud　　　**un thé (noir / vert / rouge)**　　　**une infusion / une tisane**

• **Les ustensiles**

une cafetière	**une tasse**	**une soucoupe**	**un bol**
une théière	**un sachet de thé**	**une boule à thé**	**une passoire**
un filtre à café	**une capsule de café**	**une dosette**	**un sucrier**

> **Exemples**

→ Le matin, pour démarrer la journée, je bois **un bol de chicorée** avec **une goutte de lait**. C'est plus doux que **le café**. En revanche, après déjeuner, je prends **un café bien serré** !

→ Au lieu d'utiliser **un sachet de thé**, je préfère mettre **le thé** directement dans **la théière** pour que les feuilles puissent se développer. Ensuite, je me sers d'**une passoire à thé** pour le verser dans **les tasses**. C'est bien meilleur !

→ Avant d'aller dormir, je prends **une tisane de tilleul** ou **de verveine** et si j'ai un peu mal à l'estomac, je me fais **une infusion de camomille**. Ça calme !

> **Communiquer**

« Avec le goûter, ma chère voisine, vous prenez **du thé** ou **du café** ?

– **Du thé**, s'il vous plaît.

– Avec du sucre ?

– Sans sucre, merci. Mais avec **du lait**, si vous en avez. J'ai pris cette habitude en Angleterre.

– Pas de souci. Moi, je préfère **mon thé** avec **une rondelle de citron**. »

LES BOISSONS

Expression

- Le football et la grande finance, **ce n'est pas ma tasse de thé** (= cela ne m'intéresse pas).

Info Culture

- Ne confondez pas **le thé** et **la tisane.** Cette dernière est composée de plantes aromatiques et médicinales, mais elle est surtout dépourvue de théine !

Les boissons froides

une eau minérale
un sirop à l'eau
une limonade
un jus de fruits
un jus d'orange
un café frappé
un cidre (brut / doux)

une eau plate ≠ gazeuse
un sirop de grenadine
une orangeade
un jus de pomme
un soda
un thé glacé
un café liégeois

Exemples

→ Les avis sont partagés : en mangeant, on boit de **l'eau plate** ou de **l'eau gazeuse** ? Mais ce qui est sûr : on ne boit jamais de **soda** !

→ En revanche, une longue promenade, j'adore boire **un verre de limonade** bien fraîche !

Communiquer

[À la crêperie] « Je vais prendre une galette complète au fromage et au jambon. Puis une crêpe au caramel au beurre salé.

– Tiens, je vais prendre la même chose que toi. Qu'est-ce qu'on boit avec ?

– Je propose pour la galette salée **une bolée de cidre brut**. Puis, avec la crêpe sucrée, **une bolée de cidre doux**. »

Info Culture

• **Le jus de pomme**, mélangé à de l'eau (plate ou gazeuse !), est une boisson très rafraîchissante et énergétique. Quant au **cidre** (un jus de pomme fermenté et légèrement alcoolisé), on le boit dans des bols (« une bolée ») et il accompagne à merveille les galettes et les crêpes bretonnes.

Les boissons alcoolisées

• **Les ustensiles**

un verre à vin	une coupe / une flûte à champagne	un verre à bière / une chope
un tire-bouchon	un décapsuleur / un ouvre-bouteille	une bouteille
un seau à glace	une carafe (à vin / à décanter)	une housse rafraîchissante

• **Les vins**

le vin rouge (léger / rond / corsé)

le vin rosé (fruité / floral)

le vin blanc (sec / minéral / demi-sec / moelleux)

• **Les vins effervescents / pétillants**

le champagne (brut / sec / demi-sec)

le crémant

le mousseux

le blanc de blancs

• **Les 15 vignobles français**

Alsace, Beaujolais, Bordeaux, Bourgogne, Champagne, Corse, Jura, Languedoc, Loire, Lorraine (Meuse/Moselle), Provence, Rhône, Roussillon, Savoie-Bugey, Sud-Ouest

LES BOISSONS

Exemples

→ Rien de plus facile que de distinguer **un vin d'Alsace**, **un bordeaux** et **un bourgogne** car **les bouteilles** sont différentes : la bouteille des vins alsaciens ressemble à une flûte, celle des bordeaux a les épaules carrées et celle des bourgognes a les épaules tombantes.

→ Un excellent **crémant** peut être aussi bon qu'un **champagne**. Mais au niveau du prix, ce n'est pas du tout la même chose !

Communiquer

« Pour fêter ta thèse de doctorat, on va ouvrir **une bouteille de champagne**.
– Chouette, **du champagne rosé**, j'adore ça ! Mais qui fait sauter **le bouchon** ?
– Demande à ton frère de le faire. Tu préfères quels verres, **les flûtes** ou **les coupes** ?
– **Les coupes à champagne** en cristal de notre grand-mère. Elles sont très élégantes !
– Parfait ! »

• **Distinguez :** un verre à vin (= le contenant) ≠ un verre de vin (= le contenu) ; une coupe (à champagne) ≠ une coupe (à dessert) ≠ une coupe (de cheveux) ≠ une coupe (= le prix donné aux champions) !

Expressions

• Dans ce pays, les transports en commun ne fonctionnent pas ou sont inexistants. Pour les citoyens, **la coupe est pleine** ! (= en avoir assez)

• Tu as obtenu une promotion au travail. Ce soir, **on va sabler le champagne** ! (= célébrer un événement joyeux)

Info Culture

• **La France est le premier producteur de vin au monde** en volume et en valeur, devant l'Italie. En revanche, les Français ne sont que les deuxièmes plus gros consommateurs de vin derrière les États-Unis.

• **Les apéritifs**

un kir (royal)	**un pastis**
une bière	**une panaché**
un mojito	**une margarita**
un cocktail	**un spritz**

un porto	**un pineau des Charentes**
un martini	**un muscat**
un vin de noix	**un vin de pêche**

Exemple

→ **Le kir**, un apéritif bourguignon, est un mélange de crème de cassis (ou de mûre) et de vin blanc aligoté. Pour **le kir royal**, on remplace le vin blanc par le champagne !

Communiquer

« Qu'est-ce que je vous sers pour l'apéritif ?
– Ce que vous avez. Tout me convient !
– Je peux vous faire **un kir** ou **un mojito**. Autre possibilité : une coupe de champagne.
– Alors, **une coupe de champagne**. Mais seulement si vous en prenez une aussi car vous n'allez pas ouvrir une bouteille pour moi tout seul !
– Allons-y pour le champagne ! Moi aussi, j'adore ! »

Info Culture

• Lors de l'apéritif, avant de boire la première gorgée, les Français lèvent le verre pour trinquer en disant : **« Santé ! »**, **« À votre santé ! »**, ou de manière elliptique : **« À la tienne / À la vôtre ! »** Sachez cependant que si on ne se regarde pas correctement dans les yeux au moment de trinquer, cela porte malheur !

LES BOISSONS

• **Les digestifs**

une eau-de-vie :	**un cognac**
un armagnac	**un calvados**
un kirsch / une poire	**un rhum (brun)**
une vieille prune	**un marc / une grappa**

une liqueur :	**un Cointreau**
une Chartreuse	**une absinthe**
un limoncellu (Corse)	**une bénédictine**
une crème de cassis	**un élixir**

> **Exemples**

→ Pour mieux digérer, on peut servir **un digestif** en fin de repas : **une vieille prune** ou **un armagnac**, ou alors **une liqueur** : **un Cointreau** ou **une Chartreuse**.
→ **Le kirsch** est **une eau-de-vie** fabriquée à partir de cerises.

> **Info Culture**

• Bon nombre de **liqueurs** portent le nom de monastères (**la Grande Chartreuse**, **la Bénédictine**...) car ce sont des moines, à la recherche d'**un élixir** de longue vie et de ressources financières complémentaires, qui ont mis au point les recettes de ces vertueuses **liqueurs**, recettes encore bien gardées de nos jours !

25 BOIRE ET MANGER

Se nourrir

• **La faim**

se nourrir   **bouffer** (fam.)
la nourriture   **la bouffe** (fam.)
avoir un petit creux ➤ avoir faim
avoir un petit appétit ≠ avoir bon appétit
être rassasié/e ➤ avoir trop mangé

• **La soif**

boire   s'hydrater
une boisson
avoir soif ➤ être assoiffé/e

• **Un régime alimentaire**

maigrir   grossir
perdre du poids ≠ prendre du poids
un repas complet et équilibré

Exemples

→ Ce garçon **a bon appétit** : il a fini toute son assiette. Ça fait plaisir à voir !
→ Non, merci. Je **suis rassasié**, j'ai assez mangé. Le repas était excellent !

BOIRE ET MANGER

Communiquer

« Je viens de rentrer d'un séjour diététique d'une semaine.
– Alors, tu **as maigri** ? En quoi consistait **ton régime** ?
– Non seulement, je n'ai pas maigri mais en plus, **la bouffe** était dégueulasse : une soupe d'orties au petit déjeuner, deux carottes crues à midi et des pommes de terre cuites à l'eau le soir.
– Mais comment se fait-il que tu **n'aies pas perdu de poids** ?
– Parce que je **mange comme quinze** depuis que je suis rentrée à la maison.
– Et combien t'a coûté cette semaine de **« repas complets et équilibrés »** ?
– 1900 euros ! »

Expressions

- Je n'ai pratiquement rien mangé à midi. C'est pourquoi j'**ai une faim de loup** ce soir (= avoir très faim).
- **L'appétit vient en mangeant** (= quand c'est bon, on mange avec plaisir).
- Je **meurs de soif / de faim !** (= être assoiffé / affamé)
- S'il est trop gros, c'est qu'il **mange comme quatre** (= manger beaucoup).
- Je n'invite plus cette personne à dîner, elle **a un appétit d'oiseau** (= manger très peu) et moi, je suis gourmand !

Les repas

- **Le petit-déjeuner (entre 7 h et 9 h)**

du café
du lait
un jus de fruits frais
des céréales
un croissant
une tartine de beurre / de confiture / de miel

du thé
de la chicorée
un œuf à la coque
du muesli
un pain au chocolat
des viennoiseries

Exemples

→ **Une tartine** est une tranche de pain garnie de **beurre** et éventuellement de **confiture** ou de **miel**.

→ Aujourd'hui, je n'ai pas le temps de prendre **un « p'tit déj' »**, je vais donc **boire un café** et **manger un croissant** au bistro du coin.

→ J'adore **les œufs à la coque**, c'est-à-dire cuits en 3 minutes. Surtout le dimanche !

 En France, **distinguez : prendre le petit-déjeuner** (le matin) et déjeuner (à midi) !

Expression

• Au lieu de me décrire le problème en trois mots, elle **en fait toute une tartine** (= être peu synthétique et exagérer).

• **Le déjeuner (entre 12 h et 14 h)**

**la formule du midi (sur l'ardoise) :
une entrée, un plat, un fromage ou un dessert**

le plat du jour

un sandwich

une quiche (lorraine)

un croque-monsieur

un casse-croûte (fam. = un petit repas)

Exemples

→ Je prends **la formule du midi : une entrée, un plat et un dessert,** mais pas de fromage.

→ Oh, il est déjà 13h30. Je n'ai plus le temps d'aller **déjeuner**. Je vais donc acheter **un sandwich** ou **une quiche** chez le traiteur. Cela ira plus vite !

→ N'oubliez pas que **le déjeuner** est un moment très important pour nouer des relations professionnelles.

BOIRE ET MANGER

Communiquer

« Garçon, quel est **le plat du jour**, s'il vous plaît ?
– C'est marqué sur **l'ardoise**, là-bas.
– Désolée, j'ai oublié mes lunettes…
– Aujourd'hui, c'est un magret de canard aux figues.
– Parfait. **Un plat du jour** pour moi, alors.
– Tout de suite, Madame ! »

• **Le goûter (vers 16 h)**

une viennoiserie   une brioche

une madeleine   un gâteau (au chocolat)

un yaourt   un fruit

une barre de chocolat   un carré de chocolat

Exemple

→ Les enfants rentrent de l'école et **le goûter** n'est pas prêt. Je vais vite aller à la boulangerie acheter quelques **viennoiseries**.

• **Le dîner (entre 19 h et 21 h)**

un plat unique

un repas à trois plats

une soupe

convivial/e

une ambiance détendue / chaleureuse

> **Exemples**

→ Si on a bien déjeuné à midi, on se contente d'**un dîner** léger : **un plat unique** ou **une soupe** suivie d'un yaourt ou d'un morceau de fromage et d'un fruit.

→ **Un repas à trois plats** est composé d'une entrée, d'un plat principal et d'une assiette de fromage ou d'un dessert.

→ Il est important de partager d'agréables moments avec ses amis en organisant **des dîners conviviaux** dans **une ambiance détendue** et **chaleureuse**.

> **Info Culture**
>
> • En Belgique, en Suisse et au Québec, les trois repas de la journée sont **le déjeuner** (le matin), **le dîner** (à midi) et **le souper** (le soir). C'est à partir du XIXe siècle que les Parisiens, très urbanisés, ont pris l'habitude de **déjeuner**, de **dîner** et de **souper** de plus en plus tard, ce qui a provoqué un décalage horaire des repas et l'ajout du **petit-déjeuner** en France !

L'art de recevoir

• **La table**

une assiette (plate / creuse)   une assiette à dessert   un verre (à eau / à vin)
un couteau   une fourchette   une cuillère (à soupe / à café)
une serviette   une nappe ou un set   une bougie

BOIRE ET MANGER

▲ une salière   ▲ une poivrière / un moulin à poivre   ▲ une corbeille à pain

une carafe d'eau   un plateau à fromages   un dessous-de-plat
mettre la table ≠ débarrasser la table

Exemples

→ Les enfants, **mettez la table**, s'il vous plaît : **les assiettes**, **les couverts (couteaux, fourchettes et cuillères)** et **les verres à eau**. N'oubliez pas **les sets et les serviettes** !

→ Célestine et Jules, quand nous aurons fini de déjeuner, vous pourrez aller jouer, mais avant, vous **débarrasserez la table**. Merci, mes chéris !

→ À tous les moments du repas, il faut veiller à ce que **la corbeille à pain** soit garnie de morceaux de baguette fraîche et croustillante.

Expressions

- Nos invités prennent du fromage et du dessert. Ils **ont une bonne fourchette** (= avoir bon appétit, manger beaucoup).
- Il faut que je rembourse toutes mes dettes avant la fin du mois. J'**ai le couteau sous la gorge** (= être pressé et contraint).
- J'ai mal digéré le repas d'hier soir. Je **ne suis pas dans mon assiette** (= ne pas être en forme).

Info Culture

- Pour annoncer que le repas est prêt et qu'on peut passer à table, les francophones disent : **« À table ! »** ou, de façon plaisante, **« Monsieur / Madame est servi/e ! »** Et avant de commencer à manger, on souhaite à tous : **« Bon appétit ! »**

- **L'apéritif (dînatoire)**

des tranches de saucisson sec	des pics (de jambon cru)	des rillettes
des dés de fromage	des olives vertes/noires	des gressins

des torsades (au fromage)	des feuilletés (à la saucisse)	des gougères
de la tapenade	de l'anchoïade	du houmous
du guacamole	de la thoïonade	des feuilles de vigne
des amuse-bouches	des amuse-gueules (fam.)	du tzatziki

> **Exemples**

→ **L'apéritif** précède le dîner alors que **l'apéritif dînatoire**, comme le nom l'indique, combine les deux pour éviter un repas trop formel.

→ Pour **l'apéritif**, pensez à servir **des gougères au fromage** accompagnées d'un crémant de Bourgogne blanc. Vos invités seront enchantés !

→ **La tapenade** est une préparation à base d'olives et **l'anchoïade** à base d'anchois. Les deux spécialités nous viennent du Midi de la France.

→ La **thoïonade** est une crème à base de thon. Vous pouvez en faire **des amuse-bouches** délicieux !

BOIRE ET MANGER

- **L'accord entre vins et mets** (= qui peuvent se marier / s'accorder)

un blanc sec / minéral ➤ poissons, crustacés, huîtres, fromages à pâte dure

un blanc demi-sec ➤ poulet au curry, amuse-bouches

un rosé ➤ apéritif dînatoire, charcuterie, salades estivales

un rouge léger ➤ viande blanche, charcuterie, camembert / brie

un rouge corsé ➤ viande rouge, gibier, canard

un champagne ➤ amuse-bouches, desserts, biscuits (roses de Reims)

Exemples

→ Pour bien recevoir ses amis, il faut savoir choisir **les vins qui s'accordent** aux plats du menu.

→ Un **vin blanc sec** et **minéral** va très bien avec les huîtres, mais il **ne se marie pas** avec un pavé de bœuf.

Info Culture

• **L'accord entre vins et mets**, c'est tout un art. Si vous hésitez à trouver **le bon mariage** entre les deux, demandez conseil à votre caviste.

• À table, les francophones adorent **saucer leur assiette avec du pain**, tout en sachant que l'étiquette et le savoir-vivre ne le recommandent pas, du moins dans un cadre formel !

26 MANGER SUR PLACE ET AU RESTAURANT

Les types de restaurant

un restaurant (étoilé)

une brasserie

un bistrot / un café

un buffet de gare

une crêperie

une pizzeria

une buvette

un bar à vin

un salon de thé

Exemples

→ Pour déjeuner, on va **au bistrot** alors que pour dîner, on préfère aller au **restaurant**.

→ **Ce restaurant a trois étoiles** au guide Michelin. C'est la plus haute distinction. Ce doit être très bon mais aussi très cher !

→ On se rend dans **une brasserie** pour s'offrir un beau plateau de fruits de mer.

→ Dans **les bars à vin**, on sert d'excellents vins, soit en bouteille soit au verre. On peut les accompagner d'une assiette de charcuterie, d'un plateau de fromages ou de tapas.

→ **Une buvette** sert des boissons et des repas légers dans des lieux fréquentés comme une gare ou un théâtre.

→ J'adore m'installer sur **la terrasse d'un café** et observer les gens qui passent.

MANGER SUR PLACE ET AU RESTAURANT

Info Culture

- La France est le pays avec le plus grand nombre de **restaurants étoilés** (1-3 étoiles) au **guide Michelin**, créé en 1900. Vous pouvez également suivre les recommandations du guide **Gault et Millau** (1-5 toques), le grand concurrent du guide Michelin, ou alors celles du **Pudlo** ou du **Bottin gourmand**.

- **Les manières de se restaurer**

une restauration rapide une livraison de repas à domicile
manger sur le pouce un plat à emporter ≠ à consommer sur place

Exemples

→ Parfois, même de grands restaurants proposent **des plats à emporter** ou même **une livraison de repas à domicile**. C'est pratique, mais qui fera la vaisselle ?

→ Entre deux rendez-vous, je n'ai que 10 minutes **pour manger** un croque-monsieur **sur le pouce**. J'appelle cela **une restauration très, très rapide !**

Au restaurant

commander servir
une commande un/e serveur/se
une formule (entrée /
plat / fromage ou dessert)
un menu à la carte
une carte des vins goûter le vin
un vin bouchonné

payer l'addition (fém.)
un pourboire
service compris / non compris

Exemples

→ **Le serveur** ne vient pas **prendre la commande**. Il nous a oubliés ?
→ Après avoir ouvert la bouteille, le serveur vous fait d'abord **goûter le vin**. À vous de dire s'il est **bouchonné** ou non. S'il n'a pas un goût de bouchon, vous lui donnez votre accord pour servir le vin.
→ Comme le serveur a été adorable, je vais lui **laisser un pourboire**.

Communiquer

« Monsieur, avez-vous choisi ?
– Oui, je prends **le menu à 24 euros**, s'il vous plaît.
– Bien, Monsieur. Qu'est-ce que vous prenez comme **entrée** ?
– 6 escargots à l'alsacienne.
– Et comme **plat** ?
– Une blanquette de veau, s'il vous plaît. Comme **dessert**, je vais prendre une crème caramel.
– Et comme boisson ?
– Une bouteille de bourgogne blanc, s'il vous plaît.
[une heure et demie plus tard]
– Ça a été ?
– Oui, très bien, merci. Un café et **l'addition, s'il vous plaît**.
– Tout de suite, Monsieur ! »

◊◊◊◊◊◊◊◊◊ MENU à 24 € ◊◊◊◊◊◊◊◊◊

Entrées

Terrine de lapin aux pruneaux
6 ou 12 escargots à l'alsacienne
Tartare de saumon au basilic et au wasabi

Plats

Filet mignon de porc aux morilles
Sole meunière aux pommes vapeur persillées
Blanquette de veau aux petits légumes

Desserts

Crème caramel
Tarte aux poires
Tarte tatin
ou un assortiment de fromages

Taxes et service compris

 Dans **les restaurants chics et étoilés**, il faut **distinguer** : « les mises en bouche » ≠ « les hors-d'œuvre » ≠ « les entrées », qui sont tous les trois servis avant le plat principal !

Info Culture

• Dans les pays francophones, quand **vous arrivez au restaurant**, **le savoir-vivre** vous recommande de ne pas vous précipiter tout de suite sur une place libre. Attendez qu'**un serveur** vous accueille et vous installe à une table en fonction du nombre de personnes que vous lui avez indiqué.

• **Commentaires sur les plats**

c'est appétissant !   c'est copieux ! (= servi en quantité)   la viande est très tendre !

c'est très bon !   c'est délicieux !   c'est exquis !
je me régale !   ça me plaît beaucoup !   un délice / un régal !

ce n'est pas bon !   c'est fade !   c'est trop salé !   c'est trop épicé !
la viande est dure !   c'est trop cuit !   c'est lourd !
c'est écœurant !   c'est immangeable !   c'est dégueulasse !
                                                  (très fam.)

Exemples

→ Quand je passe devant cette pâtisserie, je ne peux m'empêcher d'y entrer. Tout a l'air si **appétissant !**

→ Ces pommes de terre ont baigné dans deux litres d'huile et sont beaucoup **trop salées**. C'est **lourd** et **écœurant !**

→ Ce plat est très **fade.** Je crois que le cuisinier a oublié de mettre du sel et des épices.

Communiquer

[Au restaurant] « Vous désirez un dessert ?
– Qu'est-ce que vous me proposez ?
– Vous avez le choix entre une mousse au chocolat, un crumble aux quetsches ou des profiteroles.
– Finalement, je ne prends pas de dessert. Merci. **C'était** très **copieux** et vraiment **délicieux !** »

PARTIE 4
LA SANTÉ

27 LA MALADIE

La santé

être en bonne ≠ mauvaise santé
avoir une santé de fer ≠ une santé fragile
être en (pleine) forme
se sentir bien ≠ mal
avoir bonne mine ≠ mauvaise mine
avoir l'air resplendissant ≠ avoir des cernes
avoir une mine superbe ≠ avoir les traits tirés
avoir bon appétit ≠ manquer d'appétit

Exemples

→ Quand on **manque de** sommeil ou **d'appétit**, on **a mauvaise mine**, c'est-à-dire qu'on **a des cernes** et des poches sous les yeux.

→ Ce matin, je me suis levée vraiment reposée, je vais pouvoir aller au travail **en pleine forme** !

Communiquer

« Bonjour, Solène, tu **as une mine superbe** aujourd'hui !
– Oh, c'est gentil. C'est vrai, je **me sens très bien** et j'ai une énergie folle !
– Ça tombe bien ! Tu pourrais me donner un coup de main pour mon déménagement ?
– Euh, tout d'un coup, je **ne me sens plus très bien**. Tu sais, la semaine dernière, j'étais très malade et comme j'**ai une santé fragile**, il faut vraiment que je me ménage…
– Oui, oui, j'ai compris ! Merci quand même ! »

Expression

• Il a mauvaise mine, il est **blanc comme un linge** (= être tout pâle). Est-ce qu'il est malade ?

LA MALADIE

La fatigue

las/se ➤ fatigué/e ➤ surmené/e ➤ épuisé/e ➤ exténué/e

la lassitude ➤ la fatigue ➤ le surmenage ➤ l'épuisement (masc.) ➤ l'exténuation (fém.)

avoir un coup de barre ➤ lessivé/e ➤ vidé/e ➤ crevé/e ➤ mort/e de fatigue

Exemples

→ Aujourd'hui, je ne sais pas ce que j'ai. Je me sens **très fatigué**, **épuisé**. Serait-ce dû au manque d'activités physiques ou à l'arrivée du printemps ?

→ Depuis cinq jours, j'ai trop de travail, je suis **surmené**, **vidé**. Cette semaine de boulot intense m'a tué !

→ Après déjeuner, j'**ai toujours des coups de barre** terribles. Que faire contre ces brusques accès de **fatigue** ? Une sieste peut-être ?

Expression

• Tout ce stress, je **n'en peux plus !** (= être épuisé/e)

La maladie

attraper un virus / un microbe

tomber malade   **être malade**

avoir mal   **avoir des douleurs**

être atteint/e d'une (grave) maladie

souffrir d'un handicap / de séquelles

une maladie inguérissable / incurable

un état de santé s'améliore ≠ se dégrade

Exemples

→ Après sa chimiothérapie, le patient est encore très faible mais **son état de santé s'améliore** peu à peu. Une fois guéri, il **ne souffrira d'aucune séquelle**. Quelle bonne nouvelle !

→ Aïe, n'appuie pas trop fort, j'**ai très mal** au dos. Hier, j'ai fait un faux mouvement !

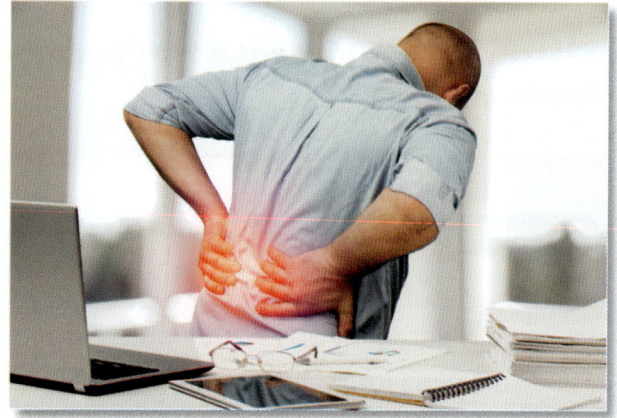

Expressions

- J'ai la fièvre et une toux terrible, je **suis au fond du lit** (= être malade et couché).
- Hier, je n'ai pas pu te rendre visite car j'étais **malade comme un chien** (= très malade).

LA MALADIE

Les maladies courantes

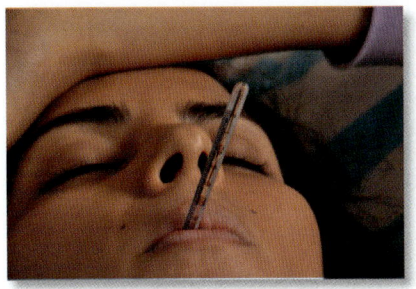  

être fiévreux/se ▶ la fièvre   être enrhumé/e ▶ le rhume   tousser ▶ une toux

éternuer ▶ un éternuement   être grippé/e ▶ la grippe   avoir une angine

être asthmatique ▶ de l'asthme   avoir mal à la gorge ▶ des maux de gorge

être enflammé/e ▶ une inflammation

mal digérer ▶ une indigestion

s'infecter ▶ une infection

être contagieux/se ▶ une contagion

une diarrhée ≠ une constipation

rhumatismal/e ▶ le rhumatisme

être diabétique ▶ le diabète

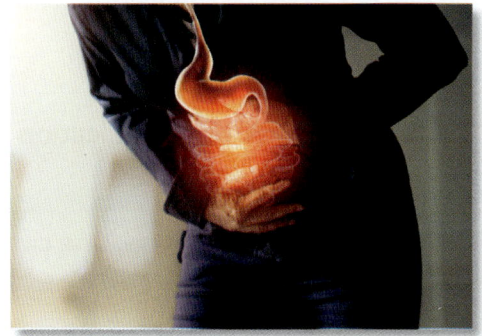

Exemples

→ J'**ai toussé** toute la nuit. Il faut que je prenne du sirop pour calmer **ma toux**.
→ J'ai le nez qui coule et j'**éternue** sans arrêt : je crois que j'**ai attrapé un gros rhume**.
→ **Les diabétiques** doivent limiter leur consommation de sucre.

Expression

• 41 degrés de fièvre et une toux terrible : **j'ai une grippe carabinée** (= très forte).

Les accidents

se casser la jambe ➡ une fracture

se fouler / se tordre (la cheville) ➡ une foulure / une entorse

s'érafler la peau ➡ une écorchure

se couper ➡ une coupure

saigner ➡ une hémorragie

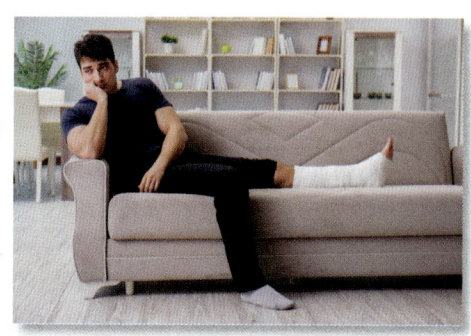

se faire piquer (par une guêpe) ➡ une piqûre

se faire mordre (par un serpent) ➡ une morsure

se blesser ➡ une blessure

se brûler ➡ une brûlure

s'intoxiquer ➡ une intoxication

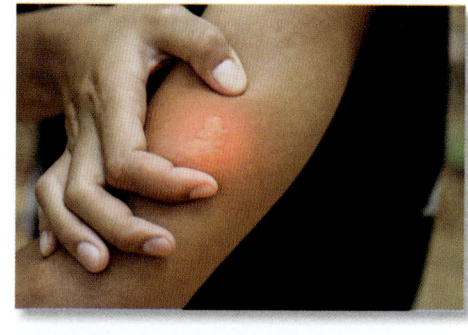

se cogner ➡ une bosse, une contusion / un bleu (fam.)

se sentir mal ➡ un malaise

s'évanouir ➡ un évanouissement

le cœur s'arrête de battre ➡ un arrêt cardiaque

avoir les artères bouchées ➡ un AVC (un accident vasculaire cérébral) / une attaque (fam.)

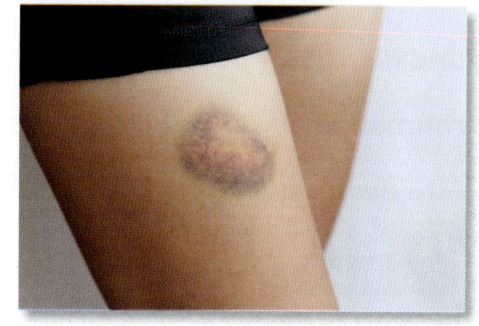

Exemples

→ En montant au grenier, je **me suis cogné** la tête à une poutre. Maintenant, j'ai **une bosse** énorme !

→ Je suis tombée par terre et je **me suis éraflé** les genoux. Rien de grave, juste quelques **écorchures** !

→ Ne mange pas ces champignons vénéneux, tu risques de **t'intoxiquer** !

LA MALADIE

Expressions

- Je me sens mal quand je vois du sang et je **tombe dans les pommes** (= s'évanouir).
- Après avoir reçu un coup sur la tête, j'**ai vu trente-six chandelles !** (= être assommé)

Les premiers secours

le Samu (Service d'aide médicale d'urgence)

les pompiers   **les secouristes**

une ambulance   **un brancard**

faire du bouche-à-bouche   **une réanimation**

être transporté/e à l'hôpital   **être hospitalisé/e**

être admis/e au service des urgences

sortir indemne d'un accident (= sans blessure)

une victime   **un/e accidenté/e**

subir un traumatisme **être choqué/e**

des soins ambulatoires

Exemples

→ Chaque **ambulance** est pourvue d'un gyrophare et d'une sirène. Elle a toujours la priorité sur la route !

→ Une fois arrivés sur place, **les pompiers** procèdent immédiatement à **la réanimation** de **la victime** soit par un massage cardiaque soit par **le bouche-à-bouche** avant de la mettre sur **un brancard** et de la **transporter à l'hôpital**.

→ Quand on se déplace à l'hôpital pour des soins sans **être hospitalisé**, on parle de **soins ambulatoires**. À la fin de la journée, vous pouvez rentrer chez vous !

Quelques soins médicaux

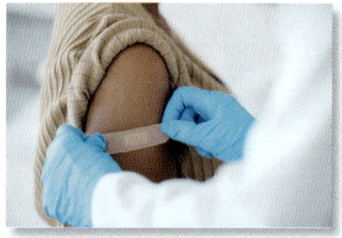
un pansement

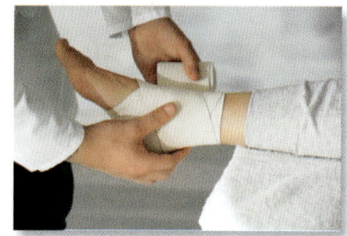
un bandage

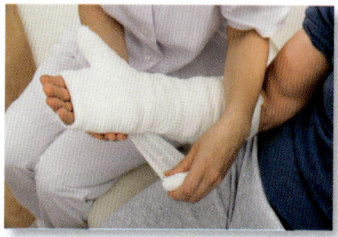
un plâtre

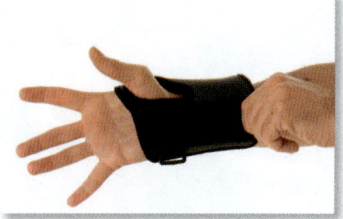
▲ une attelle

être en convalescence
se rétablir

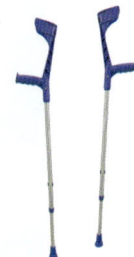
▲ une béquille

un/e convalescent/e
être en voie de guérison

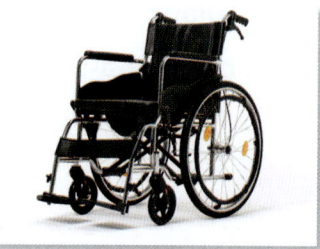
▲ un fauteuil roulant

une thérapie
guérir

Exemples

→ Aïe, je me suis coupé le doigt avec un couteau de cuisine. Vite, il faut désinfecter la plaie et mettre **un pansement** pour arrêter le sang qui coule !

→ **Une attelle** sert à immobiliser une articulation fragilisée ou abîmée du corps, comme le genou, le coude ou la cheville.

→ Si vous vous cassez la jambe au ski, elle sera immobilisée dans **un plâtre**. Vous devrez donc vous déplacer avec **des béquilles** pendant votre **convalescence**.

LA MALADIE

Communiquer

« Mais qu'est-ce qu'il t'est arrivé ?

– Cet hiver, en faisant du surf des neiges, je me suis tordu les genoux et fracturé les tibias. Maintenant, j'ai les pieds dans **le plâtre** et **des attelles** aux genoux. Ce n'est pas pratique pour marcher !

– Mais comment tu te déplaces ? Tu as **des béquilles** ?

– Non, j'ai carrément **un fauteuil roulant** !

– Et tu seras **sur pied** dans combien de temps ?

– Le médecin dit que je ne serai pas **rétabli** avant huit à dix semaines. »

Expressions

• **Bon rétablissement ! Prompt rétablissement ! Meilleure santé !** (= souhaits pour un malade)

• Quand il y a un nouveau médicament sur le marché, je ne me précipite pas pour l'essayer. Je préfère que ce soient les autres qui **essuient les plâtres** (= subir les conséquences de quelque chose de nouveau) !

28 LES MÉDICAMENTS

À la pharmacie

• **Médicaments à avaler**

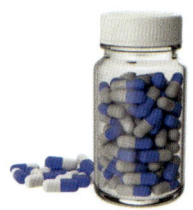
une gélule / un cachet

une capsule

un comprimé (effervescent)

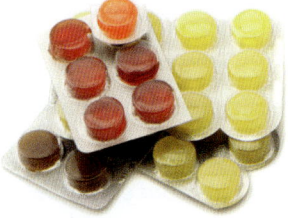
une pastille (à sucer)

une pilule

un sirop / une solution buvable

Exemples

→ 80 % des médicaments sont administrés par voie orale. Il s'agit en général de **comprimés**, qui sont obtenus par compression de poudre.

→ **La gélule**, la forme moderne du **cachet**, contient une poudre à avaler. Elle est constituée de deux enveloppes de gélatine dure qui s'emboîtent.

→ **La capsule** est constituée d'une seule enveloppe et contient une substance liquide ou pâteuse.

→ **La pilule** est un petit comprimé rond qui constitue un moyen contraceptif efficace.

• **Médicaments à appliquer sur la peau**

une pommade (très grasse)   une crème (moins grasse)
un gel (non gras)   un baume

Exemple

→ **Le baume du tigre**, très odorant, sert à soulager les douleurs musculaires. Au contraire de **la pommade**, il ne pénètre que très difficilement dans la peau, ce qui permet un massage plus efficace.

LES MÉDICAMENTS

- **Médicaments pour le nez, les oreilles, les yeux, les bronches**

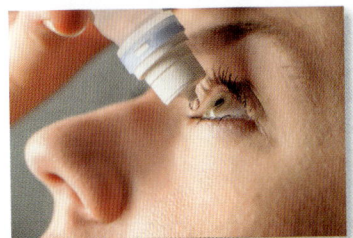

un spray nasal   **des gouttes** (fém.)   **un collyre**

> **Exemple**
>
> → **Le collyre** est le nom scientifique **des gouttes** pour les yeux.

- **Médicaments administrés par injection**

une solution en seringue   **un stylo à insuline**   **un vaccin**

> **Exemple**
>
> → Au lieu d'**une seringue**, le diabétique peut utiliser **un stylo à insuline** pour faciliter l'injection du médicament.

Communiquer

[À la pharmacie] « Bonjour, Monsieur.

– Bonjour. Je me sens très fatigué. J'ai beaucoup de stress en ce moment. Que pourriez-vous me recommander pour retrouver ma forme ?

– Je vous conseille de prendre un complexe multivitaminé et du magnésium. Sous quelle forme souhaitez-vous ces **comprimés** ? **à avaler** ou **effervescents** ?

– Je préfère **des comprimés effervescents** pour le complexe vitaminé et **des gélules** pour le magnésium, s'il vous plaît.

– Parfait. Mais attention : ne dépassez pas la dose quotidienne indiquée sur la boîte !

– Entendu. Merci, Madame, et au revoir !

Expressions

- Vous êtes malade ? Vous êtes **blanc comme un cachet d'aspirine** ! (= très pâle)
- La direction a refusé une augmentation de salaire pour tout le personnel, mais pour nous **faire avaler la pilule** (= faire accepter une mauvaise chose), elle nous a invités à un apéritif dînatoire.

La notice de médicament

un traitement

un effet secondaire

une contre-indication

une posologie (= dosage)

un sous-dosage ≠ un sur-dosage

un mode d'administration

avaler

sucer

inhaler

prendre

par voie orale

une précaution

un effet indésirable

contre-indiqué/e

une dose

diluer

injecter

appliquer

une prise

par voie (sous-)cutanée

garder hors de la portée (des enfants)

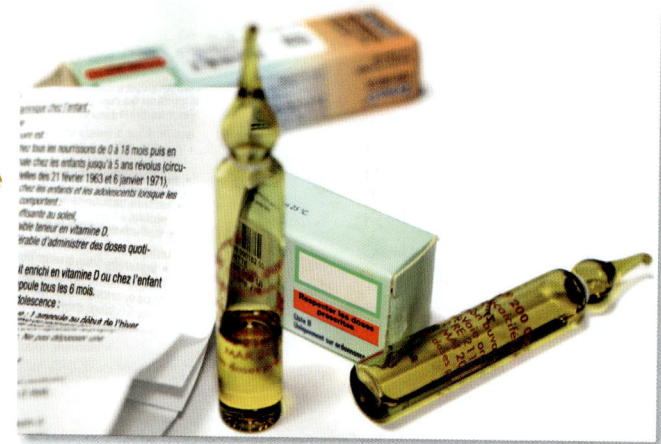

Exemples

→ Ce médicament, **dilué** dans de l'eau, doit être pris **par voie orale**, de préférence après les repas.

→ **La dose** quotidienne maximale recommandée est de huit **capsules**. En aucun cas cette **posologie** ne peut être augmentée ou doublée.

→ **Par précaution**, il convient d'espacer **les prises** de deux heures entre Gav-Voc et un autre médicament.

→ Ce médicament est **contre-indiqué** pendant la grossesse et l'allaitement. Demandez conseil à votre médecin pour éviter **les effets indésirables**.

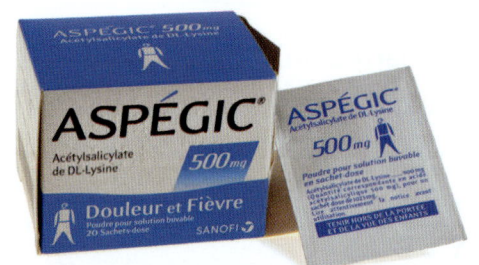

Communiquer

Vocabuline 1000 mg Comprimé

Veuillez lire attentivement **cette notice** avant de prendre ce médicament car elle contient des informations importantes pour votre **traitement**.

1. Qu'est-ce que Vocabuline 1000 mg, comprimé et dans quels cas est-il utilisé ?

Classe pharmacothérapeutique : autres médicaments pour mémorisation du vocabulaire français sans reflux gastro-œsophagien.

Ce médicament est **indiqué** dans le **traitement** des fatigues liées à la mémorisation du vocabulaire français et à sa digestion.

Les substances actives de **ce médicament** sont les exemples, les illustrations et l'humour.

2. Quelles sont les informations à connaître avant de prendre Vocabuline 1000 mg comprimé ?

Contre-indication

Ne **prenez** jamais ce médicament si vous êtes allergique aux substances actives ou, en général, aux connaissances lexicales. En cas de doute, il est indispensable de demander l'avis de votre conseiller en apprentissage.

Avertissement et précautions

Ce médicament contient plus de 60 molécules lexicales par comprimé. **Par précaution**, il est recommandé de ne pas dépasser **la dose** quotidienne maximale recommandée.

3. Comment prendre Vocabuline 1000 mg comprimé ?

Posologie

1 **comprimé** 3 fois par jour avant, pendant ou après les 3 principaux repas et éventuellement le soir au coucher. Cette **posologie** peut être doublée en cas de défaillance partielle de la mémoire ou de troubles de la communication et de la parole.

Mode et voie d'administration

Ce médicament doit être pris **par voie orale**. Vous devez **avaler** les comprimés tels quels avec une boisson (francophone).

Fréquence et moment auxquels le médicament doit être administré :

Ce médicament doit **être pris** avant, pendant ou après les repas.

4. Quels sont les effets indésirables éventuels ?

Il n'y a aucune **contre-indication**. Aucun **effet secondaire** n'a été signalé. En revanche, si vous ressentez un quelconque **effet désirable**, n'hésitez pas à en parler autour de vous car en le signalant, vous contribuez à la promotion de la langue française.

5. Comment conserver Vocabuline 1000 mg comprimé ?

Tenir ce médicament **hors de la vue et de la portée** des personnes tristes et sans humour.

29 LES MÉDECINS

Le médecin généraliste

• **La prévention**

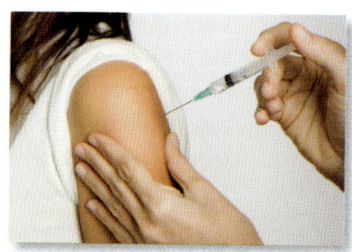

dépister ➤ un dépistage
prélever du sang ➤ un prélèvement sanguin
analyser l'urine ➤ une analyse d'urine (fém.)

vacciner ➤ une vaccination
un bilan sanguin

• **Pendant la consultation**

ausculter ➤ une auscultation
prendre le pouls ➤ une prise de pouls
diagnostiquer ➤ un diagnostic
délivrer une ordonnance

examiner ➤ un examen
palper ➤ une palpation
prescrire ➤ une prescription

• **Le matériel médical**

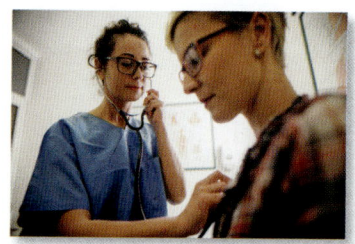

▲ un stéthoscope

un thermomètre

▲ un tensiomètre

un otoscope

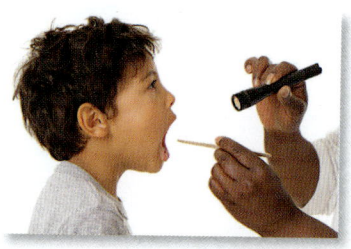

▲ un abaisse-langue

un pèse-personne

LES MÉDECINS

> **Exemples**

→ Pour empêcher le développement d'une épidémie, il faut effectuer **un dépistage**, c'est-à-dire une recherche systématique des signes avant-coureurs dans la population.
→ Après **une première vaccination**, le rappel du vaccin est une mesure de **prévention**.
→ Pour **ausculter** mes poumons, le médecin utilise **un stéthoscope**. Après **examen** de mon état de santé général, il pose **un diagnostic**.
→ **Palper**, c'est vérifier la présence de symptômes en appuyant du bout des doigts et avec les mains sur le corps du patient.

> **Communiquer**

« Bonjour, Docteur !

– Bonjour. Qu'est-ce que je peux faire pour vous ?

– Je crois que j'ai une angine carabinée. J'ai la gorge en feu ! J'ai mal !

– Bien. Je vais vous **examiner** la gorge. Pour cela, je vais utiliser **un abaisse-langue**. Penchez la tête en arrière et dites « ah ! » En effet, votre gorge est très rouge. Je vais vous **prescrire** deux collutoires à action locale, l'un sous forme de spray, l'autre sous forme de pastilles à sucer. Dans deux ou trois jours, il n'y paraîtra plus. Voici **l'ordonnance**.

– Merci, Docteur ! »

 • **Distinguez** (même si les deux mots se prononcent de la même manière !) : **un pouls** (= la pulsation du flux sanguin) ≠ un pou (= l'insecte parasite).

À l'hôpital

• **Les médecins**

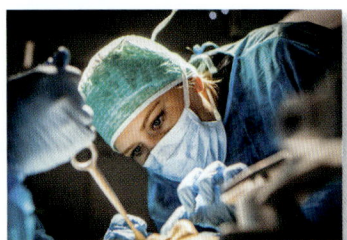

▲ un chirurgien

un obstétricien

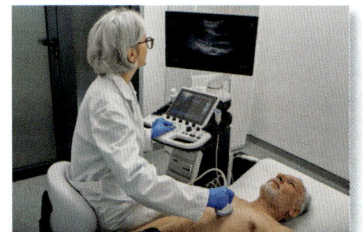

▲ un cardiologue

un anesthésiste

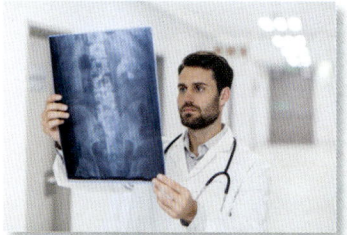

▲ un radiologiste

un oncologue

• **L'infrastructure hospitalière et le matériel médical**

un bloc opératoire
une salle d'opération
une table d'opération
une opération
une ablation
une césarienne
une implantation de prothèse
une greffe
un service de réanimation

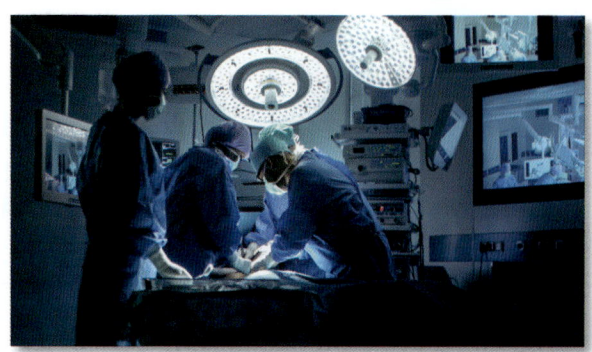

• **Le matériel médical**

des gants chirurgicaux
un masque
une perfusion intraveineuse
une blouse
un fil de suture
un bistouri
des ciseaux
une pince

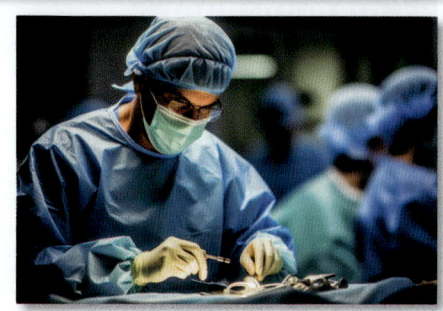

Exemples

→ **Un obstétricien** peut exercer à la maternité d'un hôpital ou avoir son propre cabinet.
→ **Le radiologiste** est un médecin spécialisé dans l'interprétation des radiographies (aux rayons X), des échographies et des IRM (imagerie par résonance magnétique).
→ **L'oncologue**, appelé aussi cancérologue, peut traiter un cancer par radiothérapie, par chimiothérapie ou par immunothérapie.
→ Dans **la salle d'opération**, on m'a mis **un masque d'anesthésie** pour m'endormir avant de m'opérer. Puis on m'a posé **une perfusion intraveineuse**.

Au cabinet médical

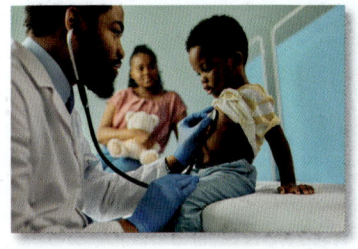
un pédiatre

un ophtalmologue

un oto-rhino-laryngologiste (= un ORL)

LES MÉDECINS

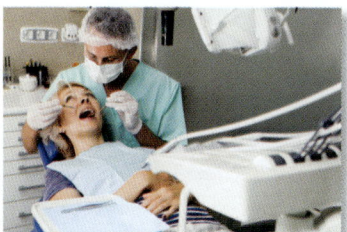
un dentiste

un gynécologue

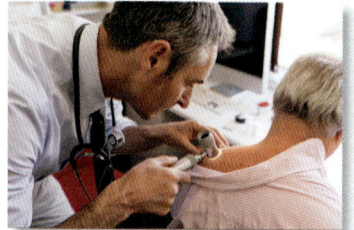
un dermatologue

un psychiatre

un kinésithérapeute

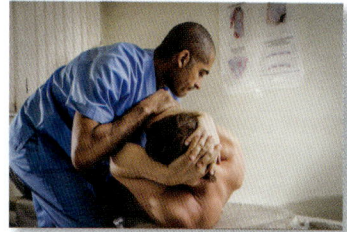
un ostéopathe

Exemples

→ **L'ophtalmologue** examine le fonctionnement des yeux et identifie la myopie (vous voyez flou en vision de loin), la presbytie (vous voyez flou en vision de près), l'astigmatisme (vous voyez flou de près et de loin).

→ **Le pédiatre** détecte les maladies infantiles : la rougeole, la rubéole, la varicelle, les oreillons, la coqueluche et la scarlatine.

Communiquer

« Bonjour, **Docteur**.

– Bonjour. Installez-vous dans le fauteuil et ouvrez la bouche... Hum, vous avez une carie et beaucoup de tartre. Je vais vous faire un plombage dentaire. Mais avant, il faut que je vous soigne cette carie. Dans un deuxième temps, il faudra revenir pour un détartrage.

– Oui, Docteur. Mais vous n'oubliez pas de **m'anesthésier la bouche**. J'ai peur du **dentiste** ! »

Info Culture

• **L'ophtalmologue** (ou **ophtalmologiste**) est le médecin spécialiste de toutes les pathologies oculaires. Ne le confondez pas avec **l'opticien** qui, lui, a la charge de vous délivrer vos lunettes et vos lentilles !

30 LA FORME ET LE BIEN-ÊTRE

La forme

• **Être en forme**

bien portant/e
frais et dispos
se sentir en pleine forme
péter la forme (fam.)
se sentir bien dans sa peau
avoir de l'énergie / du tonus

> Exemple

→ Aujourd'hui, je suis **frais et dispos** et j'**ai du tonus**. Bref, je **pète la forme** !

• **Être en mauvaise forme**

fatigué/e
mal-en-point
souffrant/e
raplapla (fam.)
ne pas être dans son assiette
se sentir mal dans sa peau
être mal fichu/e (fam.)

épuisé/e
indisposé/e
patraque (fam.)
flagada (fam.)

LA FORME ET LE BIEN-ÊTRE

Exemple

→ Ce matin, je me sens si **patraque** que je n'ai même pas eu la force d'aller acheter du pain à la boulangerie.

Communiquer

« Salut, comment vas-tu ?

– Salut, Augustin. À vrai dire, très **mal**.

– Ah bon, qu'est-ce que tu as ?

– Je suis **flagada** comme jamais. Je suis **mal-en-point** sans savoir ce que j'ai. C'est très bizarre ! Et toi, ça va ?

– Moi, par contre, je vais parfaitement bien. Je **me sens bien dans ma peau** et j'**ai de l'énergie à revendre**.

– Tant mieux pour toi ! »

Expression

• Je me suis bien reposé cette nuit. Ce matin, je suis **frais comme un gardon / une rose !**
(= être en pleine forme)

• **Les lieux de remise en forme**

▲ **une salle de sport**

une station thermale
un sauna

▲ **une piscine**

une thalassothérapie
un hammam

▲ **un bain à remous**

une balnéothérapie
une cabine UV

Exemples

→ Le bronzage **en cabine UV** n'est pas très recommandé parce que cela peut augmenter le risque de cancer de la peau.

→ Les bulles dans ce **bain à remous** me massent le dos et les jambes. Que c'est agréable !

• **Les activités de remise en forme**

▲ **les massages** (masc.)

la musculation

une cure
(d'amincissement)

▲ **un bain de boue / de vapeur**

la gymnastique douce

tonifier le corps

▲ **une douche sensorielle**

l'aquagym (fém.)

boire des boissons
énergétiques

Exemples

→ Je souhaiterais **faire une cure** dans **une station thermale** de caractère : à Vichy ou à Thonon-les-Bains par exemple.

→ **Le hammam** a un effet bénéfique sur le corps : **les bains de vapeur** ouvrent les pores de la peau, éliminent les toxines et apaisent les douleurs musculaires.

Info Culture

• **Les boissons énergétiques** s'adressent aux sportifs pour lutter contre la fatigue pendant l'effort alors que les boissons énergisantes stimulent les personnes qui veulent faire la fête toute la nuit. Ces dernières peuvent être dangereuses pour la santé si on en abuse.

LA FORME ET LE BIEN-ÊTRE

Le bien-être

• **Les états d'esprit**

l'harmonie (fém.) ≠ **la disharmonie**

l'équilibre (masc.) ≠ **le déséquilibre**

la douceur ≠ **la rudesse**

le calme ≠ **la nervosité**

la tranquillité ≠ **l'anxiété** (fém.)

la quiétude ≠ **l'inquiétude** (fém.)

la sérénité ≠ **l'angoisse** (fém.)

> Exemple

→ J'ai longtemps été à la recherche d'un univers **d'harmonie** et de **douceur**. Je l'ai enfin trouvé : chez moi, dans une belle maison située dans un petit village perdu en pleine campagne.

• **Les activités spirituelles**

se couper du monde

trouver la paix intérieure

lâcher prise

se déconnecter

s'apaiser

se ressourcer

méditer

se recentrer sur soi

faire une retraite spirituelle

faire une cure ayurvédique

187

> Exemples

→ Je crois que je deviens fou car je pense jour et nuit au travail. Il faudrait absolument que je **lâche prise** !

→ À mon sens, la nature est la meilleure consolatrice de nos peines et le meilleur endroit pour **se ressourcer**. Quand on serre un arbre dans ses bras, on **trouve la paix intérieure**.

> Expression

• Je suis harcelé toute la journée par mes collègues. Alors, s'il vous plaît, ce soir, **fichez-moi la paix** ! (fam. = laisser tranquille)

• **Les activités de détente**

la méditation	la relaxation
le qi-gong	le yoga
se décontracter	se détendre
relâcher la tension	se relaxer
décompresser	évacuer le stress

> Exemples

→ Après une période de travail intense, vous avez besoin de **relâcher la tension**, **de décompresser**. Une séance de **relaxation** vous y aidera.

→ Pour **évacuer le stress** et **se détendre**, il y a un excellent moyen : lire un bon roman. Cela vous permet de vous couper du monde et d'entrer dans un univers différent.

• **Les lieux pour faire une retraite spirituelle**

un monastère   un ashram   une cabane dans les bois

> Exemple

→ En quête de calme et de concentration, il y a des lycéens qui **se retirent dans des monastères** pour préparer le bac. Quelle bonne idée !

LA FORME ET LE BIEN-ÊTRE

Communiquer

« Salut, Joëlle. Tu as l'air en pleine forme ! Tu rentres de vacances ?

– Salut, Stéphane. Non, mais j'ai fait **une retraite spirituelle** dans **un monastère**. Après tout le stress au boulot, il fallait que je **me ressource** et que je puisse **me recentrer sur moi-même**. Cela m'a fait un bien fou !

– Mais quelle excellente idée ! Tu peux me donner cette bonne adresse vu que je suis complètement raplapla en ce moment ? »

Info Culture

- **Un monastère** est un endroit où vit une communauté religieuse de moines ou de moniales. Il se trouve généralement dans une campagne reculée, loin du monde agité. Au Moyen-Âge, l'abbaye de Cluny, située en Bourgogne, fut la plus grande du monde chrétien, dépassant même, par son étendue au sol, la basilique Sainte-Sophie de Constantinople.

PARTIE 5
LE DOMICILE

31 LA MAISON

La maison

un toit

des tuiles (fém.)

une lucarne

un garage

une cheminée

un grenier

une mansarde

une cave (à vins)

une marquise

un balcon

un auvent

un perron (avec une rampe)

une vigne vierge / une glycine (sur la façade)

Exemples

→ Regarde, il y a de la fumée qui sort de **la cheminée**. Cela signifie que les propriétaires chauffent **leur maison**.

→ À cause de l'orage, **des tuiles** sont tombées et se sont cassées. Il faut qu'on répare **le toit** d'urgence !

→ Quand j'arrivais à la campagne, ma grand-mère m'attendait toujours sur **le perron** de sa **maison**. Un merveilleux souvenir !

Expression

• Oh là là, **il m'est arrivé une tuile !** / **Il m'est tombé une tuile sur la tête !** / **Quelle tuile !**
(= rencontrer un problème, un imprévu)

LA MAISON

L'immeuble

le hall d'entrée
une cage d'escalier
le local à poubelles
le local à vélos

un interphone
un ascenseur
la cave
la cour

un appartement
un palier
un paillasson
une sonnette

le rez-de-chaussée
le 1er étage / le 2e étage
sous les combles / les toits

une chambre de bonne
la loge du / de la concierge
le gardien / la gardienne

Exemples

→ Aujourd'hui, **l'ascenseur** est en panne. Je dois prendre **l'escalier** pour monter au 6e étage.

→ Mon appartement est **sous les combles**. Il n'est pas grand mais j'ai une vue magnifique sur les toits de la ville !

→ Dans **le local à poubelles**, il y a trois conteneurs différents : le gris pour les ordures ménagères, le jaune pour les emballages en plastique et le bleu pour le papier.

• **Distinguez :** une cour (= derrière un immeuble) ≠ une cour (de récréation, à l'école) ≠ la cour (= l'entourage du roi et de la reine) ≠ une cour (de justice) ≠ un cours (de français) ≠ un cours (d'eau) ≠ un court (de tennis) ≠ court/e (= le contraire de long/ue) ≠ cours / court (= le verbe courir).

Communiquer

« Tu as enfin trouvé un logement ?

– Oui, **une chambre de bonne**, au **dernier étage** d'**un immeuble** haussmannien. C'est petit mais charmant !

– Tu as une douche et des toilettes ?

– Bien sûr, la douche est à côté de mon lit. Par contre, les toilettes sont sur **le palier** ! »

Info Culture

• En 1883, **Eugène-René Poubelle**, le préfet de Paris, impose aux Parisiens l'utilisation de « boîtes » spécifiques pour les ordures ménagères. Pour faciliter le ramassage quotidien, il prévoit même un tri sélectif, avec trois bacs différents (déchets organiques, verre et faïence ou coquilles d'huîtres). Pour se moquer de cette nouvelle mesure d'hygiène, les Parisiens appellent cette invention du préfet une « **poubelle** » !

LA MAISON

Les pièces et le mobilier

• **L'entrée** (fém.) / **le vestibule**

un porte-manteau

un porte-parapluie

une banquette

une console (d'entrée)

> **Exemple**
>
> → Quand je rentre, je dépose toujours mes clefs et mon portefeuille sur **la console**, puis j'accroche ma veste au **porte-manteau** et je m'assieds sur **la banquette** pour me déchausser. C'est un rituel !

 • **Distinguez :** une console (= le meuble appuyé contre un mur) ≠ une console de jeux (pour les ordinateurs).

• **La salle de séjour / le salon**

un canapé	**un fauteuil**
une table basse	**un tapis**
une bibliothèque	**une cheminée**
un pouf	**un coussin**
du parquet	**du papier peint**
une lampe	**un lampadaire**
un lustre	**une applique**

> **Exemples**

→ Grand-père s'endort toujours dans **son fauteuil** après le déjeuner.
→ Notre décoratrice Chantal nous conseille de mettre **ce papier peint** sur les murs. Selon elle, c'est très élégant !
→ Les enfants adorent s'asseoir sur **les poufs**. Qu'il n'y ait pas de pieds ni de dossier, ça ne les gêne pas !

 • **Distinguez :** les différents types de luminaires : **une lampe** (= tout luminaire qui se pose sur une table ou un meuble) ≠ **un lampadaire** (= le luminaire qui se pose par terre) ≠ **une applique** (= le luminaire qui s'accroche au mur) ≠ **un plafonnier** (= le luminaire qui est fixé directement au plafond) ≠ **un lustre** (= le luminaire aux multiples ampoules qui est suspendu au plafond).

• **La salle à manger**

une chaise	**une table (extensible)**
une nappe	**une serviette**
la vaisselle	**les couverts** (masc.)
un buffet	**un plateau**
un chandelier	**une bougie**

> **Exemples**

→ Dans **un buffet**, on range tout ce qui est utile dans la salle à manger : dans la partie surélevée, les verres et, dans la partie basse et les tiroirs, **la vaisselle**, **les couverts**, etc. C'est un meuble très pratique !
→ Pour créer une ambiance chaleureuse, j'ai disposé **des bougies** sur **la nappe** et **un chandelier** à plusieurs branches au milieu. Quelle belle table !
→ Pour débarrasser la table, j'utilise **un plateau.** Ça va plus vite !

LA MAISON

Expression

• Je ne sais pas quoi faire, quoi décider. Je suis **assis/e entre deux chaises** (= être dans une position instable, entre deux situations = fam. : **avoir le cul entre deux chaises**).

• **La chambre (à coucher)**

un lit	un matelas
un oreiller (carré / rectangulaire)	un traversin (cylindrique)
une couverture	un drap
une couette (de plume)	un couvre-lit
une table de nuit	une lampe de chevet
une commode	une coiffeuse
une armoire	une penderie
un cintre	des rideaux (masc.)

Exemples

→ **Une commode** a forcément des tiroirs. On y range son linge et ses chaussettes.

→ Dans **une armoire**, il y a des étagères pour ranger les vêtements pliés alors que dans **une penderie**, il y a **des cintres** pour les suspendre.

→ Pour lire ou pour prendre mon petit déjeuner au lit, je mets **un traversin** derrière mes **oreillers** pour les soutenir.

Expression

• Il y a des couples qui font **chambre commune** et d'autres qui font **chambre à part** (= avoir chacun sa chambre). C'est tout simplement une question de confort !

- **Distinguez :** une coiffeuse (= la petite table pour les soins de beauté, munie d'un miroir) ≠ une coiffeuse (= le métier pour les soins esthétiques des cheveux) ; une commode (= le meuble à hauteur d'appui avec tiroirs) ≠ commode (adj.) (= qui se prête à l'usage requis ; pratique)

Info Culture

- En France, **la chambre sert** quasi exclusivement **à dormir**, alors que dans d'autres régions de la francophonie, une chambre peut avoir d'autres fonctions (chambre à lessive, chambre à manger, etc.). Alors, attention aux quiproquos comiques !

- **Le traversin**, aussi connu sous le doux nom de « polochon », est un coussin de forme cylindrique de 80 cm de long et d'environ 40 cm de diamètre. On le choisit généralement en fonction de la largeur de son matelas et on l'installe au niveau de la tête.

- **La cuisine**

une cuisinière	un four
une plaque de cuisson	une hotte
un frigidaire / un réfrigérateur	un frigo (fam.)
un congélateur	un lave-vaisselle
un évier	un robinet
un égouttoir	un placard
une table de cuisine	un tabouret

Exemples

→ Ma **cuisinière** comprend **des plaques** vitrocéramiques et **un four**.

→ Pour que les odeurs de la cuisine ne s'échappent pas de la cuisine, j'ai fait installer **une hotte** au-dessus de **la plaque de cuisson**.

→ **Le tabouret** est une petite chaise haute sans dossier. Quand j'étais petit, je grimpais dessus pour attraper le pot de confiture qui était caché en haut du **placard**.

LA MAISON

- **Distinguez : un torchon** (= le morceau de tissu pour essuyer la vaisselle) ≠ un torchon (= un écrit mal exécuté ou un mauvais journal) ; **une cuisinière** (= l'appareil électroménager pour faire la cuisine) ≠ une cuisinière (= le métier de cuisinier exercé par une femme).

- **Prononciation :** la hotte (on ne fait pas l'élision, ni la liaison !)

• La salle de bains

une baignoire

un porte-serviettes

une serviette
(de toilette / de bain)

une armoire de toilette

une machine à laver /
un lave-linge

un rideau / une paroi
de douche

une douche

un lavabo

un porte-savon

un panier à linge

un tapis de bain

un pommeau
de douche

Exemple

→ Quel bonheur d'avoir **un porte-serviettes** chauffant dans la salle de bains ! Quand je sors de ma baignoire, **les serviettes de bain** sont agréablement chaudes.

Expression

- J'**ai reçu une vraie douche froide** (= faire retomber, refroidir l'enthousiasme) quand j'ai su que ma candidature n'avait pas été retenue. J'étais si sûr de moi !

• **Le cabinet de toilettes (= les WC)**

une chasse d'eau   **une cuvette**

un rouleau de   **un couvercle**
papier toilette

une brosse /   **une lunette**
un balai de toilettes

Exemples

→ J'ai tiré **la chasse d'eau** mais **le papier toilette** ne part pas. Au secours !
→ Il est pratique de se servir d'**un balai de toilettes** pour nettoyer la cuvette.

Info Culture

• En France et dans d'autres pays francophones, il est d'usage de séparer **la salle de bains** et **le cabinet de toilettes**. Chaque pièce a sa fonction, c'est logique !

• **Le grenier**

une malle

une boîte

un carton

un coffre

une toile d'araignée

Exemple

→ Tous mes vieux disques, je les ai mis dans **une malle** au **grenier**, c'est-à-dire dans un grand **coffre** en bois et en cuir.

Expression

• Ce monsieur a l'air dérangé. Je crois qu'il **a une araignée au plafond** ! (= être légèrement fou)

LA MAISON

- **La cave**

une chaudière

un chauffe-eau

une cuve à fioul

la cave à vins

un casier à bouteilles

un casier à vin

> **Exemples**

→ À **la cave**, il y a **la chaudière** à gaz pour chauffer la maison et **le chauffe-eau** électrique pour l'eau chaude.

→ Pour garder le vin, j'ai fabriqué **un casier à bouteilles** en bois. Maintenant, ma **cave à vin** est magnifique !

> **Expression**

- En Belgique, en Suisse et au Québec, on peut entendre dire : il est très bien habillé, mais malheureusement il **a de l'eau dans la cave** (= porter des pantalons trop courts) !

32 USTENSILES DE CUISINE

La vaisselle

• **Pour manger**

▲ une assiette plate   ▲ une assiette creuse   ▲ une assiette à dessert

un plat à œufs   une assiette à oreilles   un plat à escargots

Exemples

→ Pour manger une bonne soupe ou un délicieux potage, je prends **une assiette creuse**.
→ **Les assiettes à dessert**, plus petites que **les assiettes plates**, peuvent également servir pour les entrées et pour le fromage.

Expression

• Il vient régulièrement dîner chez nous, mais il ne nous invite jamais en retour. **Quel pique-assiette !** (= un parasite, un profiteur)

• **Le couvert**

un couteau (à viande / à poisson / à beurre / à fromage)

une fourchette (à poisson / à dessert)

une cuillère (à soupe / à café)

une pince à crustacés

USTENSILES DE CUISINE

> Exemples

→ Toutes **les fourchettes** sont disposées à gauche de l'assiette, les dents posées sur la nappe, à l'exception de **la fourchette à huître** et de **la fourchette à escargot**, qui toutes deux se placent à droite.

→ Dans la tradition française, quand on dresse la table, on met toujours **une fourchette pour le dessert**, même lorsqu'il s'agit d'une glace. Si besoin, on apporte de **petites cuillères** au moment de servir le dessert.

 On peut écrire « **cuillère** » ou « **cuiller** » (graphie plus ancienne mais avec la même prononciation) car le mot était à l'origine masculin, dérivé du neutre latin !

> Expressions

• Tu me menaces en disant : « soit tu t'installes chez moi, soit je te quitte ». Si je comprends bien, tu me **mets le couteau sous la gorge** (= ne pas laisser le choix, subir un chantage) !

• Si j'invite Gargantua à dîner, il faut que je cuisine au moins pour quatre personnes. Il **a un bon coup de fourchette** (= avoir bon appétit, être un gros mangeur) !

• Le dimanche, après une semaine de boulot et les cours du soir pour préparer mon concours, je **suis à ramasser à la petite cuillère** (= être épuisé, sans énergie).

• Nous avons écrit un livre l'année dernière et nous sommes prêts à **remettre le couvert** (= recommencer) cette année pour en publier un autre.

• **Pour boire**

une tasse (à café / à thé)

une soucoupe

une théière

une cafetière (italienne)

un passe-thé (= une petite passoire à thé)

un verre (à eau)

un verre (à pied / à vin)

une coupe / une flûte (à champagne)

un bock / une chope (à bière)

un bol

un gobelet (en plastique / en carton)

Exemples

→ Ma **théière** n'a pas de filtre intégré. Je dois donc utiliser **un passe-thé.**

→ Ce distributeur de boissons chaudes sert des cafés au lait dans **des gobelets en carton** avec une touillette pour mélanger. Mais il n'est pas bon du tout !

→ On dit que le champagne est meilleur au goût dans **des coupes** que dans **des flûtes**. Quant à la bière, il faut savoir qu'**un bock** est plus petit qu'**une chope** (ou **une pinte**).

Communiquer

« Viens m'aider à **mettre le couvert**. Les invités arrivent dans quelques minutes !

– Oui, Papa. Mais comment je dois faire ?

– D'abord, tu mets **les assiettes**, et autour **les couverts** et **les verres**. **Les couteaux** et **la cuillère à soupe** à droite, **les fourchettes** à gauche. **Les verres**, tu les aligneras à côté des couteaux, en biais vers le haut de l'assiette : le verre à vin blanc en premier, puis le verre à vin rouge et le verre à eau en dernier.

– Entendu ! Mais c'est super compliqué !

– Eh oui, mon fiston. Recevoir à dîner, c'est tout un art. »

Expressions

• Le foot, **ce n'est pas ma tasse de thé** (= ne pas plaire). Je préfère l'escrime.

• La direction de mon entreprise veut que je travaille plus. En plus, elle veut que je sois mobile. Et quoi encore ? Franchement, **la coupe est pleine !** (= ça suffit !)

• J'ai réussi mon examen du premier coup. J'**ai eu du bol** (= avoir de la chance) !

USTENSILES DE CUISINE

• **Pour présenter et servir les mets**

une soupière	un saladier
une saucière	un beurrier
un coquetier (pour les œufs à la coque)	une cloche à fromage
une louche	des couverts à salade
une carafe (à eau / à vin)	un huilier

> Exemple

→ J'adore utiliser **la soupière** de ma grand-mère quand j'ai des invités. C'est beau !
→ Je vais servir l'eau et le vin dans **des carafes** en cristal. C'est chic !

La batterie de cuisine

• **Pour cuire**

une poêle	une sauteuse
une casserole	un wok
une marmite	
une cocotte (en fonte émaillée)	
une cocotte-minute / un autocuiseur	

> Exemples

→ **Le wok**, c'est **une poêle asiatique** qui permet de faire sauter des légumes et des crevettes, c'est-à-dire de les cuire rapidement à feu vif.
→ Pour faire mijoter une viande pendant de longues heures, vous pouvez utiliser **une marmite** ou **une cocotte en fonte**.

Expressions

- Arrête de chanter, je t'en supplie ! Tu **chantes comme une casserole** (= chanter faux) !
- Malheureusement, mon petit salaire ne me permet pas de **faire bouillir la marmite** (= faire vivre le foyer, la famille).

• Pour enfourner

▲ **un plat à four / à gratin** ▲ **un moule à tarte / à gâteau** ▲ **un ramequin**

une lèchefrite une plaque de cuisson / à four une grille

Exemple

→ **Une lèchefrite** est **une plaque** placée sous **une grille** pour recueillir les jus et graisses de cuisson.

Expression

- Si on veut réussir en société ou dans une entreprise, il faut **rentrer dans le moule** (= se conformer aux codes d'usage) !

• Pour préparer les plats

▲ **une râpe** ▲ **un éplucheur** ▲ **une mandoline** ▲ **une planche à découper**

une maryse un fouet une spatule (en bois) une passoire

USTENSILES DE CUISINE

> **Exemples**

→ **L'éplucheur** sert à éplucher les légumes et **la mandoline** à les couper en rondelles régulières et fines.

→ Pour égoutter les pâtes à la fin de la cuisson, tu les verses dans **une passoire**.

• **Distinguez :** une **mandoline** (= l'ustensile de cuisine pour couper) ≠ une mandoline (= l'instrument de musique).

> **Expression**

• Désolé, j'ai oublié d'acheter du pain. Ma mémoire est **une vraie passoire** (= avoir plein de trous), rien n'y reste !

Ustensiles pratiques en cuisine

• **Pour se protéger et protéger la table et les aliments**

un tablier   un torchon

un couvercle   une manique

un set de table

un dessous-de-plat

un film alimentaire   un sac de congélation

du papier cuisson / aluminium

> **Exemples**

→ **Le tablier** protège les vêtements contre les éclaboussures, **la manique** protège la main contre les brûlures.

→ Pour ne pas brûler la nappe, va chercher **un dessous-de-plat** ! La marmite est brûlante !

Expressions

• Dans cette entreprise, je suis exploité jusqu'à l'os, corvéable à merci et mal payé. Ça suffit. Je **rends mon tablier !** (= abandonner son travail, démissionner)

• Depuis une semaine, ce couple se dispute tout le temps. **Le torchon brûle** (= être en complet désaccord).

• **Pour presser, essorer ou broyer**

▲ **un presse-purée**   ▲ **un presse-citron/agrumes**   ▲ **un presse-ail**

un moulin à légumes   une essoreuse à salade   un mortier et son pilon

Exemples

→ Tous les matins, j'utilise **le presse-citron** pour me faire un bon jus d'orange frais.

→ Pour faire une purée « maison », j'écrase les pommes de terre avec **un presse-purée**.

Expression

• Le monde de la compétition sportive est sans pitié. On est **pressé comme un citron** (= se faire exploiter au maximum).

• **Pour ouvrir**

un tire-bouchon

un décapsuleur / un ouvre-bouteille

un ouvre-boîte

un couteau à huîtres

un casse-noix

USTENSILES DE CUISINE

> **Exemples**

→ **Le tire-bouchon** sert à déboucher une bouteille de vin alors que **le décapsuleur** est destiné à ouvrir une bouteille fermée par une capsule.

→ Aujourd'hui, je n'ai pas envie de faire la cuisine. Je vais ouvrir une boîte de conserve. Passe-moi **l'ouvre-boîte** !

> **Expression**

- Le cochon a la queue en forme de **tire-bouchon** (= en spirale comme le tire-bouchon).

- **Les petits appareils électroménagers**

un batteur électrique	**un mixeur**
une bouilloire	**un robot de cuisine**
un micro-ondes	**un grille-pain**
un gaufrier / une crêpière	**une friteuse**
une yaourtière	**une sorbetière**
un appareil à raclette	**une machine à café**

> **Exemples**

→ J'ai mal réglé **le grille-pain**. Mes toasts sont complètement brûlés !

→ **Un batteur électrique** sert à mélanger et à battre des préparations liquides. **Un mixeur**, lui, coupe tous les aliments en petits morceaux. Et **le robot de cuisine** fait tout cela à la fois.

→ Mes enfants adorent les gaufres et les crêpes, alors j'ai acheté **un gaufrier** et **une crêpière**. C'est très pratique !

 • **Distinguez : un batteur** (= l'ustensile de cuisine) ≠ un batteur (= la personne qui joue de la batterie dans un orchestre).

33 LES CORVÉES ET LE NETTOYAGE

Faire le ménage

donner un coup de balai / balayer

passer l'aspirateur

laver le sol / le carrelage
(avec un seau, un balai-brosse, une serpillière)

cirer le parquet

faire la poussière / épousseter les meubles

faire les vitres / laver les carreaux

nettoyer à fond

Exemples

→ Je **donne un coup de balai** dans la cuisine. Ensuite, je prends **un seau** et je **lave le sol avec un balai-brosse** et **une serpillière**.

→ Pour **faire les vitres**, je prends du papier journal, le seul moyen pour ne pas laisser de traces.

Communiquer

« On pourrait se partager **les tâches ménagères**. Je propose de m'occuper du **parquet** : il a besoin d'être **ciré** avec de la cire d'abeille. Et toi ?

– Moi, je vais **passer l'aspirateur** partout, dans les moindres recoins, et **faire la poussière**. »

Expressions

• Cette entreprise réorganise tous ses services. Sa direction va **faire un grand ménage** (= enlever tout ce qui est inutile et licencier tous ceux dont on peut se passer), crois-moi !

• Avant de critiquer les autres, il vaut mieux **balayer devant sa porte** (= corriger ses propres erreurs).

• Quand on craint d'affronter un problème embarrassant, on est tenté de **mettre la poussière sous le tapis** (= cacher et remettre à plus tard un problème à régler).

LES CORVÉES ET LE NETTOYAGE

Faire la lessive

une lessive (liquide / en poudre)

un adoucissant

laver le linge (à la main / en machine)

étendre le linge (avec des pinces à linge)

faire le repassage (avec un fer à repasser)

plier et ranger le linge   **un panier à linge**

> Exemples

→ Je **fais deux lessives** par semaine. Sinon, **le linge** s'accumule.
→ Thibaut déteste **faire le repassage** et plus particulièrement **repasser ses chemises** car c'est très difficile d'enlever tous les plis.

Faire la vaisselle

laver la vaisselle (avec du liquide vaisselle)

rincer

essuyer (avec un torchon)

vider le lave-vaisselle

empiler et ranger la vaisselle

> Exemple

→ Pour **essuyer** proprement les coupes à champagne, tu ne prends pas, s'il te plaît, **le torchon** de cuisine mais celui qui est prévu pour **essuyer** les verres !

> Expression

- Il ne faut pas mélanger (les) **torchons** et (les) **serviettes** (= confondre les choses).

Entretenir sa maison

aérer les pièces

faire le lit

sortir la poubelle

cirer les chaussures

**recoudre un bouton
(avec un fil et une aiguille)**

faire l'argenterie (= la faire briller)

Exemple

→ Ce soir, fais-moi penser à **sortir la poubelle**. Sinon, je risque d'oublier !

Communiquer

« Bravo, les enfants ! Vous **avez fait votre lit** et **aéré votre chambre** sans que l'on vous dise quoi que ce soit. C'est un bonheur !
– Oui, Papa. Nous sommes des enfants bien élevés ! »

Expressions

• J'ai perdu la clef de la maison en rentrant du bureau. J'ai refait tout le chemin mais je ne l'ai pas retrouvée. C'est comme **chercher une aiguille dans une botte de foin** (= impossible à retrouver).

• Certains ont joué tout leur argent au casino et ont tout perdu, famille, maison et travail. C'est pourquoi on dit : **comme on fait son lit on se couche** (= il faut assumer les conséquences de ses actes).

4 DÉMÉNAGER, LOUER OU ACHETER UNE HABITATION

Déménager

une entreprise de déménagement

des déménageurs

emballer ≠ déballer ses affaires

fermer et empiler les cartons

un objet encombrant

un objet fragile

abîmer / casser

pendre la crémaillère

un meuble volumineux

ranger

déménager ≠ emménager ≠ aménager

Exemples

→ **Déménager**, c'est changer de logement ; **emménager**, c'est s'installer dans une nouvelle habitation ; **aménager**, c'est penser la disposition des meubles et la décoration dans son nouvel appartement.

→ Pour savoir d'avance combien me coûtera mon **déménagement**, je vais demander un devis à **l'entreprise de déménagement**.

→ J'achète du papier bulle pour **emballer** tous **les objets fragiles**, sinon ils risquent d'**être abîmés** ou de **se casser** pendant **le déménagement** !

• **Distinguez :** un objet encombrant (= qui gêne le passage) ≠ les encombrants (= les objets volumineux qui ne font pas partie des ordures ménagères et qui demandent un ramassage spécial par les services de voirie).

Expression

- Non, je n'ai pas réalisé mon projet. Il **est resté dans les cartons** (= ne pas avoir de suite).

Info Culture

- Une tradition bien ancrée dans le monde francophone veut que, lorsque vous êtes définitivement installé dans votre nouvel appartement après **un déménagement**, vous organisiez **une pendaison de crémaillère**. Cela signifie que vous invitez vos amis, et parfois vos voisins, pour célébrer cet événement. La crémaillère est la pièce de métal qui permettait à l'époque d'accrocher la marmite au-dessus du feu de cheminée, indispensable pour faire à manger pour tout le monde !

Les types d'habitation

▲ une chambre de bonne

▲ un loft

un deux-pièces (T2/F2)
un trois-pièces (T3/F3)
une maison mitoyenne
une maison de campagne

un studio
un duplex
un pavillon (de banlieue)
une villa (avec une véranda)

DÉMÉNAGER, LOUER OU ACHETER UNE HABITATION

> Exemples

→ **Le studio** est un appartement de type T1, avec une seule pièce. Il est un peu plus grand que **la chambre de bonne** dont la surface habitable ne dépasse souvent pas les 10 mètres carrés.

→ Tu préfères habiter dans **une maison mitoyenne**, « collée » à une autre, ou dans **un pavillon de banlieue** qui a son petit jardin tout autour ? Ni l'un ni l'autre !

• **Distinguez :** un studio (= l'appartement T1) ≠ un studio (d'enregistrement / de tournage / de danse / de photo), un pavillon (de banlieue) ≠ un pavillon (de chasse / d'hôpital) ≠ le pavillon de l'oreille (= la partie visible de l'oreille).

Les caractéristiques d'une habitation

lumineux/se, ensoleillé/e ≠ sombre

cosy, confortable ≠ inconfortable

fonctionnel/le ≠ incommode

insonorisé/e (contre le bruit)

des pièces bien ≠ mal distribuées

avoir de beaux volumes

calme ≠ bruyant/e

spacieux/se ≠ exigu/ë

isolé/e (contre le froid)

un double vitrage

orienté/e au nord / sud

bien ≠ mal situé/e

le confort du neuf

le charme de l'ancien / un cachet

dans un quartier commerçant / animé ≠ résidentiel / tranquille

Exemples

→ Pour pouvoir dormir, le silence est indispensable. Si les fenêtres de l'appartement ne sont pas dotées d'**un double vitrage**, je ne le prends pas.

→ Certes, la salle de séjour est **spacieuse** et **lumineuse** mais les chambres sont **exiguës** et **sombres**. Elles font moins de 9 mètres carrés et sont sans fenêtres. C'est vraiment trop **inconfortable** !

→ J'ai trouvé un super loft, très **ensoleillé**, **orienté au sud-est**, **dans un quartier animé**. C'est génial, car je pourrai organiser des fêtes à la maison.

Communiquer

À LOUER

Studio 18m²   **900 €/mois**

Ce charmant **studio** de 18 m² est parfaitement situé au centre-ville, dans une rue **calme**. **Fonctionnel** et **confortable**, ce F1 très **lumineux** est proche de nombreux commerces et des transports en commun.

À VENDRE

Appartement 5 pièces 156 m²   **4 800 000 €**

En exclusivité, un appartement d'exception de 156 m², **situé** dans un immeuble du XVIIIe siècle, en plein cœur du VIe arrondissement. Entièrement rénové, cet appartement élégant présente **de très beaux volumes** (hauteur sous plafond de 4 m 50) et de nombreuses possibilités de rangement. Les éléments d'origine (parquet, moulures, cheminée) donnent à ce bien **un cachet** unique. Un box dans la cour et une cave complètent ce bel ensemble qui combine **le charme de l'ancien** et **le confort du moderne**.

Louer un appartement

une agence immobilière

les frais (masc.) **d'agence**

payer un loyer modéré ≠ élevé

verser une caution

les charges (non) comprises

signer un bail / un contrat de location

faire un état des lieux

la remise des clefs

louer

un/e locataire

216

DÉMÉNAGER, LOUER OU ACHETER UNE HABITATION

> **Exemples**

→ Si **le loyer** que vous allez payer est **modéré**, tant mieux. Mais pour éviter d'avoir une mauvaise surprise, vérifiez quand même si **les charges** sont bien **comprises** !

→ **La remise des clefs** de mon nouvel appartement se fera à **l'agence immobilière** lors de **la signature du bail**. C'est aussi le moment où je dois payer **les frais d'agence** !

→ Avant d'emménager, il vaut mieux **faire un état des lieux** avec le propriétaire, car celui-ci peut, le jour où vous redéménagez, saisir n'importe quel prétexte pour ne pas vous rendre **la caution**.

Acheter un bien immobilier

signer une promesse / un compromis de vente

négocier le prix de vente

parapher et signer un contrat de vente

devenir propriétaire

un acte notarial / notarié

les frais de notaire

un délai de rétractation

payer la taxe foncière

> **Exemples**

→ Chez **le notaire**, j'ai dû **parapher** toutes les pages du **contrat de vente** avant de le **signer**. Apposer mon **paraphe** en bas de 150 pages, c'est beaucoup !

→ **La promesse de vente** n'engage juridiquement que le vendeur alors que **le compromis de vente** engage à la fois le vendeur et l'acheteur du bien immobilier.

→ **Le délai de rétractation** pour acquérir un bien immobilier est en général de dix jours. Si vous dépassez ce délai légal, vous ne pourrez plus renoncer à l'achat et vous deviendrez définitivement **propriétaire** !

Info Culture

• Le vocabulaire juridique français étant très précis, vous vous rendez dans **une étude de notaire** (= les bureaux du notaire) pour faire une transaction immobilière alors que vous vous rendez dans **un cabinet d'avocat** (= les bureaux d'un avocat) pour obtenir des conseils juridiques.

La crise du logement

vétuste ≠ rénové/e

insalubre ≠ propre

s'écrouler / tomber en ruine

les logements sociaux

mal logé/e

être expulsé/e d'un logement

un/e SDF (= sans domicile fixe)

un centre d'hébergement d'urgence

délabré/e ≠ en bon état

un bidonville

une procédure d'expulsion

une explosion des loyers

être sans-abri

Exemples

→ Ce quartier du centre-ville est **vétuste** et les maisons sont **délabrées** au point de **tomber en ruine**. Si la mairie ne lance pas un plan de rénovation d'urgence, elles vont toutes **s'écrouler** !

→ Si on ne paie pas son loyer, on risque de **se faire expulser de son logement**. Heureusement, la loi prévoit une trêve hivernale. C'est la période entre le 1er novembre et le 31 mars pendant laquelle toutes **les procédures d'expulsion** sont suspendues.

→ À l'époque, on appelait **les sans-abri** des clochards et ce terme n'était pas forcément péjoratif. Aujourd'hui, on leur donne le nom de **SDF**.

Expression

• Si nous n'obtenons pas les fonds nécessaires pour réaliser notre projet, il va **s'écrouler comme un château de cartes** (= échouer).

PARTIE 6
LA VILLE

35 LES LIEUX DE LA VILLE

Les voies urbaines

▲ une impasse / un cul-de-sac

une rue
une avenue
une place
un boulevard périphérique

▲ un boulevard

un faubourg
une allée / une ruelle
un parvis / une esplanade
une voie rapide / express

Exemples

→ **Les avenues** et **les boulevards** sont souvent bordés d'arbres. Mais si **les avenues** sont rectilignes et nous amènent directement vers un endroit précis, **les boulevards** ont remplacé les remparts devenus inutiles et entourent les anciens **faubourgs** de la ville.

→ **Le parvis** est une **petite place**, souvent réservée aux piétons, devant la façade d'un bâtiment (une église, par exemple), alors que **l'esplanade** est une **grande place** devant un édifice important.

Communiquer

« Bonjour, Madame. Excusez-moi, je cherche le 12 bis.
– Il n'y a pas de 12 bis. Êtes-vous sûr que c'est la bonne adresse ?
– Je suis bien dans **la rue** de Paris ?
– Ah, non ! Ici, c'est **l'avenue** de Paris. Ce n'est pas pareil. Vous vous êtes trompé ! »

Expression

• Entre les deux pays, rien ne va plus : les négociations **sont dans une impasse**
(= une situation bloquée, sans issue).

LES LIEUX DE LA VILLE

Info Culture

• **Les passages couverts** sont une invention parisienne du début du XIXe siècle, exportée ensuite en Province et à l'étranger. Quelle merveille que de flâner à travers ces galeries marchandes d'une grande élégance et beauté ! En effet, à l'époque, à la moindre pluie, les rues, souvent mal pavées, se transformaient en torrents de boue. Il fallait donc trouver une solution permettant aux promeneurs de passer d'un faubourg à l'autre en gardant les pieds au sec tout en ayant la possibilité de faire des emplettes.

La rue

▲ une chaussée

un pavé
un réverbère
une bouche d'incendie

▲ un trottoir / un caniveau

un bitume / un asphalte
un passage piéton
une bouche d'égout

▲ un carrefour

un rond-point
un feu rouge / tricolore
une piste cyclable

Exemples

→ **Les caniveaux** servent à récupérer les eaux de pluie et à les diriger vers **les bouches d'égout**.

→ Avant, **les chaussées** étaient pavées et **les trottoirs** dallés. Ensuite, ce fut l'ère du **bitume**. Mais les pavés reviennent à la mode car ils invitent à la flânerie !

Communiquer

« Ce n'est pas toujours une bonne idée de faire du covoiturage !

– Pourquoi ? Tu as eu de mauvaises expériences ?

– Ah ça oui ! L'autre jour, le conducteur qui m'a emmené au centre-ville a grillé **un feu rouge** et, en se garant sur **le trottoir**, il a heurté **un réverbère** et **une bouche d'incendie**. En plus, il a voulu me faire payer les dégâts ! »

Expression

• En disant que je trouvais anormal que de nos jours les recrutements se fassent selon des critères extra-professionnels, j'**ai jeté un pavé dans la mare** (= déclencher une polémique).

Les lieux de promenade

▲ **un jardin**

▲ **un belvédère**

▲ **les berges** (fém.) **d'un lac / d'une rivière**

un parc
un bois

un front de mer
une corniche

le quai (d'un canal)
un cours
(= avenue où se promener)

un square
une zone piétonne

Exemples

→ **Un square** est un petit **jardin** aménagé sur une place dans un quartier résidentiel, alors qu'**un bois** est un espace arboré à la périphérie d'une ville.

→ Tous les dimanches, on va se promener sur **les berges du lac**. Si l'on n'est pas frileux, on peut même s'y baigner !

→ **Le front de mer** est un espace au bord de la mer aménagé par la commune pour la promenade et d'autres activités de loisirs.

LES LIEUX DE LA VILLE

un front de mer

 • **Distinguez :** **un bois** (= le grand **parc** à l'extérieur d'une ville) ≠ du bois (= le matériel), **un cours** (= l'avenue) ≠ un cours (d'eau) ≠ un cours (de français), **une corniche** (= la route abrupte au bord de la mer) ≠ une corniche (= l'élément décoratif d'un bâtiment ou d'un meuble).

Expression

• Je refuse de monter dans la voiture avec ce chauffeur. Si c'est lui qui conduit, on **va droit au cimetière** (= risquer de mourir) !

Les lieux éducatifs et sportifs

▲ **un conservatoire de musique / de danse / d'art dramatique**

une piscine (couverte / en plein air)
une crèche
un stade
un terrain de foot

▲ **une patinoire**

un gymnase
un jardin d'enfants
un campus universitaire
une bibliothèque

Exemple

→ En général, on peut inscrire ses enfants à **la crèche** dès l'âge de 3 mois, puis au **jardin d'enfants** à partir de 2 ans. Après, ils vont à l'école maternelle jusqu'à l'âge de 6 ans.

Info Culture

• En francophonie, l'enseignement secondaire se termine en principe par **le lycée**. Cependant, en Suisse romande, en tout cas dans les régions limitrophes de l'aire germanophone, **le lycée** s'appelle **gymnase** et on y pratique toutes les matières, le sport y compris !

Les lieux du spectacle

▲ un Opéra

▲ une salle de concert

▲ des arènes

un cirque
une salle polyvalente

une salle de cinéma
un amphithéâtre

un théâtre
un music-hall

Exemples

→ Quel plaisir en été d'aller voir un opéra ou un concert dans **les arènes** de Nîmes, d'Arles ou de Vérone !

→ Mes enfants adorent aller **au cirque**. Les spectacles acrobatiques, les magiciens et les clowns, dans cette ambiance si particulière sous le chapiteau, les émerveillent ! Comme leur papa d'ailleurs !

Expressions

- On crie, on court dans tous les sens, on se bouscule à l'entrée du théâtre. **Qu'est-ce que c'est que ce cirque ?** (= pourquoi cette agitation désordonnée ?)
- **Arrête ton cinéma !** (= ne pas exagérer). Non, c'est non ! Je ne t'achèterai pas ce jouet !
- Après vingt ans de croissance ininterrompue, les entreprises du numérique se sont écroulées du jour au lendemain. **Quel coup de théâtre !** (= un événement inattendu et radical)

Les lieux de la culture

▲ **un musée**

▲ **un édifice religieux**

un monument historique
un palais (royal)
une maison d'écrivain / d'artiste

un site archéologique
une galerie d'art
des catacombes (fém.)

Exemples

→ Je suis toujours sous le charme quand je visite **la maison de l'écrivain** George Sand à Nohant dans le Berry, tout comme celle de Marguerite Yourcenar en Nouvelle-Angleterre.

→ Je visite régulièrement **des catacombes**. Je vous conseille celles de Paris, qui sont les plus peuplées, et celles de Palerme, qui sont les plus macabres !

• **Distinguez :** un palais (= la résidence somptueuse d'un personnage important) ≠ un palais (= la partie de la bouche) ≠ un palet (= le disque pour jouer au hockey sur glace) ≠ le palet breton (= le biscuit sablé, rond et plat).

Info Culture

• **Un monument historique** est un bien qui est protégé pour son intérêt historique, artistique ou architectural. C'est pendant la Révolution française, face aux destructions massives et à l'ampleur du vandalisme, qu'on a pris conscience de l'importance de garder des traces des monuments de « l'ancienne France ». Depuis la première moitié du XIXe siècle, plus de 45 000 immeubles et près de 300 000 objets mobiliers ont été répertoriés au titre des monuments historiques en France.

Les lieux de détente et de divertissement

▲ une fontaine

une aire de jeux
un manège / un carrousel
une terrasse de café
une pelouse

▲ une fête foraine (avec des manèges)

le théâtre des marionnettes (le Guignol)
un kiosque à musique
un banc public
un terrain de pétanque

LES LIEUX DE LA VILLE

Exemples

→ Quand il fait beau, je m'assieds sur **un banc** ou **une pelouse** pour avaler mon sandwich, puis je m'installe sur **une terrasse** pour boire un café.

→ Sur cette petite **aire de jeux**, il y a un toboggan, une balançoire et un tourniquet. Les enfants vont bien s'amuser !

→ Lorsque je flâne dans ce jardin public, je suis ravi d'entendre la musique venant du **kiosque à musique**, ainsi que les rires des enfants au **théâtre des marionnettes**, enchantés par les farces de **Guignol**.

→ Quel bonheur d'observer le mouvement des chevaux sur **un carrousel** qui tourne au son d'un orgue de Barbarie !

• **Distinguez :** **une aire** (= la surface plane destinée à une activité précise) ≠ une ère (= la période historique) ≠ un air (= le vent ou l'expression du visage).

Expression

• Pour obtenir ce que tu voulais, tu as agi en cachette contre l'avis de tout le monde. Mais on **a découvert ton petit manège !** (= démasquer les manœuvres, les manigances, les subterfuges)

36 LES COMMERCES ALIMENTAIRES

Les commerces de proximité

▲ une poissonnerie ➤ le/la poissonnier/ère

une boulangerie ➤ le/la boulanger/ère

une boucherie ➤ le/la boucher/ère

une cave à vin ➤ le/la caviste

une chocolaterie ➤ le/la chocolatier/ère

▲ une fromagerie ➤ le/la fromager/ère

une pâtisserie ➤ le/la pâtissier/ère

une charcuterie ➤ le/la charcutier/ère

un glacier (= un/e marchand/e de glaces)

la confiserie ➤ le/la confiseur/se

Exemples

→ Mon **confiseur-chocolatier** est également **pâtissier**. J'achète donc tout ce qui est sucré chez lui : les pralines, les dragées, mais aussi les éclairs et les pavlovas. Je suis trop gourmand !

→ Chez **le charcutier-traiteur**, on peut acheter de la viande de porc et des plats préparés : du couscous, des quiches, des pâtés lorrains ou des salades.

→ À **la fromagerie**, il y a une variété incroyable de produits laitiers : du fromage, de la crème fraîche, du fromage blanc, du beurre, des œufs, etc.

→ Ne confondez pas **le caviste** avec le sommelier : le premier travaille dans un magasin de vin et spiritueux, le second dans un restaurant !

LES COMMERCES ALIMENTAIRES

> **Info Culture**
>
> • Ne vous trompez pas de magasin quand vous voulez acheter de la viande : chez **le boucher**, vous trouvez toutes les viandes (bœuf, mouton, agneau, lapin, volailles…), excepté le porc et les plats préparés (pâtés, terrines…). Ceux-ci, vous les achetez chez **le charcutier**, à moins qu'il ne s'agisse d'**un boucher-charcutier** !

Le marché

▲ un/e marchand/e de fruits et légumes

un stand

un kilo de pommes de terre

une tête d'ail

▲ un/e marchand/e d'olives / de miel

une livre de tomates (= 500 grammes)

une botte de radis

une barquette de framboises

> **Exemples**

→ D'habitude, **le marchand de miel** a son **stand** à l'entrée du marché. Mais aujourd'hui il n'est pas là.

→ J'ai acheté **une tête d'ail** au marché mais elle ne contient que trois gousses. Je me suis fait avoir !

Communiquer

« Bonjour, je voudrais **une livre de tomates** et **une barquette de fraises** gariguette, s'il vous plaît.

– Voilà, Madame. Et avec ceci ?

– Une salade verte et **une botte d'asperges**. Ce sera tout.

– Ça vous fait 40 euros.

– Qu'est-ce que c'est cher ! Enfin… voilà les 40 euros. Au revoir et peut-être à la semaine prochaine ! »

Expression

• Vous m'arnaquez et vous m'engueulez **par-dessus le marché** (= de plus). Vous ne manquez pas d'air !

Épicerie et grandes surfaces

une épicerie ➡ un/e épicier/ère

un supermarché   un hypermarché

un panier   un chariot

une caisse   un ticket de caisse
(à tapis roulant)

une allée   un rayon

un/e caissier/ère

un emballage (sous vide)

un sachet (en papier)

en rupture de stock

un chef de rayon

une barquette (en polystyrène)

un sac (en plastique / en tissu / en jute)

Exemples

→ Chez **l'épicier**, on trouve un peu de tout : des aliments ainsi que des produits d'hygiène et d'entretien. Il faudrait installer **une épicerie** dans chaque village !

→ Le nom des **grandes surfaces** dépend de leur superficie : **une supérette** a entre 120 et 400 mètres carrés, **un supermarché** entre 400 et 2500 m², et **un hypermarché** dépasse les 2500 m².

→ Prenons plutôt **un chariot** qu'**un petit panier**. On a beaucoup de courses à faire et je n'ai pas envie de tout porter !

→ Manon est **chef de rayon** au **supermarché**. Elle range les produits dans **les rayons** et renseigne les clients. Mais aujourd'hui, les articles sont **en rupture de stock**.

→ Les grandes enseignes dirigent les clients de plus en plus vers les caisses automatiques, mais moi, je refuse car je tiens à ce que **les caissières** et **les caissiers** gardent leur emploi.

→ **Les sacs**, **les sachets**, **les barquettes**, tous **ces emballages** sont problématiques pour l'environnement. Comment peut-on les éviter ?

Expression

• C'est injuste ! On nous **met tous dans le même panier** (= juger toutes les personnes de la même manière défavorable).

Le commerce en ligne

▲ la livraison à domicile

▲ le service au volant

le service « clique et collecte »   le paiement en ligne   le retrait en magasin

> **Exemples**

→ Hier, j'ai fait mes courses sur le site du magasin et j'ai choisi **la livraison à domicile**.

→ Dans certains commerces de proximité, j'utilise **le service « clique et collecte »**, c'est-à-dire que je commande le produit en ligne et je le **retire en magasin**.

→ **Le service au volant**, appelé aussi « drive », est idéal pour les clients en voiture qui ne veulent pas entrer dans le magasin pour récupérer leurs courses.

 • **Distinguez :** **un volant** (= l'objet circulaire pour guider un véhicule) ≠ un volant (= la petite boule en liège garnie de plumes qu'on lance avec une raquette) ≠ volant (= qui vole).

37 LES COMMERCES NON ALIMENTAIRES

Les commerces de proximité

▲ une librairie

un magasin informatique

un magasin de jouets

▲ un kiosque à journaux

une papeterie

un bureau de tabac

Exemples

→ Le marchand de journaux travaille dans **un kiosque à journaux** alors que le buraliste travaille dans **un bureau de tabac**.

→ Dans **une librairie**, un/e libraire peut vous conseiller un livre en fonction de vos goûts littéraires et de vos intérêts. C'est un service de qualité !

- **Prononciation :** le mot **papeterie** se prononce en général /papèterie/. C'est une boutique qui vend du papier à lettres, des articles de bureau et des fournitures scolaires.
- **Distinguez :** une librairie (= le magasin qui vend des livres) ≠ une bibliothèque (= l'endroit où l'on emprunte des livres), un/e libraire (= un/e vendeur/se de livres neufs) ≠ un/e bouquiniste (=un/e vendeur/se de livres d'occasion).

▲ une pharmacie / une parapharmacie

une teinturerie / un pressing

▲ une parfumerie

une laverie (automatique)

> Exemples

→ **La parapharmacie** vend des produits de soins cosmétiques et des compléments alimentaires alors que **la pharmacie** vend des médicaments, en général prescrits par le médecin.

→ Pour laver ma couette, je dois aller à **la laverie automatique**. Mes vêtements délicats ont besoin d'un nettoyage à sec. Je les donne donc **au pressing**.

▲ **un salon de coiffure**

une horlogerie-bijouterie

une maroquinerie

▲ **un magasin de chaussures**

un fleuriste

une boutique de vêtements

> Exemples

→ En sortant du **salon de coiffure**, j'étais ravie de ma nouvelle coiffure.

→ À **la maroquinerie**, vous trouverez des accessoires en cuir (sacs, portefeuilles, ceintures…) alors que chez **le fleuriste** vous achèterez des bouquets de fleurs.

- **Distinguez :** un maroquin (= le cuir utilisé en **maroquinerie**) ≠ un Marocain (= l'habitant du Maroc).

> Expression

- Cet homme n'est pas du tout délicat. Il vaut mieux ne pas l'inviter car il se comporte **comme un éléphant dans un magasin de porcelaine** (= maladroitement, sans finesse).

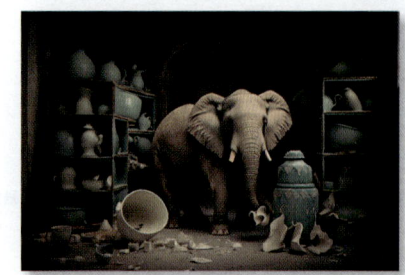

LES COMMERCES NON ALIMENTAIRES

▲ une serrurerie

une quincaillerie

▲ une cordonnerie

un atelier de tapisserie

Exemples

→ Il faut que je trouve vite **une serrurerie** et un serrurier pour débloquer la porte de mon appartement. Ma clef est restée coincée dans la serrure. Impossible de rentrer chez moi !

→ À **la cordonnerie**, vous pouvez vous faire réparer vos chaussures abîmées. Grâce au cordonnier, vos chaussures seront comme neuves !

→ Dans **une quincaillerie**, vous trouverez plein d'articles pour le bricolage : des clous, des vis, des joints, des prises électriques, des marteaux, des tournevis, etc.

Info Culture

• Selon des études sérieuses, faire ses achats dans **des magasins de proximité** divise par trois l'impact négatif sur l'environnement par rapport aux grandes surfaces et permet de préserver des emplois. De plus, **ces petits commerces** contribuent au maintien d'une vie sociale dans les quartiers et dans les villages.

Les marchés aux puces

▲ **un marché aux puces**

chiner
(= chercher sans but précis)

un bibelot

▲ **un vide-greniers**

dénicher (= trouver)

un objet ancien

▲ **une brocante**

marchander

un meuble d'occasion

Exemples

→ J'adore **chiner** sur les marchés aux puces. J'espère y trouver un objet rare ou exceptionnel pour décorer ma maison de campagne.

→ Un antiquaire restaure et vend des meubles et des objets anciens alors que dans **une brocante** ou **un vide-greniers** on ne trouve que des objets d'occasion.

→ Une babiole, une bricole, un attrape-poussière, de la camelote : voilà des noms familiers donnés aux **bibelots**, ces objets sans valeur qu'on peut dénicher dans les brocantes.

→ Je ne suis pas doué pour **marchander**. C'est pourquoi je préfère quand les prix sont affichés. Si l'article est trop cher, je n'achète pas.

Les temples de la consommation

▲ **un magasin de bricolage**

une galerie marchande

▲ **une jardinerie**

un grand magasin

▲ **un centre commercial**

faire du lèche-vitrines

LES COMMERCES NON ALIMENTAIRES

Exemples

→ Dans **une galerie marchande**, vous trouverez plusieurs magasins les uns après les autres sans qu'il s'agisse d'**un centre commercial**, qui est beaucoup plus grand.

→ **Faire du lèche-vitrines**, c'est flâner dans les rues et admirer les belles vitrines des magasins sans forcément acheter quelque chose. Quel plaisir !

Info Culture

• En francophonie, on distingue **le centre commercial**, qui regroupe différents magasins dans un bâtiment, et **le grand magasin**, qui est une seule et unique entreprise proposant sous le même toit une très large gamme de produits. Il faut savoir que le second est plus luxueux que le premier. En France : la Samaritaine, les Galeries Lafayette, le Printemps, le Bon Marché, le BHV ; en Suisse : Jelmoli, Globus, Manor ; en Belgique : Inno ; au Québec : Maison Simons.

38 LES ADMINISTRATIONS

Les lieux de l'administration

la mairie / l'hôtel de ville

le commissariat de police

le palais de justice

la (sous-)préfecture

la gendarmerie

l'hôtel des impôts

l'agence France Travail (= Pôle emploi)

la Sécurité sociale

la caserne des pompiers

le bureau de poste

l'hôpital (masc.)

les pompes funèbres

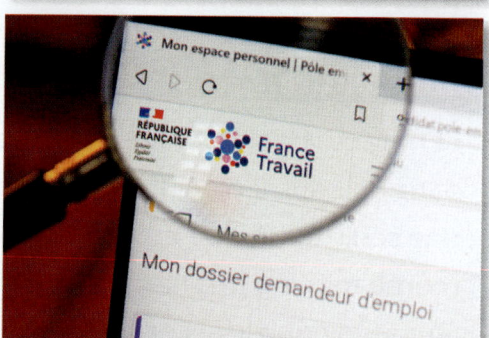

Exemples

→ Dans une petite commune, **la mairie** désigne à la fois l'administration municipale et le bâtiment qui l'abrite alors que **l'hôtel de ville**, dans les communes plus grandes, peut héberger plusieurs services, dont ceux de la mairie.

→ Pour me marier, je suis allé à **la mairie**. Pour divorcer, je me rends au **palais de justice.** Et pour régler mes affaires avant de mourir, je me renseigne auprès **des pompes funèbres**.

→ On m'a volé mon smartphone ce matin. Je vais me rendre au **commissariat** pour déclarer le vol et porter plainte.

Expression

• Et c'est toi qui me fais ce reproche ? Franchement, **c'est l'hôpital qui se moque de la charité** (= reprocher à quelqu'un un défaut qu'on a soi-même) !

LES ADMINISTRATIONS

Les fonctionnaires

▲ un jardinier ➡ entretenir les espaces verts   ▲ un balayeur ➡ nettoyer la voirie

un pompier ➡ intervenir en cas d'incendie   un éboueur ➡ ramasser les ordures

un/e fonctionnaire = un/e employé/e municipal/e (ou de l'État)
un agent de sécurité ➡ sécuriser les passages piétons à la sortie des écoles
un policier / un gendarme ➡ effectuer un contrôle d'identité
un/e assistant/e social/e ➡ épauler des familles en difficulté

> Exemples

→ **Les balayeurs de rue** sont indispensables car ils nettoient les trottoirs.
→ Tous les ans, à la fin de l'année, je donne des étrennes aux **pompiers** qui vendent leur calendrier en sonnant de porte en porte.

Les pièces d'identité (= les papiers)

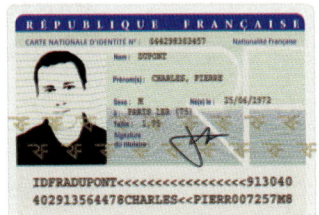

▲ un passeport   ▲ une carte d'identité   ▲ un permis de conduire

un livret de famille   une carte d'électeur   une carte / un titre de séjour
valide ≠ périmé/e   un acte de naissance ≠ de décès   une carte vitale (= d'assurance maladie)

239

> **Exemples**

→ Pour faire renouveler mon **passeport périmé**, je me rends à la mairie après avoir acheté un timbre fiscal. Le délai de délivrance de mon nouveau **passeport** est de 6 semaines et il sera **valide** 10 ans.
→ Pour obtenir **une carte de séjour**, il est nécessaire de se rendre à la préfecture.
→ En cas de perte ou de vol, il faut remplir le formulaire « demande de duplicata du **permis de conduire** » en ligne. Le duplicata vous sera délivré dans un délai de 15 jours.

> **Communiquer**

« Bonjour, Monsieur. Contrôle d'identité. **Vos papiers**, s'il vous plaît !

– Bonjour, Monsieur l'agent. Bien sûr. Voici **ma carte d'identité** et **mon titre de séjour**. Est-ce qu'il y a un problème ?

– C'est ce que nous allons vérifier.... **Vos papiers** sont en règle. Reprenez-les. Merci, Monsieur.

– Au revoir, Monsieur l'agent ! »

Les démarches et formalités administratives

▲ une déclaration d'impôt

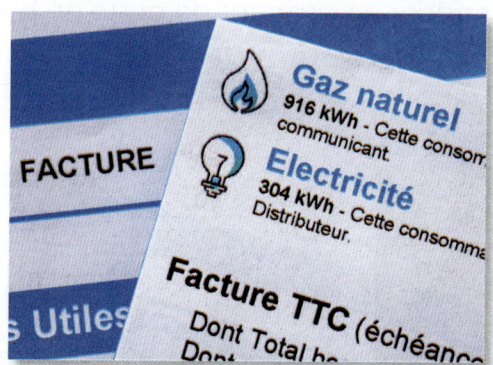

▲ fournir une pièce justificative

déposer une demande de visa
remplir un formulaire / un imprimé
s'inscrire sur les listes électorales

un justificatif de domicile
une quittance de loyer
bénéficier d'une allocation

LES ADMINISTRATIONS

Exemples

→ Pour **vous inscrire sur les listes électorales**, veuillez présenter une pièce d'identité et **un justificatif de domicile**, comme **une quittance de loyer** ou une facture d'électricité.
→ Pour **bénéficier d'allocations** familiales, il faut remplir au moins dix **formulaires**, **fournir** autant de **pièces justificatives** et **déposer** le dossier auprès de l'organisme compétent.

Les envois en bonne et due forme

envoyer une lettre en recommandé (avec accusé de réception)

un récépissé / un reçu

le cachet (= le tampon) de la poste faisant foi

envoyer des factures dématérialisées

numériser un imprimé

remplir un formulaire en ligne

déposer un dossier en ligne

j'accuse réception de... (= j'ai bien reçu votre...)

Exemples

→ Si j'envoie le courrier **en recommandé avec accusé de réception**, j'aurai une preuve non seulement de son envoi mais aussi de sa réception.
→ L'expression « **le cachet de la poste faisant foi** » signale qu'on doit fournir une preuve de la date et de l'heure auxquelles le dossier a été déposé.
→ De nos jours, **les démarches administratives en ligne** et **les envois dématérialisés** sont censés faciliter la vie des citoyens.
→ **Un reçu** est une simple preuve d'achat alors que **le récépissé** est un document officiel qui prouve la réception d'un courrier, d'un objet ou d'une marchandise au moment de son dépôt.

Communiquer

[un accusé de réception]

> Madame, Monsieur,
>
> Nous **accusons réception de** votre demande de permis de construire reçue en date du 15 avril et enregistrée sous le numéro 4632P.
>
> Nous vous assurons que **votre demande** sera traitée avec diligence*, dans le respect des procédures en vigueur.
>
> Nous vous informerons de notre décision dans un délai de 3 mois à compter de la date à laquelle nous **avons reçu** votre demande.
>
> Veuillez agréer, Madame, Monsieur, nos salutations distinguées.
>
> La Mairie

[*= rapidité et efficacité]

 • **Distinguez** : **un cachet** (= le tampon, le sceau) ≠ un cachet (d'aspirine) ≠ un cachet (= la rétribution d'un artiste).

PARTIE 7
LE TRAVAIL

39 LES MÉTIERS MANUELS

Les métiers de la forêt

▲ un/e bûcheron/ne
▶ abattre un arbre

▲ un/e garde-forestier/ère
▶ surveiller la forêt

Exemples

→ Dans cette forêt, **les bûcherons** sont en train d'**abattre des arbres** au moyen d'une hache ou d'une tronçonneuse (une scie à chaîne). Attention à la chute d'**arbres** !

→ **Le garde-forestier** patrouille dans la forêt qu'il surveille, souvent à pied, parfois même à cheval.

Expression

• Se limiter en politique à la question environnementale ressemble à **un arbre qui cache la forêt** (= se borner à un détail au lieu d'avoir une vision d'ensemble). La problématique est beaucoup plus large que cela !

LES MÉTIERS MANUELS

Les métiers de la mer et de l'eau

▲ un marin-pêcheur (en haute mer)
un/e pêcheur/se (à la ligne)

▲ un/e ostréiculteur/trice
un/e pisciculteur/trice

les marins sur un navire : un mousse ▶ un matelot ▶ le timonier ▶
un officier de pont ▶ un capitaine / un commandant de bord

Exemples

→ **L'ostréiculteur** et **le pisciculteur** élèvent respectivement des huîtres et des poissons.

→ Sur un navire, il y a une hiérarchie stricte parmi **les marins** : **le mousse** est l'apprenti marin de moins de 17 ans, **le matelot** est sans grade, **le timonier** tient la barre pour conduire le bateau, **l'officier du pont** s'occupe de la navigation et **le capitaine** veille à ce que le bateau arrive à bon port.

Expression

• Quand je prends le bateau, je ne suis jamais malade. J'**ai le pied marin** (= ne pas avoir le mal de mer).

245

Les métiers de la ferme

un/e agriculteur/trice ▶ labourer la terre, semer et moissonner les céréales

un/e paysan/ne ▶ exploiter une ferme

un/e éleveur/se ▶ élever des animaux

un/e apiculteur/trice ▶ élever des abeilles, récolter le miel

un/e vigneron/ne ▶ cultiver la vigne

un/e viticulteur/trice ▶ produire du raisin et du vin

un/e berger/ère ▶ garder un troupeau de moutons, de chèvres

Exemples

→ Lors de la transhumance au début de l'été, **le berger** conduit son **troupeau** de la plaine jusqu'à l'alpage.

→ Si **le viticulteur** est le jardinier de **la vigne** pour **produire** le meilleur **raisin** possible, **le vigneron** s'occupe de la totalité du processus de fabrication et de vente du raisin et du vin.

Expression

• Cet homme est surprenant : c'est une espèce de **paysan du Danube** (= un homme grossier mais franc) qui dit ce qu'il pense.

Info Culture

• Dans la fable « **Le Paysan du Danube** », Jean de La Fontaine nous décrit le personnage principal comme étant un homme mal rasé, mal habillé, ressemblant à un ours (« un ours mal léché ») mais qui tient, devant les Romains qui occupent le pays, un discours fort sensé et éloquent. D'où la célèbre morale de la fable : « Il ne faut point juger des gens sur l'apparence » !

LES MÉTIERS MANUELS

Les métiers du jardin et du paysage

un/e horticulteur/trice ➤ cultiver des fleurs

un/e maraîcher/ère ➤ produire et vendre des légumes et des fruits

un/e paysagiste ➤ aménager des espaces verts

un/e jardinier/ère ➤ entretenir les jardins

un/e arboriculteur/trice ➤ entretenir des vergers

Exemples

→ Dans un potager, **le jardinier** cultive des légumes pour sa propre consommation alors que **le maraîcher** produit des légumes et des fruits pour la vente.

→ Dans son verger, **l'arboriculteur** entretient ses arbres fruitiers pour pouvoir récolter de très beaux fruits.

→ **L'horticulteur** cultive des fleurs et des plantes ornementales sous serre ou en pleine terre, fleurs et plantes que vous retrouvez chez votre fleuriste.

Expression

• Arrêtons de discuter, de spéculer, cela ne sert à rien. Comme disait Voltaire dans *Candide*, **il faut cultiver son jardin** (= s'occuper des choses concrètes).

Info Culture

• André Le Nôtre (1613-1700) fut le premier architecte **paysagiste** français. Inventeur du **jardin dit « à la française »**, il conçut et dessina les magnifiques **parcs** et **jardins** du roi Louis XIV à partir de 1645 (Tuileries, Chantilly, Vaux-le-Vicomte, Versailles…). Le Nôtre, le célèbre **jardinier** du roi, est encore aujourd'hui considéré comme **le roi des jardiniers** !

Les artisans

un/e bijoutier/ère-joaillier/ère ➤ fabriquer des bijoux

un/e luthier/ère ➤ fabriquer des instruments à cordes

un menuisier ➤ travailler le bois

un/e ébéniste ➤ réaliser des meubles en bois

un/e relieur/se ➤ relier et restaurer des livres

un forgeron ➤ travailler les métaux

un/e horloger/ère ➤ réparer les horloges et les montres

un/e potier/ère, un/e céramiste ➤ fabriquer des objets en terre

un verrier ➤ fabriquer des objets en verre et en cristal

Exemples

→ **Le menuisier** fabrique essentiellement des fenêtres et des portes **en bois** alors que **l'ébéniste** réalise des meubles **en bois noble**, parfois ornés de décors en marqueterie.

→ **Un céramiste** est **un potier** spécialisé dans la fabrication d'objets **en porcelaine**.

→ **Le relieur** assemble les feuilles imprimées, les plie en cahiers et les coud ensemble. Il **restaure** aussi **des livres anciens** dont la couverture est en cuir.

Expression

• Si vous voulez maîtriser le vocabulaire français, il faut lire beaucoup et l'employer souvent. **C'est en forgeant qu'on devient forgeron** (= la maîtrise s'acquiert par la pratique).

LES MÉTIERS MANUELS

Info Culture

• Quand on évoque le travail remarquable **des verriers**, on pense inévitablement aux productions très raffinées de **la cristallerie** Baccarat, dont les origines remontent à 1764, et à celles de l'École de Nancy, fondée en 1901. Personne ne peut rester insensible à la beauté des vases et des luminaires **en verre** fabriqués par les artistes de l'Art nouveau tels que Émile Gallé, les frères Daum, les frères Muller et, surtout, René Lalique.

Les métiers du bâtiment

▲ un/e conducteur/trice d'engins ➤ conduire un bulldozer / une grue
un maçon ➤ monter un mur   un couvreur ➤ refaire les toitures
un/e charpentier/ère ➤ construire la charpente d'un toit
un peintre (en bâtiment) ➤ peindre et poser du papier peint
un plombier ➤ poser des canalisations et des robinets
un/e électricien/ne ➤ installer un circuit électrique

un maître d'ouvrage ➤ commander et payer les travaux
un maître d'œuvre ➤ prendre en charge l'exécution des travaux
un chef de chantier ➤ suivre l'avancement des travaux

Exemples

→ Ne confondez pas **le maître d'ouvrage** et **le maître d'œuvre** : le premier commande les travaux et le second les exécute !

→ **Un maçon** monte **des murs en pierre** ou en brique pour **construire** une maison.

Communiquer

« Vous avez vu la terrible tempête qui a traversé notre région cette nuit ?

– Et comment ! Notre toit a été sérieusement endommagé et des tuiles se sont envolées. Nous avons fait appel à **un charpentier** pour vérifier l'état de la charpente et à **un couvreur** pour refaire la toiture. »

Expression

- Quand il a décidé une chose, rien ne l'arrête, quitte à tout détruire sur son passage. **C'est un vrai bulldozer** (= une personne peu délicate qui ne tient compte ni des gens ni des circonstances).

Info Culture

- En 1995, une équipe de spécialistes passionnés s'est lancé un immense défi : **bâtir** un château fort du XIIIe siècle selon les techniques et avec les matériaux utilisés au Moyen-Âge. Parmi les ouvriers et ouvrières engagés sur **le chantier** de Guédelon, au cœur de la Bourgogne, on trouve des carriers, des tailleurs de pierre, des **maçons**, des **charpentiers**, des tuiliers, des **forgerons**, des **potiers**, des **jardiniers**… N'hésitez pas à visiter le château en construction pour découvrir les savoir-faire ancestraux des différents métiers et observer **l'avancement des travaux** !

LES MÉTIERS MANUELS

Les métiers de l'industrie

un/e chef d'entreprise, un/e patron/ne
un/e chef de produit
un/e ingénieur
un/e technicien/ne
un/e manutentionnaire
un/e agent/e d'entretien

une usine
une chaîne de production
un travail à la chaîne (fam.)
un/e contremaître
un/e ouvrier/ère
un/e fondeur/se
un/e tourneur/se
un/e soudeur/se

Exemples

→ Pour calculer les heures de travail, **le patron** a installé une machine à pointer à l'entrée de **l'usine** : **les ouvriers** sont tenus de pointer en arrivant au travail le matin et en repartant le soir.

→ Si **le fondeur** coule le métal pour en fabriquer des pièces métalliques, **le tourneur** les façonne et **le soudeur** les assemble au moyen d'un chalumeau.

→ Je travaille tous les jours sur la même machine, c'est du **travail à la chaîne**.

40 LES MÉTIERS DE SERVICE

Les métiers de services à la personne

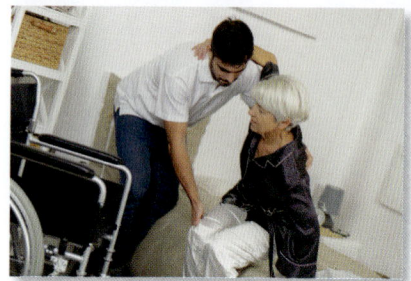
▲ un/e aide à domicile

▲ un/e baby-sitter

▲ un/e employé/e de maison

une esthéticienne   une femme de ménage   une nourrice / une nounou (fam.)

Exemples

→ Pour la manucure et la pédicure, on fait appel à **une esthéticienne**.
→ De nos jours, à la place d'« un/e domestique » ou d'« une bonne (à tout faire) », on engage **un/e employé/e de maison**.
→ Je voudrais travailler comme **aide à domicile** pour m'occuper des personnes âgées.

Expression

• Ce célèbre écrivain critique l'école qu'il a fréquentée. Je trouve étrange que des gens puissent **mordre le sein de leur nourrice** (= se montrer ingrat, peu reconnaissant).

Les métiers de la santé

▲ un/e ambulancier/ère

▲ un/e opticien/ne

▲ un/e infirmier/ère

un/e aide-soignant/e
un/e diététicien/ne
un/e psychologue

un médecin (voir chap. 29)
un/e kinésithérapeute
un/e psychanalyste

une sage-femme
un/e acupuncteur/trice
un/e pharmacien/ne

LES MÉTIERS DE SERVICE

Exemples

→ Sous la responsabilité d'**une infirmière**, **l'aide-soignant** surveille le patient et l'aide à se lever, à se laver, à s'habiller et à marcher.

→ **Une diététicienne** règle avec vous un problème de surpoids, d'obésité, de maigreur ou de diabète.

Les métiers du tourisme

▲ un/e réceptionniste

un/e agent/e de voyage
un/e saisonnier/ère
un/e guide de montagne

▲ un valet de chambre

un/e chargé/e d'accueil
un/e guide-conférencier/ère
un maître-nageur

Exemples

→ Dans les étages d'un hôtel, il y a **les femmes de chambre** et **les valets de chambre** qui sont en charge de « faire » les chambres tous les jours.

→ **Le réceptionniste** assure le fonctionnement de la réception et se met à la disposition de tous les clients de l'hôtel.

→ Travaillant pour une agence de voyage, **un agent de voyage** s'occupe d'organiser des déplacements ou des séjours de vacances pour ses clients.

→ Pour faire l'ascension du mont Blanc, il vaut mieux être accompagné d'**un guide de montagne** très expérimenté.

→ Lors de la visite du château de Loches, **le guide-conférencier** nous a raconté l'histoire passionnante d'Agnès Sorel, la favorite du roi Charles VII.

→ Pendant la haute saison touristique, il faut un grand nombre de **maîtres-nageurs** pour protéger les baigneurs contre les requins !

Info Culture

- **Les hôtels** de tourisme sont classés de 1 à 5 étoiles en fonction du confort et des prestations qu'ils offrent. Si parmi **les hôtels 5 étoiles** il y en a un de particulièrement prestigieux avec un service à la clientèle très personnalisé, quasi « à la carte » (**voituriers**, portiers, **grooms**, liftiers, chasseurs, **majordomes**…), il peut obtenir la distinction « **palace** » !

Les métiers de la culture

– au théâtre : **un/e comédien/ne, un/e metteur/euse en scène, un/e accessoiriste, un/e habilleur/se**

– à l'opéra / au concert : **un/e musicien/ne, un/e chef d'orchestre, un chanteur lyrique / une cantatrice, un/e danseur/se, un/e chanteur/se**

– au cinéma : **un/e acteur/trice, un/e réalisateur/trice, un/e scénariste, un/e costumier/ère**

– dans une exposition : **un/e peintre, un/e photographe, un/e sculpteur/trice, un/e vidéaste, un/e performeur/se**

– dans l'édition : **un/e écrivain, un/e auteur/trice, un/e romancier/ère, un/e traducteur/trice, un/e éditeur/trice, un/e maquettiste**

– au musée / aux archives : **un/e conservateur/trice, un/e restaurateur/trice, un/e archiviste**

LES MÉTIERS DE SERVICE

> Exemples

→ **Un réalisateur** tourne des films de cinéma et de télévision alors qu'**un metteur en scène** monte des pièces de théâtre.

→ **Une artiste lyrique** s'appelle **cantatrice**, appellation empruntée directement à l'italien. Opéra oblige !

→ **L'artiste-peintre** et **le sculpteur** travaillent dans un atelier alors que **le photographe** réalise ses photos artistiques dans un studio. Les deux exposent ensuite leurs œuvres dans une galerie d'art.

→ Le manuscrit, une fois rédigé par **l'auteur** ou **l'écrivain**, est envoyé au **maquettiste** qui s'occupe de sa mise en page sous le contrôle de **l'éditeur**.

> Info Culture

- C'est vers 1820 que la photographie fut inventée par Nicéphore Niépce. Il fut le premier **photographe** à parvenir à fixer une image. Pour les images animées, il fallut attendre le 28 décembre 1895, date à laquelle les frères Lumières organisèrent la première projection **cinématographique** du monde.

Les métiers de la mode et de la décoration

un grand couturier	un/e créateur/trice de mode
un/e styliste	un/e couturier/ère
un/e maquilleur/se	un mannequin
un/e décorateur/trice	un/e architecte (d'intérieur)

> Exemples

→ **Les grands couturiers** s'associent à **des stylistes** et des dessinateurs textiles pour réaliser leurs collections de haute couture ou de prêt-à-porter.

→ Marie Vernet fut le premier **mannequin** professionnel. Au milieu du XIXe siècle, elle défila pour une maison de haute couture à Paris.

 • **Distinguez :** un mannequin (= la femme ou l'homme qui défile pour un couturier) ≠ un modèle (= la femme ou l'homme qui pose pour un peintre ou un photographe).

Info Culture

• Le premier **grand couturier** fut une femme : Mademoiselle Bertin. Créative et bonne commerçante, elle ouvre son propre **magasin de mode** à Paris en 1770. Parmi son illustre clientèle elle compte Marie-Antoinette, la dernière reine de France et de Navarre.

Les métiers du commerce et de la vente

un homme /
une femme d'affaires

un/e vendeur/se

un/e magasinier/ère

un/e commerçant/e

un/e exportateur/trice

un/e importateur/trice

un/e chauffeur/se (de camion)

Exemples

→ **Un commerçant**, établi à son propre compte, peut vendre toutes sortes de produits.
→ Dans un magasin, **le magasinier** est responsable des marchandises qu'il stocke et prépare pour les clients.
→ Sami et Saber sont **des chauffeurs** infatigables. Ils roulent 24h/24 pour livrer les colis aux clients.

Communiquer

« J'ai été au concert de M.T, une chanteuse que j'adore ! À la fin du concert, j'ai acheté son dernier disque pour avoir un souvenir.
– Je vois que M.T. est non seulement une bonne chanteuse mais également une excellente **femme d'affaires** ! »

LES MÉTIERS DE SERVICE

Les métiers de la banque et des finances

un/e banquier/ère

un/e employé/e de banque

un/e conseiller/ère

un assureur

un (analyste-)financier

un/e gestionnaire de patrimoine

un investisseur

un tradeur

Exemples

→ Quand je vais à la banque, je m'adresse en premier lieu au guichet pour savoir si ma **banquière** peut me recevoir.

→ J'ai eu un accident de la route et ma voiture a été sérieusement endommagée. Heureusement, mon **assureur** a pris en charge tous les frais de réparation !

Les métiers de l'entreprise

un/e président/e-directeur/trice général/e (= P.D.G.)

un/e directeur/trice des ressources humaines (DRH)

un/e assistant/e de direction

un/e commercial/e

un/e expert/e-comptable

un cadre (supérieur)

un chef de projet

un/e secrétaire

un/e chargé/e de communication

un/e graphiste

un/e informaticien/ne

un/e ingénieur

un/e délégué/e du personnel

un/e syndicaliste

un prestataire externe

un/e consultant/e

un fournisseur

un sous-traitant

un/e technicien/ne de maintenance

Exemples

→ **Un cadre** est un salarié qui assume des responsabilités spécifiques et exerce une fonction de direction au sein de l'entreprise.

→ Dans chaque entreprise avec plus de 11 salariés, il y a obligatoirement **un délégué du personnel**. C'est lui, en liaison avec l'inspecteur du travail, qui veille au respect du Code du travail.

→ Afin de réduire la masse salariale, les entreprises externalisent de plus en plus. Cela veut dire qu'elles font appel à **des prestataires externes**, comme **des sous-traitants** ou **des fournisseurs**. Mais il arrive que la qualité ne soit plus au rendez-vous !

• **Distinguez :** un cadre (= l'employé/e avec une fonction de direction) ≠ un cadre (= la bordure qui entoure un tableau) ≠ dans le cadre de (= dans les limites de).

Les métiers de la restauration

un plongeur

un commis de cuisine

un/e cuisinier/ère

un chef de partie (= un/e rôtisseur/se, un/e pâtissier/ère)

un chef cuisinier

un/e serveur/se

un garçon de café

un chef de rang

un/e maître d'hôtel

un sommelier

un barman

Exemples

→ **Le chef cuisinier** Eric B. fait les meilleurs choux farcis avec le soutien de sa brigade.
→ **Le maître d'hôtel** supervise le travail **des chefs de rang** et **des serveurs**.

Expression

• En étant trop nombreux, on a raté la conception de notre produit, car **trop de cuisiniers gâtent la sauce** (= quand trop de personnes s'occupent d'une chose, il n'en sort rien de bon).

41 L'ARGENT ET LES FINANCES

Parler d'argent

l'argent (masc.)

le fric (fam.)

la thune (fam.)

le blé (fam.)

les sous (masc./fam.)

le pognon (fam.)

le flouze (fam.)

l'oseille (masc./fam.)

gagner sa vie

dépenser ≠ épargner

mettre de l'argent de côté

jeter l'argent par les fenêtres (fam.)

avoir les moyens

s'enrichir ≠ se ruiner

faire des économies

claquer son argent (fam.)

Exemples

→ Ce petit boulot d'été m'a permis de **gagner des sous**, de me faire du **blé**, autrement dit de gagner du **pognon**. Mais ce n'est pas ça qui va **m'enrichir** !

→ Le coût de la vie ayant terriblement augmenté, je **n'ai plus les moyens** de m'offrir de petits plaisirs, tels un croissant ou un week-end à la mer.

→ Si tu gagnais au loto, qu'est-ce que tu ferais ? Tu **mettrais l'argent de côté** ou tu **claquerais** tout **ton fric** ? Je **jetterais l'argent par les fenêtres**, bien sûr !

Expressions

• Pendant les vacances, j'**ai dépensé** tout mon argent. Maintenant je suis **fauché comme les blés** (= être désargenté).

• Je ne sais pas si ma tante est juste économe ou carrément avare. En tout cas, ce qui est sûr, c'est qu'elle **est près de ses sous** (= surveiller ses dépenses).

• Dans la vie amoureuse, on est devenu très exigeant. Ma grand-mère dirait : c'est **vouloir le beurre et l'argent du beurre** (= ne pas se contenter de ce que l'on a, être légèrement cupide).

L'argent et les hommes

une personne riche
un/e privilégié/e
un/e (multi)millionnaire
un/e milliardaire
un/e pauvre
un/e miséreux/se
un/e mendiant/e

généreux/se ≠ avare
désintéressé/e ≠ cupide

dépensier/ère ≠ radin/e (fam.)

aisé/e ⟶ très aisé/e ⟶ fortuné/e ⟶ richissime

modeste ⟶ défavorisé/e ⟶ sans un sou / dans la misère
fauché/e (fam.)

Exemples

→ Quoi que je fasse, je suis toujours **fauché** !
→ Ce directeur financier vient d'une famille **modeste** et d'un quartier **défavorisé**, mais cela ne l'a pas empêché de faire carrière.

Communiquer

« Vous avez déjà rencontré nos nouveaux voisins du 5ᵉ étage ? J'ai remarqué qu'ils avaient trois voitures et une collection de tableaux de maître. Ils ont l'air **richissimes** !

– Je les ai croisés une fois dans le hall d'entrée. En effet, il semblerait que ce soit une famille **aisée**. Mais ce n'est pas chic d'espionner ses voisins. Ne trouvez-vous pas ? »

Expression

- Il a hérité d'une fortune colossale. À présent, il est **riche comme Crésus** (= très riche).

Info Culture

- Dans la comédie *L'Avare*, Molière met en scène **un riche** bourgeois, Harpagon, qui ne pense qu'à l'argent. **Cupide**, il est prêt à tout pour amasser le plus d'argent possible. **Avare**, il s'ingénie à restreindre les dépenses de tout le monde au strict minimum.

L'ARGENT ET LES FINANCES

Payer en numéraire

un billet de banque

un portefeuille

avoir de la monnaie / rendre la monnaie

payer comptant ≠ **payer à crédit**

une pièce de monnaie

un porte-monnaie

payer en espèces / en liquide (fam.)

payer à échéance (= à date fixe)

faire la monnaie (= échanger un billet contre des pièces)

faire l'appoint (masc.) (= avoir la monnaie exacte)

Exemples

→ En principe, on range **la monnaie** dans **un porte-monnaie** et **les billets de banque** dans **un portefeuille**.

→ Il faut que je trouve quelqu'un qui puisse me **faire la monnaie** car je n'ai qu'**un billet** de 20 euros pour payer une baguette.

→ Je préfère **payer comptant**, c'est-à-dire immédiatement et en une seule fois. Cela me stresse de **payer** en plusieurs fois et **à crédit**. Et, en dessous de 100 euros, je règle toujours **en espèces** !

Communiquer

[à la caisse] « Voilà, ça fait 42,35 euros, s'il vous plaît !
– Excusez-moi, je **n'ai pas la monnaie** pour **faire l'appoint**. Je n'ai qu'un billet de 100 euros.
– Pas de souci. Je peux vous **rendre la monnaie** ! »

Expressions

- Maintenant, les portables **sont à la portée de toutes les bourses** (= être bon marché).
- Elle m'a fait un sale coup. Mais je vais **lui rendre la monnaie de sa pièce** (= lui rendre la pareille, se venger).
- Il m'a promis de m'épouser et j'**ai pris** ses promesses **pour de l'argent comptant** (= croire sur parole, naïvement). Quelle idiote, car maintenant il est parti avec ma meilleure amie !

Autres moyens de paiement

• **Par carte bancaire**

une carte bleue / de crédit
un distributeur de billets
le cryptogramme (au verso)
la date d'expiration
le code secret
un paiement en ligne / sans contact
faire opposition

Exemples

→ Lorsque vous retirez de l'argent au **distributeur** automatique, tapez votre **code secret** à l'abri des regards indiscrets !

→ En cas de perte ou de vol de votre **carte bancaire**, **faites** immédiatement **opposition** auprès de votre banque.

→ Si le montant de la transaction ne dépasse pas 50 euros, vous pouvez **payer sans contact** : vous n'avez pas besoin de composer **le code**.

• **Par chèque**

un chéquier / un carnet de chèque
payer par chèque
libeller / rédiger un chèque (à l'ordre de)
signer un chèque
faire un chèque sans provision / en bois (fam.)
endosser ➔ **déposer** ➔ **encaisser un chèque**

Exemples

→ Lorsque vous **faites un chèque**, il faut le **libeller à l'ordre de** l'entreprise et le **signer**, sinon celle-ci ne pourra pas l'**encaisser**.

→ Avant de **déposer un chèque** à la banque, il faut l'**endosser**, c'est-à-dire écrire au dos la date, votre numéro de compte et le signer pour validation.

Expression

• Un client m'a demandé de réaménager son jardin. Ce qui est formidable, c'est qu'il m'a **signé un chèque en blanc** (= faire entièrement confiance). Je peux donc faire ce que je veux !

L'ARGENT ET LES FINANCES

• **Par virement bancaire**

les coordonnées bancaires (fém.)

un RIB (= Relevé d'Identité Bancaire)

effectuer un virement

autoriser un prélèvement automatique

facturer des frais de transaction

créditer ≠ débiter un compte

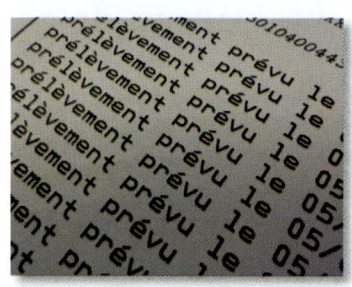

Exemples

→ Pour **effectuer un virement**, indiquez à votre banque **les coordonnées bancaires** du titulaire du compte à **créditer**.

→ Quand vous faites un virement, vérifiez si votre banque ne **facture** pas **des frais de transaction**.

→ Les salaires sont quasiment tous versés **par virement bancaire**. Pour cela, il faut fournir **un RIB** à votre employeur.

→ Pour payer vos factures, vous pouvez souscrire au **prélèvement automatique**. Votre compte **sera débité** automatiquement.

À la banque

un compte courant	**un livret d'épargne**
un relevé de compte	**un solde débiteur ≠ créditeur**
emprunter ≠ prêter	**un emprunt ≠ un prêt**
toucher des intérêts	**être à découvert**
payer des agios	**avoir des dettes** (fém.)
s'endetter	**un (sur)endettement**
rembourser	**un remboursement**

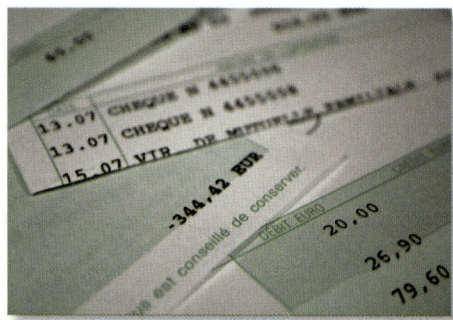

Exemples

→ J'évite d'**être à découvert** car je n'ai pas envie de payer **des agios** !

→ Je consulte mon **relevé de compte** pour vérifier **le solde**. S'il est **débiteur**, je dois mettre de l'argent sur mon compte courant.

→ Pour acheter un nouvel appartement, je dois **emprunter** de l'argent à la banque.

→ J'**ai des dettes**. Heureusement, l'ami qui m'**a prêté** de l'argent me laisse le temps de le **rembourser**.

Au bureau de change

une devise / une monnaie

une cryptomonnaie (= une monnaie virtuelle)

la valeur

le cours

le taux de change

payer une commission

changer

s'échanger

Exemples

→ Avant l'introduction de l'euro, chaque pays avait sa **devise** / sa **monnaie** : le franc (la France), la lire (l'Italie), le mark (l'Allemagne), la drachme (la Grèce), etc.

→ **Le cours** de l'or augmente alors que celui de la cryptomonnaie baisse.

Communiquer

« Je voudrais **échanger** des francs suisses contre des euros. Quel est **le taux de change** ?

– Le franc suisse **s'échange** à 0,97 euro.

– Vous prélevez **une commission** ?

– Oui, 5% du montant **échangé**. »

 • **Distinguez :** une devise (= la monnaie) ≠ une devise (= la formule pour symboliser une chose : « liberté, égalité, fraternité »), **une commission** (= les frais à payer) ≠ une commission (= le groupe de personnes chargé d'étudier une question).

L'ARGENT ET LES FINANCES

Les aléas des marchés financiers

la bourse
un dividende
placer de l'argent en bourse
faire un bon placement
calculer le taux d'intérêt
un rendement faible
un mouvement de panique
un krach boursier

une action
une obligation
un/e actionnaire
un mauvais investissement
investir
une bulle spéculative
faire faillite
la banqueroute

Exemples

→ J'ai fait un **mauvais investissement**. J'**ai placé de l'argent en bourse** en achetant **des actions**.

→ Comme je suis quelqu'un de prudent, j'**ai investi** dans **des obligations**. Aussi suis-je sûr de toucher **un intérêt** annuel **à taux fixe**, à moins que la société ou l'État ne **fasse faillite**.

→ J'ai pris un risque : en acquérant **des actions** d'une entreprise **cotée en bourse**, je me suis exposé à **une bulle spéculative** qui a explosé la semaine dernière.

Info Culture

• En 1715, **les dettes** de la France s'élèvent à 3,5 milliards de livres. Pour éviter **la faillite**, le financier écossais John Law met en place **un plan de financement** innovant : l'émission de billets de banque au lieu des pièces de monnaie. Or, en émettant trop de billets, la Banque Royale attise **la spéculation** et crée **un mouvement de panique** chez les porteurs de billets qui demandent à récupérer leurs espèces, si bien que tout le système s'effondre le 17 juillet 1720. Ce fut **la banqueroute** de Law, le premier **krach boursier** avec du papier-monnaie !

42 TRAVAILLER

Présenter son travail

Quel/le est votre métier / profession ?
Vous travaillez dans quel secteur ?
être (+ profession)
travailler comme (+ fonction)

Qu'est-ce que vous faites dans la vie ? (fam.)
Vous travaillez dans quoi ? (fam.)
être / travailler dans (+ secteur d'activité)
s'occuper de (+ tâche / fonction)

Exemples

→ Quelle est votre **profession** ? Je **suis** avocat. Et vous, qu'est-ce que **vous faites comme métier** ? Je **travaille comme** chauffeur pour une ambassade étrangère.

→ Je **suis dans** l'agro-alimentaire. Je **m'occupe du** contrôle sanitaire dans une laiterie.

Communiquer

« Qu'est-ce que vous **faites dans la vie** ?
– Je **suis** médecin. Je **travaille dans** la chirurgie esthétique. Et vous ?
– Je **suis** directeur d'un laboratoire de microbiologie. Je **m'occupe de** la gestion d'un projet de recherche génétique. »

Expression

• C'est mon voisin qui a réparé ma douche mais deux jours après, elle ne marchait de nouveau plus. J'aurais dû faire appel à des **gens de métier** (= des professionnels) !

Les différents types de contrats de travail

être en CDD (contrat à durée déterminée)
≠ **en CDI** (contrat à durée indéterminée)

le travail de nuit
le travail à domicile
le télétravail (= le travail à distance)
rétribué/e ≠ **bénévole**
salarié/e ≠ **indépendant**
stable, régulier/ère, fixe ≠ **intérimaire, temporaire, précaire**
à plein temps / à temps plein (100%) ▶ **à mi-temps** (50%) ▶ **à temps partiel**

TRAVAILLER

> Exemples

→ Je suis **bénévole** dans une association. C'est passionnant mais je ne suis pas **rétribué**. Je fais cela sur mon temps libre.
→ Avant de trouver un emploi **stable**, j'ai travaillé en tant qu'**intérimaire** dans une agence de presse.
→ Le **travail à distance**, ou **télétravail**, est une réorganisation **temporaire** du travail en entreprise, alors que le **travail à domicile** est un métier qui s'exerce à la maison.

> Communiquer

« Je pense que travailler **à temps partiel**, à 33 % par exemple, doit être considéré comme étant un emploi **précaire**. Et toi ? Tu travailles **à mi-temps** ?
– Non, je travaille **à plein temps** mais je suis **en CDD**. »

Les rémunérations

une fiche de paie / un bulletin de salaire
rémunérer ▶ une rémunération (brute / nette)
le SMIC (= le salaire minimum)
toucher un salaire ▶ les salariés
un traitement ▶ les fonctionnaires
des honoraires (masc.) ▶ les professions libérales
un cachet ▶ les artistes
des droits d'auteur ▶ les auteurs
les gages (masc.) ▶ les employés de maison

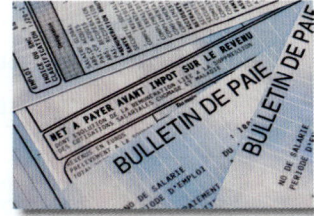

> Exemples

→ Les cotisations, les retenues, tout doit être indiqué sur **le bulletin de salaire**.
→ **Les fonctionnaires** ont **un traitement** de base qui est complété par des primes et des indemnités.

 • **Distinguez :** un traitement (= le salaire des fonctionnaires) ≠ le traitement (d'une question / d'un problème) ≠ le traitement (de texte / des informations), un cachet (= le salaire des artistes) ≠ un cachet (= le tampon) ≠ un cachet (= la beauté originale d'un lieu) ≠ un cachet (d'aspirine).

Exercer un emploi

▲ **bosser comme un fou** (fam.)

être débordé/e
accomplir une tâche
occuper un poste

▲ **être surmené/e** (= travailler trop)

s'acquitter de
faire son boulot (fam.)
être responsable de

> Exemples

→ J'**occupe le poste** de directeur des ressources humaines à l'Opéra de Paris. Je **suis responsable de** tout le personnel.

→ En tant que responsable « transport », j'organise les déplacements de tous nos collaborateurs. Je **m'acquitte de** cette tâche avec professionnalisme.

→ Je **bosse comme un fou** depuis trois mois. Je suis épuisé.

Travailler en entreprise

une entreprise / une société
le personnel
appeler un fournisseur
gérer un projet
un compte rendu de réunion
suivre / traiter un dossier

une boîte (fam.)
un/e employé/e
établir un devis
diriger une équipe
rédiger un rapport
transmettre un dossier au service compétent

la direction
un employeur
émettre une facture
organiser une réunion
diffuser une note de service

> Exemples

→ Allô ? Bonjour, Madame, je voudrais parler à la personne qui s'occupe du **suivi du dossier** Schenker. Pourriez-vous me passer **le service compétent**, s'il vous plaît ?

→ Ma directrice m'a demandé de **faire le compte rendu de la réunion**. J'ai dix jours pour le **rédiger**.

→ Avant d'effectuer les travaux, l'entreprise **établit un devis** pour que le client puisse connaître le montant de **la facture**.

TRAVAILLER

Communiquer

> **Note de service**
>
> Objet : *sécurité incendie – exercice d'évacuation en cas d'incendie*
>
> Destinataires : **le personnel** de **l'entreprise**, siège social, bd Raspail
>
> En vertu de l'article R4227-39 du Code du travail qui stipule deux exercices de sécurité incendie par an, **la direction** informe l'ensemble du **personnel** travaillant au siège social, sis bd Raspail, qu'un exercice d'évacuation aura lieu le 25 mai prochain.
>
> La reprise du travail se fera sur ordre de la **direction**.
>
> Salutations distinguées,
>
> Le Directeur

Faire carrière

avancer dans sa carrière

obtenir une promotion

suivre une formation (continue)

faire une belle carrière

avoir une augmentation (de salaire)

être pistonné/e (fam. = être placé par quelqu'un)

Exemples

→ Le mois dernier, j'**ai obtenu** une belle **promotion**. De commercial, je suis passé à directeur commercial. Je suis en train de **faire une belle carrière**.

→ Mon collègue **a suivi une formation** de manager. Grâce à cela, il va **avancer dans sa carrière**.

Communiquer

« Tu sais que notre collègue **a obtenu le poste de** directeur administratif ?

– C'est incroyable. Vu son incompétence, il a dû **être pistonné** !

– Évidemment ! Son oncle est le meilleur ami du directeur général. »

 • **Distinguez : une promotion** (= le fait d'accéder à un grade supérieur) ≠ une promotion (= la réduction de prix) ≠ une promotion (= l'ensemble des personnes qui entrent la même année dans une école).

Être sans emploi

la retraite
partir à la retraite
être rentier/ère

un/e retraité/e
avoir une petite ≠ grosse retraite

un licenciement
une démission
perdre son travail
mettre à la porte (fam.)
le chômage

être licencié/e (sans préavis)
démissionner
être viré/e (fam.)
toucher des allocations chômage
un/e chômeur/se

Exemples

→ Après 25 ans de bons et loyaux services, mon entreprise m'**a viré**. Je suis écœuré !
→ La direction annonce un plan de restructuration. Autrement dit, il y aura **des licenciements**.
→ **J'ai perdu mon emploi** à la suite de la délocalisation de mon entreprise. Maintenant, je **touche des allocations chômage**.
→ Je vais **partir à la retraite** dans deux ans. Heureusement, j'ai cotisé à **une retraite** complémentaire et j'aurai une bonne pension.

Communiquer

[une lettre de **démission**]

Anatole Barca
1, impasse des Oliviers
34070 Montpellier

Montpellier, le 15 mars 2024

Madame la Directrice,

Par la présente, je vous fais part de ma volonté de **démissionner** de mes fonctions de responsable logistique exercées depuis le 1ᵉʳ septembre 2022 au sein de votre entreprise.

J'ai eu l'occasion de vous indiquer de vive voix les motifs de ma décision.

Compte tenu du préavis de trois mois auquel je suis tenu, cette décision prendra effet à la date du 30 juin 2024.

Veuillez agréer, Madame la Directrice, l'expression de ma considération distinguée.

Anatole Barca

- **Distinguez : une retraite** (= la pension) ≠ une retraite (= le fait de se retirer dans un lieu isolé), **un licenciement** (= la décision est prise par l'employeur) ≠ **une démission** (= la décision est prise par l'employé).

43 POSTULER À UN EMPLOI

Une offre d'emploi

un poste proposé (en CDD / en CDI)
responsable de / en charge de
doté/e de
disposé/e à
polyvalent/e
rigoureux/se
la maîtrise ➡ maîtriser
des compétences en... souhaitées

un profil recherché
doué/e de
apte à
constituer un atout
motivé/e
organisé/e
expérimenté/e ➡ une expérience
de bonnes connaissances de... exigées

Exemples

→ Une parfaite **maîtrise** du français **exigée**. De bonnes **connaissances** de l'allemand **souhaitées**. **Des compétences** en informatique **constitueraient un atout**.

→ **Doué d'**un réel sens de l'écoute, vous saurez gérer l'ensemble du personnel de notre entreprise et serez **apte à** régler les problèmes en cas de conflit.

→ **Dotée d'**une solide **expérience** dans le domaine de la gériatrie, vous serez **responsable de** la gestion du quotidien de 25 personnes âgées à leur domicile.

Communiquer

[Une offre d'emploi]

> La brasserie « Le Vaudeville » recherche :
> **UN GARÇON DE CAFÉ / UNE SERVEUSE**
> **Profil souhaité :** nous **recherchons** quelqu'un de **dynamique**, **motivé**, rapide et efficace en service. La personne que nous recherchons devra être **polyvalente**, **disposée à** faire des heures supplémentaires et **maîtriser** les techniques de base de service. Elle **sera en charge de** gérer un carré de 36 places, en service des boissons chaudes/froides et restauration le midi. Bonne humeur **exigée**.
> **Contrat :** CDI
> **Salaire brut mensuel :** 1950 euros (heures supplémentaires rémunérées à 125%)
> Merci de vous présenter directement à la brasserie avec CV et courte lettre de motivation.

Expression

• Comme j'ai commis une faute professionnelle hier, je vais **faire profil bas** (= ne pas se manifester, se faire discret) aujourd'hui pendant la réunion.

Le CV (= curriculum vitae)

les informations personnelles	l'accroche (fém.)	la formation
l'expérience professionnelle	les centres d'intérêt	les diplômes
la tâche effectuée	la gestion	la direction
la prospection	la mise en œuvre	l'élaboration (fém.)

Exemples

→ Parmi les rubriques indispensables sur **un CV**, il y a celle qui concerne vos **informations personnelles**.

→ **L'accroche** se met au début du CV pour mettre son profil en lumière.

→ En tant que directeur commercial, j'ai été en charge, pendant trois ans, de **la mise en œuvre** de nouvelles méthodes de **prospection** pour conquérir de nouveaux marchés.

Communiquer

CURRICULUM VITAE

Livia Ackermann
(26 ans – contact : livia.ackermann@mailo.com)
4 ans d'*expérience* dans l'hôtellerie de luxe

EXPÉRIENCE PROFESSIONNELLE

depuis 2023	chef de réception, Grand Hôtel Les Trois Rois, Bâle *direction* d'une équipe de réceptionnistes et de veilleurs de nuit, responsable de l'accueil, *gestion* du planning des réservations, représentation auprès des professionnels du tourisme, *formation* du nouveau personnel
2022-2023	stagiaire réceptionniste, Hôtel Le Chabichou, Courchevel *accueil*, correspondance, réservations, comptabilité
été 2019	assistante bénévole dans un centre d'accueil pour réfugiés

FORMATION

2019-2023	Licence (bachelor) en hôtellerie et professions de l'accueil, École hôtelière de Lausanne
2019	Baccalauréat bilingue français-allemand, option : italien, Lycée René Cassin, Strasbourg

LANGUES

- Langues maternelles : français et allemand
- Italien : niveau C1
- Anglais : niveau B2
- Japonais : notions

INFORMATIQUE

Word, Excel, Power Point

CENTRES D'INTÉRÊT

lecture, danse, jogging, patinage artistique

POSTULER À UN EMPLOI

La lettre de motivation

un dossier de candidature
titulaire d'un diplôme
posséder des compétences
avoir un sens aigu de
une capacité à/de
veuillez trouver ci-joint...
je me tiens à votre disposition
je vous prie d'agréer mes salutations distinguées / mes salutations les meilleures

je me permets de / j'ai l'honneur de
acquérir des connaissances
fort/e d'une solide expérience dans le domaine de...
être en mesure de / être capable de
contribuer à
dans l'attente de
(en) vous remerciant par avance

Exemples

→ Dans ma **lettre de motivation**, je mentionne que je **possède** d'excellentes **compétences** en informatique et dans l'administration de bases de données.
→ **Forte de** mon expérience professionnelle à l'étranger, j'**ai un sens aigu des** responsabilités et de la négociation, ainsi qu'une forte **capacité d'**écoute.

Communiquer

[Une lettre de motivation]

Gaspard Gahéry
37, promenade des Anglais
06000 Nice
gaspard_gahery@mailo.com

Le palace Le Meurice
228, rue de Rivoli
75001 Paris
Nice, le 10 mai 2025

Objet : Candidature au poste de réceptionniste en hôtellerie

Monsieur le Directeur des ressources humaines,

En référence à votre annonce parue sur votre site, **je me permets de** vous présenter ma **candidature** au poste de réceptionniste au sein de votre prestigieux établissement.

Titulaire d'une licence/bachelor en hôtellerie de l'École Vatel de Paris, j'ai **acquis** l'ensemble **des connaissances** théoriques nécessaires à l'accomplissement des diverses **tâches** confiées à un réceptionniste.

Actuellement, je suis majordome au Grand Hôtel Le Negresco à Nice où je suis **responsable** du service « à la carte » des clients les plus exigeants. Très **expérimenté** dans l'accueil des clients dans l'hôtellerie de luxe, je parle parfaitement l'anglais, l'allemand et l'italien, ce qui me permet de personnaliser et de perfectionner le service à la clientèle. De plus, lors d'un précédent emploi saisonnier à l'hôtel Ritz de Paris, j'avais occupé le poste de portier de nuit, prouvant ainsi **ma capacité** à respecter les horaires décalés, qualité indispensable dans le secteur de l'hôtellerie.

Ma volonté aujourd'hui est d'intégrer une équipe de réceptionniste dans un palace de réputation mondiale tel que le vôtre. **Fort de** mes diverses expériences professionnelles, je **suis** en effet **en mesure** d'accueillir votre clientèle et de la renseigner sur les différents services que propose l'hôtel. Toujours de bonne présentation, courtois et souriant, je souhaiterais **contribuer** à l'excellente image de votre établissement.

Veuillez trouver ci-joint mon curriculum vitae. **Dans l'attente de** vous rencontrer lors d'un entretien que j'espère prochain, **je me tiens à votre disposition** pour tout renseignement complémentaire.

Vous remerciant par avance de l'intérêt que vous porterez à ma candidature, **je vous prie d'agréer**, Monsieur le Directeur des ressources humaines, l'expression de mes **meilleurs sentiments**.

Gaspard Gahéry

- **L'orthographe** du mot « **ci-joint** » dépend de sa place dans la phrase. S'il précède le nom auquel il se rapporte, il reste invariable. S'il le suit, il s'accorde en genre et en nombre. Exemples : « Veuillez trouver ci-join**t** une lettre de recommandation » *mais* « Veuillez trouver une lettre de recommandation ci-join**te**. »

Info Culture

- En francophonie, les formules conclusives d'**une lettre de motivation** (lettre formelle) sont belles et nombreuses mais délicates à utiliser. Tout dépend à qui vous vous adressez. Si vous hésitez, préférez tout simplement la formule suivante : « **Je vous prie d'agréer**, Madame/Monsieur, **mes salutations distinguées** ».

L'entretien d'embauche

un/e recruteur/se
déterminer le profil
un/e candidat/e
convoquer
présenter son parcours
montrer sa motivation
signer le contrat

recruter / sélectionner
tester la réactivité du candidat
postuler / candidater (fam.)
passer un entretien d'embauche
parler de ses expériences
présenter ses qualités ≠ défauts
effectuer une période d'essai

Exemples

→ Parmi les dossiers de candidature, **la recruteuse sélectionne** celui qui l'intéresse et le lit attentivement pour **déterminer le profil** du **candidat**. S'il correspond au poste, celui-ci sera **convoqué** pour un entretien.

→ Lors d'**un entretien d'embauche**, il est important de **présenter son parcours** de façon succincte et cohérente.

→ À l'issue d'un entretien d'embauche réussi, le candidat **signera son contrat**, mais il doit effectuer **une période d'essai** avant qu'il ne soit définitivement **embauché**.

POSTULER À UN EMPLOI

Communiquer

[**Un entretien d'embauche**]

« Bonjour, asseyez-vous, je vous en prie. Je suis le directeur RH de l'hôtel Le Meurice. Nous nous rencontrons aujourd'hui pour le poste de réceptionniste auquel vous **avez postulé**. Je vous remercie de vous être rendu disponible rapidement pour cet **entretien**.

– [**mettre en valeur son intérêt pour le poste**] Je vous en prie, Monsieur. Le poste que vous proposez m'intéresse beaucoup car je suis à la recherche d'une nouvelle expérience dans l'hôtellerie de luxe.

– Pour quelles raisons ?

– [**relater brièvement ses études** et **présenter son parcours**] Après avoir obtenu ma licence en hôtellerie, j'ai été portier au Ritz pendant 6 mois, où j'ai acquis de bonnes bases. Ensuite, grâce à cette expérience, j'ai été engagé comme majordome au Negresco à Nice. [**parler de ses expériences**] Il y a deux ans que j'effectue ce travail très diversifié et très enrichissant. Les clients sont parfois très exigeants mais [**présenter ses qualités**] comme je suis quelqu'un de discret, de sérieux et de travailleur, j'arrive à tout gérer ! Je peux affirmer que j'ai fait mes preuves dans ce domaine. Je trouve, par conséquent, qu'il est temps pour moi d'évoluer.

– Je comprends. Et quel serait votre principal **défaut** ?

– Je ne parviens pas suffisamment à séparer ma vie privée et ma vie professionnelle. Cela veut dire que si j'ai du travail à finir, je reste parfois jusqu'à minuit.
Je ne suis satisfait que lorsque mon travail est totalement accompli !

– Comment voyez-vous votre future carrière ?

– [**montrer sa motivation**] Je souhaiterais accéder plus tard au poste de chef de réception.

– Très bien. Nous arrivons au terme de notre entretien. Je vous tiens au courant pour la suite et vous recontacterai la semaine prochaine.

– Au revoir, Monsieur. »

PARTIE 8
LES ACTIVITÉS

44 LES ACTIVITÉS DE PLEIN AIR ET LES SORTIES CULTURELLES

Les activités de plein air

ramasser des champignons / des myrtilles

se promener / se balader (fam.)

randonner

pique-niquer

faire un tour (à pied / à cheval)

une excursion (en montagne / en mer)

une promenade / une balade (à pied / à vélo)

une randonnée (pédestre / en raquettes / équestre)

Exemples

→ À la fin de l'été, quel plaisir d'aller **se promener** dans la forêt et de **ramasser des champignons** !

→ Le week-end dernier, on a fait une superbe **balade à vélo** autour du lac. La prochaine fois, on **fera un tour à cheval**.

→ Au lieu de faire du ski, je préfère faire **une randonnée en raquettes**.

→ Hier, on a fait **une excursion** en montagne pour visiter une grotte et un parc naturel.

Expression

• Après une heure de discussion, je crois qu'on **a fait le tour de la question** (= traiter un problème dans sa totalité).

LES ACTIVITÉS DE PLEIN AIR ET LES SORTIES CULTURELLES

Les activités au bord de l'eau

▲ aller à la pêche

▲ s'allonger sur un transat à la plage

se promener en barque
faire du pédalo
jouer à la pétanque
construire des châteaux de sable

se baigner
prendre un bain de soleil
bronzer
jouer au cerf-volant

Exemples

→ **Aller à la pêche**, c'est très reposant. Et quand j'attrape un poisson, je le relâche aussitôt.

→ Pour **jouer à la pétanque**, il faut être au minimum deux joueurs. Chacun dispose de 3 boules. On commence par lancer le cochonnet, la petite boule de repère, et on verra qui gagne. La nuit, on peut même **jouer** avec des boules lumineuses !

→ Pendant que vous **vous promeniez en barque** sur le lac, je me suis allongée **sur un transat** pour vous observer depuis la rive.

Communiquer

« On **va à la plage**. Tu viens avec nous ? Tu pourras **te baigner** et les enfants pourront **construire des châteaux de sable**.

– D'accord. Et toi, qu'est-ce que tu vas faire ?

– Comme il y a un peu de vent, je vais **jouer au cerf-volant**. »

• **Prononciation :** dans le mot familier « **transat** », le t final est prononcé car il s'agit de la forme raccourcie du mot « transatlantique », un fauteuil utilisé sur les paquebots. Ce procédé familier de raccourcissement, vous le connaissez déjà pour : le ciné(ma), la télé(vision), la pub(licité), etc. !

Les sorties culturelles

aller au cinéma ▶ voir un film (une comédie, un documentaire, etc.)

aller à l'Opéra / au concert ▶ écouter un opéra / un morceau de musique

aller au théâtre ▶ voir une pièce de théâtre

assister à un spectacle de danse ▶ découvrir une chorégraphie

aller à une exposition de peinture/de photographie ▶ admirer une toile de maître/un cliché

aller au musée ▶ découvrir le patrimoine historique

visiter un château / une forteresse ▶ découvrir l'histoire d'un lieu

Exemples

→ Ce soir, on **va au cinéma voir** le dernier **film** du réalisateur François Ozon. Les critiques sont excellentes et, en plus, il y a une séance en plein air !

→ À la Comédie française, on donne *La Fausse Suivante*, **une pièce de théâtre** de Marivaux que je n'ai pas encore vue. Il faut que j'y aille absolument !

→ J'adorerais si, **à l'Opéra**, on pouvait **assister** non seulement **à des opéras** sérieux mais aussi à des opérettes amusantes comme *Orphée aux enfers* de Jacques Offenbach.

Expressions

• Ce n'est pas la peine de **faire tout un cinéma** (= faire des complications et des manières pour obtenir quelque chose) : tu peux argumenter et me flatter autant que tu veux, je ne passerai pas mes vacances avec toi. Un point, c'est tout !

• Je veux devenir riche et célèbre. Mais au lieu de saisir les opportunités qui s'offrent à moi, je **bâtis des châteaux en Espagne** (= faire des projets merveilleux mais irréalistes).

LES ACTIVITÉS DE PLEIN AIR ET LES SORTIES CULTURELLES

Info Culture

• Les « **Journées du patrimoine** », créées en France en 1984, permettent aux Français de **visiter** de nombreux édifices, parfois inaccessibles au public le restant de l'année. 50 pays ont repris cette excellente idée et organisent à leur tour la manifestation. Depuis 2018, vous pouvez également participer au **loto du patrimoine** (« Super Loto Mission Patrimoine »). Les fonds récoltés servent à sauver les monuments historiques en péril !

Les sorties récréatives

le cirque ⟹ assister à un numéro de clown / de trapèze

une brocante ⟹ chiner chez un brocanteur

un parc d'attraction ⟹ monter sur un manège

la bibliothèque (la médiathèque) ⟹ emprunter un livre (audio)

le zoo ⟹ observer des animaux

la discothèque / la boîte (fam.) ⟹ danser et rencontrer des gens

Exemples

→ Mon frère et moi adorons aller **danser** en **discothèque** pour l'ambiance festive.
→ Tous les dimanches, je vais **chiner chez les brocanteurs** pour le plaisir de dénicher un bibelot ancien.
→ Grande lectrice de romans, j'**emprunte** au moins quatre livres par semaine à **la bibliothèque** municipale.

Expression

• Je passe mon temps à lire et à fréquenter les bibliothèques. Je dévore tout ce que je trouve : romans, essais, encyclopédies... Bref, je suis **un rat de bibliothèque** (= un lecteur compulsif, un papivore).

45 LES LOISIRS DOMESTIQUES

Les passe-temps quotidiens

▲ lire / bouquiner (fam.)

▲ feuilleter un magazine

▲ regarder la télévision

surfer sur Internet

écrire une lettre à un proche

bavarder avec ses voisins

suivre l'actualité dans les médias

échanger sur les réseaux sociaux

prendre le thé / le café avec ses amis

écouter la radio / de la musique / des podcasts

buller (fam.) / ne rien faire

prendre du bon temps

Exemples

→ Dès que j'ai un moment, je **bouquine**. C'est pour moi la meilleure façon de m'évader.

→ Pour **suivre l'actualité**, je regarde les infos à **la télévision**. Pour me cultiver, j'**écoute** des émissions à la **radio** qui sont d'excellente qualité.

→ Ce week-end, je vais juste m'étendre confortablement sur un canapé, **écouter de la musique** et **feuilleter des magazines** !

→ Vendredi après-midi, je vais inviter ma voisine à **prendre le café** avec moi !

Communiquer

« Cet après-midi, je vais faire une excursion. Tu m'accompagnes ?
– Non, désolé, je vais rester à la maison et **buller**, tout simplement ! »

Expression

• Pendant les vacances, je ne vais faire qu'une seule chose : **mettre mes doigts de pied en éventail** (= ne rien faire). Quel bonheur !

LES LOISIRS DOMESTIQUES

Les loisirs créatifs

▲ faire de la photo

▲ jouer de la musique

▲ coudre / faire de la couture

faire du crochet
faire de la poterie
peindre / faire de la peinture

tricoter / faire du tricot
faire du modelage
faire de la calligraphie

broder / faire de la broderie
faire du modélisme
bricoler / faire du bricolage

Exemples

→ Alexandre **fait de la couture**. Il **tricote** des pulls et **coud** des vêtements qu'il offre à une association s'occupant de personnes précaires.

→ **Le modelage** consiste à former des figurines en terre alors que **le modélisme** a pour objet de construire des maquettes d'avions et de voitures.

→ **La calligraphie** médiévale, c'est ma passion : je trace les lettres gothiques avec une plume d'oie !

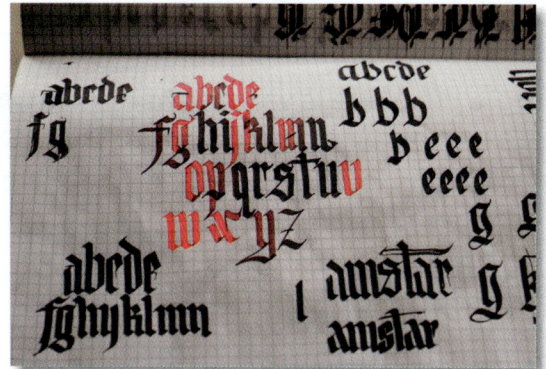

Expressions

• À mon sens, la nouvelle directrice est tyrannique et manipulatrice. Franchement, je **ne peux pas la voir en peinture** (= détester) !

• L'inspecteur des impôts, qui est notre voisin, rentre chez lui tous les soirs à 17 h 25 précises. Il **est réglé comme du papier à musique** (= être régulier, ponctuel ou organisé).

Jouer aux cartes

un jeu de cartes	**la pioche** (= le paquet de cartes face cachée)
avoir un bon jeu	**piocher**
passer son tour	**gagner la partie**
un atout	**le jeu du mistigri**
la belote	**le jeu des sept familles**
le solitaire / la réussite	**le poker**
la bataille	**le tarot**
battre les cartes ➡ **couper** ➡ **distribuer les cartes**	
l'as de carreau	**le roi de trèfle**
la dame de pique	**le valet de cœur**

Exemples

→ Je crois que je vais **gagner la partie** de **belote** car j'**ai un bon jeu** : la couleur de **l'atout**, c'est **le pique** et j'ai dans mon jeu **l'as** et **le roi** !

→ J'adore jouer au **solitaire**, cela me calme. Lorsque le jeu semble bloqué, il suffit de **piocher** une **carte**.

→ Quand le joueur ne peut pas jouer, il **passe son tour**. C'est la règle du jeu !

Expressions

• Je t'ai donné toutes les informations : à présent, tu **as toutes les cartes en main** (= maîtriser la situation, avoir les moyens) pour réussir.

• Dans la guerre économique qui oppose les pays, il ne faut surtout pas **abattre ses cartes** (= dévoiler son plan et ses intentions) le premier de crainte de perdre le marché. C'est logique !

• Pour bien réussir une transaction, il vaut mieux **jouer cartes sur table** (= montrer ses intentions, être honnête).

• Cet entrepreneur **ne joue pas franc jeu** (= ne pas respecter les règles, ne pas être loyal). On ne peut pas lui faire confiance !

• Je voulais devenir un chanteur célèbre et reconnu mais mes espoirs **se sont écroulés comme un château de cartes** (= perdre ses illusions).

LES LOISIRS DOMESTIQUES

Les jeux de société et de stratégie

les dames
le jeu de l'oie
avancer / déplacer un pion
le matériel de jeu
un plateau de jeu
perdre ≠ gagner
être bon/e joueur/se
tricher
retourner à la case de départ

les échecs (échec et mat !)
les petits chevaux
prendre un pion (= une pièce)
les règles du jeu
un damier / un échiquier
lancer le dé
être mauvais/se perdant/e
un/e tricheur/se
avancer d'une case

Exemples

→ **Les jeux de stratégie** se jouent avec **des pions** qu'on **avance** sur **un plateau**. Le but est de **prendre** le maximum de **pions** à son adversaire.

→ **Les dames** se jouent sur **un damier** alors que **les échecs** se jouent sur **un échiquier**.

→ Aux **échecs**, il y a plusieurs types de **pièces** : 8 pions, 2 tours, 2 fous, 2 cavaliers, 1 reine, 1 roi. Le but du jeu : mettre le roi adverse **échec et mat**.

→ Je préfère jouer avec ma cousine qui est **bonne joueuse** quand les autres **gagnent** qu'avec mon cousin qui s'énerve quand il sent qu'il va **perdre**.

→ Au **jeu de l'oie**, les joueurs **lancent** à tour de rôle **les dés** et **avancent** leur pion **case par case**. Si le joueur tombe sur une oie, il peut **avancer** de nouveau. Si le joueur tombe sur **la case** « Tête de mort », il **retourne à la case de départ**.

Communiquer

« Hé, tu **as** encore **triché** ! Tu ne respectes jamais **les règles du jeu** !

– Moi, je ne suis pas un **tricheur**, c'est toi qui **es mauvais perdant** ! De toute façon, j'**ai gagné la partie** ! Tu veux jouer la revanche ? »

Expression

• La crise économique frappe tout le monde. Quant à moi, je suis chanceux : je **tire mon épingle du jeu** (= s'en sortir malgré une situation difficile).

Expressions

• Même si dans la politique **les dés sont** souvent **pipés** (= il y a de la tricherie), il faut admettre qu'après le vote, **les dés sont jetés** (= on ne peut plus rien changer).

• Cette jeune politicienne ambitieuse **place ses pions** (= utiliser les gens) pour devenir plus tard présidente du Conseil.

• Dans ce jeu de pouvoir, je ne suis qu'**un pion sur l'échiquier** (= un élément qui est manœuvré et manipulé). Je ne peux rien faire pour toi.

• Dans la course au poste de directeur, c'est mon collègue qui a été choisi. Il m'**a damé le pion** (= surpasser, l'emporter) !

Les jeux de hasard

| le domino | la roulette | jouer à pile ou face |
| le mikado | le cadavre exquis | jouer à la courte paille |

Exemple

→ **Le mikado** est un jeu d'adresse qui consiste à retirer une à une du tas toutes les baguettes lancées sur la table sans faire bouger les autres.

Communiquer

« On joue aux dames ou aux échecs ?
– Comme tu veux.
– **Jouons** alors **à pile ou face** pour choisir. Je lance une pièce de monnaie. Si c'est pile, on joue aux dames et si c'est face, on joue aux échecs. »

Info Culture

• **Le jeu du cadavre exquis** fut inventé par les écrivains surréalistes à Montparnasse en 1925. Fascinés par le fonctionnement de l'inconscient, ils jouèrent à ce jeu collectif pour appliquer leur nouveau concept d'écriture automatique. À la fin de la partie, après avoir déplié la feuille de papier, on put y lire la phrase suivante : « Le cadavre – exquis – boira – le vin – nouveau. » Voilà comment **le jeu du cadavre exquis** est né !

46 LES SPORTS

La compétition sportive

▲ une épreuve sportive

▲ les Jeux olympiques (= les J. O.)

un/e sportif/ve (de haut niveau)
un tournoi / un match
un/e champion/ne
battre / pulvériser un record
conserver son titre
la lutte antidopage ≠ le dopage
dopé/e ≠ propre

un/e athlète
disqualifié/e ≠ qualifié/e
chronométrer
gagner / remporter une médaille
déclarer forfait
détecter une substance illicite
un championnat (national / du monde)

Exemples

→ Si **un sportif** veut participer à **un championnat** du monde, il doit suivre un entraînement **de haut niveau** et gagner plusieurs **compétitions** nationales et internationales. S'il arrive à **pulvériser les records** nationaux, il a plus de chances !

→ La Roumanie, le Sénégal et la République démocratique du Congo **ont remporté** plusieurs **médailles** d'or, d'argent et de bronze aux Jeux de la Francophonie.

→ L'athlète s'est blessée à la cheville et a dû **déclarer forfait**. Quelle malchance, c'était **la championne** d'Europe en titre du 200 mètres !

→ Lors d'un contrôle **antidopage**, on a trouvé **une substance illicite** dans le sang du sportif. Celui-ci a donc été **disqualifié** des **Jeux olympiques** pour **dopage** !

Info Culture

• Sur l'initiative du **baron Pierre de Coubertin**, le Comité international olympique a été fondé en 1894 à Paris et les premiers **Jeux olympiques** modernes ont eu lieu en 1896 à Athènes en Grèce, ce pays qui les a vus naître environ 2600 ans plus tôt. **La Charte olympique** stipule que le français et l'anglais sont les deux langues officielles du mouvement olympique, précisant qu'« en cas de litige, la langue française fait foi ».

Les sports individuels

▲ **le cyclisme**   ▲ **la natation**   ▲ **la gymnastique**

la danse classique /   l'équitation (fém.)   **l'athlétisme** (masc.)
moderne
le badminton   le tennis   la musculation
**le golf   le jogging / le footing   le ping-pong /
                                                         le tennis de table**

Exemples

→ Pour me maintenir en forme, j'ai engagé un coach privé, qui s'appelle Moëz. Il me fait faire de la **gym(nastique)** et de la **muscu(lation)**. En revanche, je fais du **footing** tout seul.

→ En **cyclisme**, le tour de France est la plus grande course cycliste du monde. Qui remportera le maillot jaune cette année ?

LES SPORTS

> **Info Culture**
>
> • L'ancêtre du **tennis**, c'est **le jeu de paume**. Celui-ci apparut en France au XIIIe siècle, joué par des moines. Il s'agissait de se renvoyer une balle en étoffe, d'abord à main nue (la paume), puis avec une raquette. Le jeu était tellement populaire en France qu'on construisit des salles de jeu de paume. Après la Révolution française, **le jeu de paume** a été peu à peu remplacé par sa variante anglaise plus récente : **le tennis**.

Les sports d'équipe

▲ **le rugby**   ▲ **le basket-ball**   ▲ **le hand-ball**

le volley-ball   **le water-polo**   **le hockey sur glace / sur gazon**

> **Exemples**

→ **Une équipe** de **rugby** est composée de quinze joueurs.

→ Au **basket-ball**, pour marquer un point, il faut lancer le ballon dans le panier de l'équipe adverse.

→ Au **volley-ball**, deux équipes s'affrontent, séparées par un filet. Chaque équipe doit empêcher que le ballon ne tombe sur le sol de son côté.

→ **Le water-polo** est la variante aquatique du **hand-ball**.

Le football

un capitaine	un attaquant	un défenseur	un gardien de but
le coup d'envoi	la mi-temps	le coup de sifflet final	les prolongations
attaquer	tirer au but	marquer un but	faire match nul (1 à 1)
une faute	une expulsion	un carton jaune / rouge	un hors-jeu
un coup franc	un corner	un but de pénalité	les tirs au but

Exemples

→ Quand **un joueur de football** commet une petite **faute**, l'arbitre lui montre **un carton jaune**. Si la faute est grave, c'est **le carton rouge** et il est **expulsé** du terrain pour le reste du match.

→ Ce joueur **a marqué un but** contre son camp. Pas de chance ! En plus, c'était le meilleur **défenseur** de l'équipe !

→ Les bleus **ont fait match nul** (1-1) contre les rouges.

Communiquer

« Tu as regardé **le match** de football hier soir ? Notre **équipe** a perdu aux **tirs au but**.

– Oui, quelle poisse ! En plus, pendant **les prolongations**, elle a raté une belle occasion de **marquer un but** après **un coup franc**. Notre équipe aurait dû gagner par 2 buts à 1 ! »

Expression

• Au lieu de mentionner toutes les circonstances de l'affaire, je vous remercie d'**aller droit au but** (= aborder directement et franchement le problème).

LES SPORTS

Les sports d'hiver

▲ **le ski (de piste / de randonnée)**

▲ **le ski de fond**

le snowboard

la luge

les raquettes (fém.)

le patinage (de vitesse / artistique)

Exemples

→ Dans les stations de **ski**, les vacanciers peuvent faire non seulement du **ski** mais également du **patinage** et de **la luge**. Les activités ne manquent pas !

→ Moi, je déteste attendre aux remonte-pentes pour monter sur le sommet d'une montagne. Je préfère être libre et prendre **les raquettes** pour marcher dans la neige, où et quand je veux.

→ Pour faire du **ski de randonnée**, on met des peaux de phoque (synthétiques) sous les skis pour ne pas glisser en arrière à la montée et on les enlève à la descente.

• **Distinguez : des raquettes** (= les filets qu'on met sous les chaussures pour marcher dans la neige) ≠ **une raquette** (= le matériel pour jouer au tennis, au tennis de table, au badminton...).

Les sports nautiques

• **Les sports de navigation**

▲ **la voile**

le catamaran

▲ **l'aviron** (masc.)

le canoë-kayak

▲ **le rafting**

le canyoning

• **Les sports de glisse**

▲ **le ski nautique**

le surf

▲ **la planche à voile**

le kitesurf

▲ **le paddle**

le pédalo

> **Exemples**

→ Pour faire de **l'aviron**, il faut être dans une excellente condition physique car ramer à toute vitesse demande un effort constant et soutenu.

→ À la plage, vous avez le choix entre plusieurs **sports de glisse** : **le surf**, une simple planche sur laquelle on se tient debout, **la planche à voile** classique, ou alors **le kitesurf** dont **la voile** n'est plus accrochée à la planche mais qui plane dans le ciel tel un cerf-volant.

LES SPORTS

Expressions

• Après avoir quitté l'île de Saint-Martin, nous avons **fait voile** (= se diriger en bateau) vers l'île de Saint-Barthélemy, ou Saint-Barth, comme on dit parfois.

• J'en ai marre de toi. Je **mets les voiles** ! (= s'en aller)

Les arts martiaux et les sports de combat

le judo	**le karaté**	**le ju-jitsu**	**l'aïkido** (masc.)
le taekwondo	**l'escrime** (fém.)	**la boxe**	**la lutte (gréco-romaine)**
un combat	**combattre**	**une attaque**	**une parade**

Exemples

→ La plupart **des arts martiaux** viennent du Japon, excepté **le taekwondo** qui est d'origine sud-coréenne.

→ **Un combat** de **judo** se déroule sur un tapis appelé tatami.

→ Avant de monter sur le ring, il faut mettre des gants de **boxe** et un protège-dents.

→ **L'escrime** exige une rapidité exceptionnelle dans tous les mouvements. L'escrimeur doit savoir manier l'épée, le sabre et le fleuret.

Info Culture

• Le français est la langue officielle des compétitions internationales d'**escrime**. Lors d'**un combat**, on peut entendre les termes techniques suivants : « en garde ! », « prêts/prêtes ! », « allez ! », « halte ! », « reprise ! », « **attaque** ! », « touche ! », « (non) valable ! », « **parade** ! », « vainqueur : monsieur Racine par 15 touches à 12 ! »

Les sports urbains

▲ **les patins** (masc.) **à roulettes**

▲ **la planche à roulettes**

la course à pied
le parkour (= l'art du déplacement)

la marche nordique
les échasses urbaines

Exemples

→ Si vous trouvez que **la marche** et **la course à pied** sont des façons trop lentes pour vous déplacer, optez pour **les échasses urbaines** pour aller plus vite !

→ **Les patins à roulettes** ou **la planche à roulettes** me permettent de faire du sport en ville tout en allant au travail. C'est pratique !

→ **Le parkour** est un sport qui consiste à se déplacer en milieu urbain de manière acrobatique sans utiliser de matériel.

Expression

• Ce tournoi de tennis avait été très bien organisé en amont, c'est pour cela que tout **a fonctionné comme sur des roulettes** (= se dérouler parfaitement).

Les sports extrêmes

l'alpinisme (masc(). l'escalade (fém.) /
                      la varappe

le saut à l'élastique   le deltaplane

le parachute   le parapente

la plongée sous-marine / le char à voile
en apnée

la course automobile   le moto-cross

la course de VTT (= vélo tout terrain)

> **Exemples**

→ Contrairement au **parachute**, l'objectif du **parapente** est de planer dans l'air le plus longtemps possible.
→ Pour **la plongée sous-marine** vous avez besoin d'une combinaison, d'un masque, d'un tuba, de palmes et d'une bouteille d'air comprimé alors que pour **la plongée en apnée** vous n'avez besoin que d'un pince-nez.
→ Quand il y a du vent, vous pouvez faire du **char à voile** sur une grande plage.
→ Viens avec moi faire de **la varappe**. On va escalader les parois très abruptes du Salève avec une vue imprenable sur le lac Léman.

> **Expression**

• Dans ce quartier, il y a de plus en plus d'agressions physiques, la police constate **une escalade** (= une augmentation, une intensification) de la violence.

PARTIE 9

LE VOYAGE

47 LES TRANSPORTS (TERRESTRES, MARITIMES, AÉRIENS)

Les deux-roues non motorisés

▲ une bicyclette / un vélo (électrique)

▲ un VTT (= un vélo tout terrain)

une trottinette (électrique)
pédaler
dérailler (= sauter, fam.)
une chaîne
crever (= avoir un pneu dégonflé)
un guidon (avec une sonnette)

une roue (avant / arrière)
une pédale
un dérailleur (avant / arrière)
un garde-boue
une crevaison
un porte-bagages

Exemples

→ Depuis que je me suis acheté **un vélo électrique**, je fais des balades à vélo à la campagne et sans trop d'effort !

→ **La trottinette** est un excellent moyen de locomotion en ville. Grâce à une assistance électrique, vous pouvez vous rendre au boulot sans problème.

→ Oh non, j'**ai crevé** et **la chaîne** a encore **sauté**. Ce n'est pas possible ! C'est la troisième fois que ça arrive cette semaine !

Expression

• C'est la première fois que je gère une équipe de 15 personnes. Je **pédale** encore un peu **dans la semoule** / **dans la choucroute** (= hésiter, avoir du mal à progresser).

LES TRANSPORTS (TERRESTRES, MARITIMES, AÉRIENS)

Les deux-roues motorisés

un scooter (électrique)

une (petite ≠ grosse) moto

une mobylette (fam.)

une motocyclette

> Exemples

→ Aujourd'hui, **les motocyclettes** légères sont concurrencées par les vélos électriques.
→ Sur tous **les deux-roues**, il est obligatoire de porter un casque.
→ **Les scooters** ont un marchepied où les conducteurs peuvent poser leurs pieds en roulant.

La voiture

conduire	**prendre le volant**
démarrer	**utiliser le levier de vitesse**
accélérer ≠ freiner	**desserrer le frein à main**
mettre le clignotant	**doubler / dépasser ≠ se faire doubler**
klaxonner (un klaxon)	**être pris/e dans un embouteillage**
faire un détour	**suivre une déviation**
griller un feu rouge	**faire le plein d'essence**
faire la vidange	**attacher sa ceinture**

un chauffard (fam. = **un/e** mauvais/e **conducteur/trice**)

Exemples

→ Il y a des travaux et plusieurs routes barrées au centre-ville. J'ai donc dû **suivre une déviation** et là, j'ai été **pris dans un embouteillage**. Quelle poisse !

→ Demain, je vais amener la voiture au garage pour une révision. J'en profiterai pour demander au garagiste de **faire la vidange** et de **faire le plein**.

Communiquer

« Tu as vu ce **conducteur** ? Il est fou de rouler à cette allure ! En plus, il ne **met** pas **le clignotant** avant de tourner et me **klaxonne** par-dessus le marché. Non mais, quel **chauffard** !
– Tu as raison. Les gens **conduisent** n'importe comment. C'est affligeant ! Mais fais attention : tu viens de **griller un feu rouge**. J'espère qu'on n'a pas été flashés par un radar ! »

Les camions

un camion / un poids lourd ▶ un fourgon ▶ une fourgonnette (= une camionnette)
une (semi-)remorque   un tracteur
un camion-citerne   un camion-benne

Exemples

→ J'ai toujours peur sur la route quand je dois doubler un énorme **poids lourd** qui transporte des tonnes de marchandises.
→ Le boulanger se sert d'**une fourgonnette** pour livrer le pain.
→ L'agriculteur doit savoir conduire **un tracteur** qui peut tirer **une remorque**.

Expression

- Les entreprises pharmaceutiques suisses sont **des poids lourds** (= des acteurs de première importance) dans leur secteur.

LES TRANSPORTS (TERRESTRES, MARITIMES, AÉRIENS)

Les transports en commun

▲ un métro (une station)   ▲ un tramway   ▲ un (auto)bus

une gare routière   un (auto)car (régional)   un RER (= réseau express régional)

un vélo-taxi / un pousse-pousse   un tuk-tuk   un bateau-mouche

Exemples

→ Il faut distinguer le chauffeur de **bus**, qui circule en ville, et le conducteur de **car**, qui circule entre les régions.

→ Je préfère **le tramway** à **l'autobus**, car dans **le tram** je peux lire alors que dans **le bus** j'ai des nausées terribles !

→ En circulation depuis longtemps dans les pays d'Asie du Sud-Est, **les vélos-taxis** et **les tuk-tuk** sont désormais à la mode en France.

→ À Paris ou à Montréal, **le bateau-mouche** sert aux touristes à visiter la ville en effectuant une jolie promenade sur la Seine ou le Saint-Laurent.

• **Distinguez :** un **car** (= le transport en commun) ≠ car (= parce que) ≠ un quart (= le ¼).

Info Culture

• Si vous prenez **un taxi** dans le monde francophone, et plus particulièrement à Paris, il est impératif de respecter une règle implicite : ne montez jamais à côté du chauffeur de **taxi**, mais installez-vous toujours sur **la banquette arrière**, même si vous êtes trois passagers !

Le chemin de fer

un train

un TGV
(= train à grande vitesse)

un TER
(= train express régional)

un agent SNCF / un cheminot

un guichet

une locomotive

une voiture / un wagon

contrôler

dévier

une gare

un quai

un tableau d'affichage

une voie (= les rails)

une salle d'attente

la salle des pas perdus

une borne / un portique

aiguiller

dérailler

Exemples

→ Après avoir acheté le billet de train au **guichet**, je déambule dans **la salle des pas perdus**. Puis je dois passer par **le portique** de contrôle pour accéder au **quai** où mon **TGV** m'attend.

→ On distingue **la voiture**, prévue pour le simple transport des passagers, et **le wagon**, qui a également d'autres fonctions. D'où les appellations « **wagon-restaurant** » et « **wagon-lits** ».

→ Par erreur, le train **a été aiguillé** sur **une voie** parallèle et **a déraillé**. Quel terrible accident !

Communiquer

« Excuse-moi pour le retard mais le train **a été dévié**, ce qui a rallongé mon trajet de 45 minutes. En plus, on n'a même pas été **contrôlé**. C'est du n'importe quoi !

– Ce n'est pas grave. Le principal, c'est que tu sois là ! »

LES TRANSPORTS (TERRESTRES, MARITIMES, AÉRIENS)

> Expressions

• Pépé est sorti dans la rue en robe de chambre. Je crois qu'il commence à **dérailler** (= perdre l'esprit, déraisonner).

• Les professeurs ont un rôle important : **aiguiller** (= orienter) les jeunes vers des professions intéressantes et passionnantes !

• **Distinguez :** une voie (= les rails du chemin de fer) ≠ une voix (= pour parler et chanter) ≠ voit (= une forme conjuguée du verbe voir).

Les transports en montagne

▲ un chemin de fer à crémaillère

un funiculaire

un téléphérique

▲ une télécabine / un œuf (fam.)

un télésiège

un téléski / un remonte-pente / un tire-fesses (fam.)

> Exemples

→ Pour monter de la plaine en haut de la montagne, les skieurs peuvent emprunter **un téléphérique**. Une fois arrivés sur le domaine skiable, il suffit de prendre **des télésièges** et **des remonte-pentes** avant de se lancer sur les pistes.

→ Si **le chemin de fer à crémaillère** ainsi que **le funiculaire** circulent sur des rails, le premier avance grâce à un troisième rail denté alors que le second est tiré par un câble.

Les transports aériens

▲ un avion (à hélice / à réaction)

▲ un hélicoptère

▲ un aéroport

un guichet d'enregistrement
une carte d'embarquement
un bagage à main / cabine
une salle / porte d'embarquement

un billet d'avion
enregistrer un bagage
passer le contrôle de sécurité
une passerelle d'embarquement

classe affaires / économique
mettre une valise en soute
fouiller des bagages
un numéro de siège

> **Exemples**

→ À **l'aéroport**, je me rends avec mon **billet d'avion** au **guichet d'enregistrement** pour **enregistrer** mes **bagages** : la grande **valise** à roulettes sera **mise en soute**. Quant à mon petit sac de voyage, je le prendrai avec moi **en cabine**, en **bagage à main**.
→ Sur **la carte d'embarquement** sont indiqués **la porte d'embarquement** et **le siège** que j'occuperai dans l'avion.

Les bateaux (les navires marchands et à passagers)

▲ une péniche (sur un fleuve)

un hors-bord
un ferry

▲ un cargo / un pétrolier

un yacht (de luxe)
un paquebot

304

LES TRANSPORTS (TERRESTRES, MARITIMES, AÉRIENS)

Exemples

→ **La péniche** transporte des marchandises sur un fleuve. C'est **le bateau** emblématique du transport fluvial.

→ Parmi **les cargos**, vous avez, entre autres, **le pétrolier** pour le transport du pétrole.

- **Prononciation :** le mot « **yacht** », d'origine néerlandaise, se prononce en français avec un o au milieu et un t final articulé : /yaut/ ou /yot/ !

Info Culture

- En 1935 fut lancé **un paquebot** mythique : le Normandie. Assurant la liaison entre le Havre et New York, ce bateau très médiatisé était l'incarnation du chic et du luxe français des années 30. En 1941, il fut réquisitionné par les États-Unis et, pendant des travaux de transformation, il coula dans le port de New York. Heureusement, de nombreux éléments de décoration ont pu être récupérés avant cette fin tragique. Quelle brève mais splendide carrière !

48 L'HÉBERGEMENT

Les établissements hôteliers

un hôtel (de charme)

un motel

une auberge (de jeunesse)

une pension de famille (Suisse)

réserver ➤ une réservation

une chambre simple ≠ double

un palace

un relais

petit-déjeuner (non) compris

un refuge de montagne

annuler ➤ une annulation

une nuit / une nuitée

Exemples

→ Dès qu'**un hôtel** obtient la 5e étoile, il peut prétendre à l'appellation « **palace** ».

→ Dans certaines **auberges** peu chères, il y a des dortoirs où vous partagez la chambre avec des inconnus. C'est le cas **des auberges de jeunesse**.

→ Avant l'ascension du mont Blanc, on passe **une nuit** dans **un refuge de montagne** à une altitude d'environ 3 000 mètres.

L'HÉBERGEMENT

Communiquer

« Hôtel Bon Séjour, bonjour. Je vous écoute !
– Bonjour, Monsieur. Je voudrais **réserver une chambre** pour deux **nuits**, du 15 au 17 mai, s'il vous plaît.
– Avec plaisir, Madame. Souhaiteriez-vous **une chambre simple** ou **double** ?
– **Une chambre double**, avec deux lits séparés, si possible.
– Un instant, s'il vous plaît, je vais vérifier les disponibilités… Oui, nous avons encore des chambres disponibles à ces dates. Voici donc votre **réservation** : une chambre double, avec deux lits séparés, pour deux **nuitées**, du 15 au 17 mai. **Petit déjeuner compris**. Vous pourrez régler la chambre à votre arrivée à l'hôtel. Cela vous convient-il ?
– C'est parfait ! Merci, Monsieur. Au revoir ! »

Expression

• Pendant l'année universitaire, je quitte ma campagne pour habiter chez ma tante à Bordeaux. Je **suis en pension** chez elle (= être nourri et logé).

Les locations de vacances : les appartements

▲ une chambre d'hôte(s)

une résidence de vacances

▲ un meublé de vacances

un échange d'appartements

Exemples

→ **Un meublé** de tourisme est un appartement ou un studio indépendant loué à des vacanciers. À ne pas confondre avec **une chambre d'hôte**, chambre meublée pour un touriste qui veut loger chez l'habitant.

→ Quand on souhaite avoir plus de services, comme une piscine ou une garderie, on peut louer un appartement dans **une résidence de vacances**. Ou alors, vous pouvez faire **un échange d'appartements** entre particuliers via une plateforme.

Les locations de vacances : les maisons

▲ un gîte (rural / d'étape / agro-touristique)

▲ un chalet (en montagne)

une dar (= une maison avec patio intérieur)

un riad (= une maison avec jardin clos intérieur)

une maison troglodyte

un château

Exemples

→ Quel bonheur de louer **un gîte** à la campagne ou **un chalet** en montagne !

→ Au Maroc, on peut louer deux sortes de maisons de style arabo-andalous : **une dar** avec un patio intérieur ou, plus luxueux, **un riad** avec un jardin clos intérieur.

→ **Une maison troglodyte** est une habitation creusée dans la roche ou construite dans une grotte, parfois transformée en **gîte rural**. Il y en a de célèbres en Normandie au bord de la Seine et dans le Sud tunisien.

Expression

• Quand je suis de passage à Oran, mon amie Reinette ne manque jamais de **m'offrir le gîte et le couvert** (= un endroit où passer la nuit à l'abri du vent et de la pluie). Quelle hospitalité !

L'HÉBERGEMENT

Les hébergements de plein air

- un camping
- une tente
- un tipi
- une yourte

- un bungalow
- un mobil-home
- un dôme (géodésique)
- une cabane dans les arbres

- un sac de couchage
- dormir à la belle étoile
- une chaise pliante
- un réchaud portatif

- une lampe de poche
- un couteau suisse
- une glacière
- des allumettes (fém.)

Exemples

→ Tout le monde connaît **le camping** où l'on peut installer **une tente** pour la nuit ou s'installer dans **un bungalow**.

→ Il existe des hébergements insolites tels **la cabane dans les arbres**, **la yourte** dans la prairie ou **le dôme** quasi transparent. Vous passerez une nuit extraordinaire au plus près de la nature !

→ Si vous êtes vraiment aventureux, munissez-vous de votre **sac de couchage**, d'une **lampe de poche** et **dormez à la belle étoile**. Faites de beaux rêves !

 • **Distinguez :** une tente (= le logement portatif) ≠ une tante (= le membre de la famille) ≠ tente (= une forme conjuguée du verbe « tenter »).

Expression

• Achille a l'impression que les gens ne s'intéressent pas à ce qu'il fait. Il **se retire sous sa tente** (= s'isoler par dépit et par déception). Il ne veut plus voir personne !

Les hébergements nomades

un camping-car

une caravane

une roulotte

une mini-maison sur roues (Québec)

une péniche

un bateau de croisière (= un bateau de plaisance)

Exemples

→ **Une roulotte** est une remorque habitable tirée par un cheval ou un âne. Elle a donc quatre roues et les artistes du cirque s'en servent pour se déplacer.
→ **La caravane** est une semi-remorque aménagée en lieu de vie s'appuyant partiellement sur la voiture qui la tire. Elle n'a donc que deux roues et est très appréciée par les campeurs.
→ **Le camping-car** est une sorte de camionnette transformée en lieu d'habitation. Vous le reconnaissez tout de suite car les lits sont en général installés au-dessus de la cabine du conducteur !

 • **Distinguez : une caravane** (= la semi-remorque pour faire du camping) ≠ une caravane (= le groupe de marchands qui, accompagné de dromadaires ou de chameaux, traverse un désert).

49 LES VOYAGES ET LE TOURISME

Les différents types de voyages

▲ un voyage d'affaires

un voyage d'agrément
un voyage organisé / un circuit tout compris
un pèlerinage
une excursion

▲ un périple

un séjour touristique
un voyage d'étude
une croisière
un tour

Exemples

→ Si **le voyage d'agrément** est un déplacement à but touristique, **le voyage d'affaires** s'effectue à des fins professionnelles. **Le voyage d'étude**, quant à lui, sert à confronter les théories apprises aux réalités du terrain.

→ Contrairement à **un séjour touristique** qui s'étend sur plus d'un jour, **une excursion** se fait dans la journée pour revenir au point de départ.

→ Je n'aime pas **les voyages organisés** où tout est prévu par une agence de voyage. Moi, j'ai envie d'aventure et de liberté !

→ Tous les cinq ans, je retourne en **pèlerinage** dans le village où j'ai grandi.

 • **Distinguez :** un tour (= le circuit touristique) ≠ une tour (= le bâtiment très haut et souvent rond).

Expression

• Comme ce rapide **tour d'horizon** (= un passage en revue des points essentiels relatifs à un sujet) nous l'a montré, des progrès notables ont été réalisés dans tous les domaines. Bravo à tous !

Les services touristiques

▲ la pension complète

▲ le petit-déjeuner compris
(servi en chambre)

la demi-pension

un forfait touristique
(pour les transports / des visites)

une consigne pour les bagages

un service de transfert de l'hôtel à la gare / à l'aéroport

Exemples

→ Si vous séjournez **en pension complète** à l'hôtel, on vous servira les trois repas de la journée. **En demi-pension**, vous n'aurez droit qu'à la formule qui comprend **le petit déjeuner** et le dîner.

→ **Les forfaits touristiques** nous permettent de découvrir une multitude d'activités pré-payées, mais souvent on ne profite pas de tous les services proposés.

→ L'hôtel propose un service de **consigne pour les bagages**, ce qui me permet de faire un dernier tour dans la ville après avoir rendu la clef de la chambre.

 • **Distinguez :** une pension (= le service hôtelier d'hébergement et de repas) ≠ une pension (= l'hôtel familial) ≠ une pension (= la rente versée par l'assurance vieillesse) ≠ une pension alimentaire (= la somme d'argent versée régulièrement après un divorce), un forfait (= la prestation à prix fixe) ≠ un forfait (déclarer forfait = renoncer à une compétition sportive) ≠ un forfait (= le crime).

LES VOYAGES ET LE TOURISME

Les bagages

 ▲ une valise (à roulettes)

 ▲ une mallette

 ▲ un sac de voyage

 ▲ un sac à dos

une sacoche　　　　　une besace　　　　　une malle　　　　　une cantine

Exemples

→ Quand elle part plusieurs jours en voyage d'affaires, Camille prend **une valise à roulettes** et **une sacoche**. Quand elle se déplace seulement pour la journée, **une mallette** lui suffit.

→ Si vous partez vivre plusieurs mois dans un autre pays, il vous faudra **des malles** pour transporter vos affaires et **une cantine** en métal pour la vaisselle !

→ Plutôt chic, **la besace** est **une sacoche** spacieuse qui se porte en bandoulière.

Expression

• Un beau jour, son mari **s'est fait la malle** (= partir sans prévenir, s'enfuir). Personne ne sait ce qu'il est devenu.

Les accessoires de voyage

   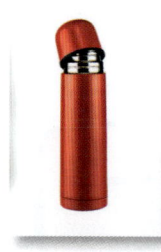

▲ une cape de pluie   ▲ un parapluie pliant   ▲ une gourde   ▲ un/une thermos

un chapeau de paille

un adaptateur universel (pour les prises électriques)

un répulsif antimoustique

des bouchons d'oreilles

un guide de voyage

une carte / un plan

une crème solaire

un cadenas

Exemples

→ À la plage, je porte un panama, ce **chapeau de paille** à large bord, pour me protéger du soleil.

→ Dans ma sacoche, je mets **une gourde** remplie de thé au cas où j'aurais une petite soif !

→ Quand on va à la piscine, il est utile d'avoir **un cadenas** pour fermer le casier avec ses affaires personnelles.

Les activités

se diriger vers

rebrousser chemin

se tromper de chemin

rouler

descendre à l'hôtel

loger

faire une halte

explorer

changer d'itinéraire

se perdre

marcher

naviguer

séjourner

être hébergé/e

visiter

sillonner

LES VOYAGES ET LE TOURISME

> **Exemples**

→ Les premiers jours de notre séjour à Saint-Jean-de-Luz, nous **sommes descendus à l'hôtel**. Puis, nous **avons été hébergés** dans la maison de ma sœur.

→ Pendant les vacances, j'ai littéralement **sillonné** la Roumanie, du nord au sud et d'est en ouest, pour **explorer** toutes les régions de ce beau pays.

→ Quand on **roule** en voiture pendant des heures, il faut **faire des haltes** pour **marcher** un peu et se dégourdir les jambes.

> **Communiquer**

« Bonjour, Monsieur ! Excusez-nous, pourriez-vous nous indiquer le chemin qui mène au château fort ?

– Bien sûr ! Vous **vous êtes trompés de chemin**. Il va falloir **rebrousser chemin** et **changer d'itinéraire**. Mieux vaut contourner la forêt, sinon vous risquerez de **vous perdre**.

– Merci beaucoup ! Au revoir, Monsieur ! »

Quelques souhaits pour les vacanciers

Bonnes vacances !	**Bon séjour !**	**Bon voyage !**	**Bonne route !**
Soyez le/la bienvenu/e !	**Bienvenue !**	**Bonne visite !**	**Profitez bien !**
Revenez en pleine forme !	**Avec plaisir !**	**À votre service !**	**Amusez-vous bien !**
(Bien) volontiers !	**Service !** (en Suisse = de rien !)		**Reposez-vous bien !**

315

Exemples

→ Si votre ami prend la voiture pour partir en vacances, vous lui souhaitez « **bonnes vacances** et **bonne route !** »

→ Vous partez en vacances demain ? Alors, **profitez bien** et **revenez en pleine forme** !

Communiquer

« Bonjour, Monsieur, puis-je vous renseigner ?

– Bonjour, Madame, oui, merci. Je voudrais faire un tour à pied dans votre charmante petite ville. Pourriez-vous m'indiquer les principales curiosités à visiter ?

– **Bien volontiers.** Je peux vous proposer un itinéraire, d'une durée d'une heure, qui vous permettra de découvrir la ville.

– Je vous remercie, Madame.

– **À votre service !** »

Expressions

• Quand on souhaite mener à bien une entreprise difficile, il faut ménager ses forces : **qui veut voyager loin ménage sa monture**. (proverbe)

• Pour souligner les bienfaits du voyage pour les jeunes esprits en formation, on peut dire : **les voyages forment la jeunesse**. (Michel de Montaigne)

• Vous avez beau vous dépêcher, votre problème réside dans la mauvaise préparation : **rien de sert de courir, il faut partir à point !** (Jean de La Fontaine)

PARTIE 10

L'ENVIRONNEMENT ET LE MONDE

50 LE TEMPS ET LE CLIMAT

Le beau temps

un temps ensoleillé   **un ciel bleu**   **un ciel dégagé**   **des nuages de beau temps**

faire beau (temps)   **briller**   **un rayon de soleil**   **un soleil éclatant**

un temps sec (≠ humide)   **sous un soleil radieux**   **un soleil qui tape** (fam. = qui brûle)

Exemples

→ Selon la météo, un grand **soleil brillera** toute la journée dans **un ciel** complètement **dégagé**.

→ Qu'est-ce qu'il **fait beau** aujourd'hui ! Rien que quelques **nuages de beau temps** qui passent dans **un ciel bleu**. Il fait un temps très agréable !

→ Il faut profiter du **temps sec** et **ensoleillé** pour faire une belle excursion !

→ J'ai fait du jardinage toute la journée **sous un soleil éclatant**.

Expressions

• Ce couple se dispute sans arrêt. Leur relation **n'est pas au beau fixe** (= peu serein et peu stable).

• Je t'aime et je t'adore. Tu es mon **rayon de soleil** (= la joie et le bonheur) car tu illumines ma vie !

• Il faut toujours rester positif. Même si en ce moment la vie est difficile, des jours meilleurs arriveront. **Après la pluie, le beau temps**, comme on dit !

LE TEMPS ET LE CLIMAT

Le temps variable

un temps instable / changeant

un ciel voilé / couvert

un passage nuageux

s'améliorer ≠ se dégrader

un temps nuageux

une couverture nuageuse

se dégager ≠ se couvrir

s'éclaircir ≠ s'obscurcir / s'assombrir

une éclaircie

un arc-en-ciel

se gâter (fam.)

Exemples

→ Aujourd'hui, le temps sera très **variable**. Après **des passages nuageux** suivis de pluie, il y aura **des éclaircies**. Puis, le temps **se gâtera** à nouveau.

→ Tu vois les nuages à l'horizon là-bas ? D'ici peu, le ciel va **s'assombrir** et il risque de pleuvoir.

→ Le temps sera **couvert**. Mais malgré une épaisse **couverture nuageuse**, il ne pleuvra pas.

Expressions

• Compte tenu des licenciements prévus par la direction, nos réunions de travail **sont orageuses** (= être agité, tumultueux), surtout quand la directrice et les représentants du personnel s'affrontent !

• Depuis six mois, notre trésorerie s'est un peu améliorée. Serait-ce **une éclaircie** (= une amélioration momentanée) dans la crise économique que nous traversons actuellement ?

Le mauvais temps : la grisaille

des nuages bas ▶ la brume (= visibilité à 5 km) ▶ le brouillard (= visibilité à 1 km)
faire gris   la grisaille   brumeux/se   se former ≠ se dissiper

Exemples

→ Aujourd'hui, il **fait gris**. Quelle déprime toute cette **grisaille** !

→ Ce matin, il y a **un brouillard** épais. On ne voit pas à dix mètres ! Mais vers deux heures de l'après-midi, il **se sera** complètement **dissipé** !

Expressions

- Siffler un air joyeux, c'est ma manière d'apporter un rayon de soleil dans **la grisaille** (= la monotonie) de la vie quotidienne.
- Vous m'avez mal compris. Il faut absolument que je **dissipe ce malentendu** (= faire disparaître une mauvaise interprétation d'un propos) !
- Impossible de prendre une décision dans cette situation confuse. Je **suis complètement dans le brouillard** (= ne pas voir clairement dans une situation) !
- Il faisait nuit. Je n'ai donc pas pu distinguer le visage des cambrioleurs. En effet, **la nuit, tous les chats sont gris** ! (= dans l'obscurité, on confond tout, les différences disparaissent)

LE TEMPS ET LE CLIMAT

Le mauvais temps : les précipitations

un temps pluvieux / neigeux
une bruine / un crachin
une giboulée

des pluies diluviennes

des chutes de neige (fém.)
bruiner
grêler

une (forte) pluie
une ondée
une intempérie

de la grêle /
des grêlons (masc.)
de la neige
pleuvoir
neiger

une mousson (tropicale)
une averse (de pluie / de neige)
des trombes d'eau (fém.)
(= de fortes pluies avec vent)

une pluie verglaçante

un flocon de neige
tomber
un temps maussade

Exemples

→ En Asie, lorsque **la mousson** d'été arrive, c'est la saison **des pluies** qui commence.
→ **Les giboulées** sont des pluies soudaines accompagnées de vent, de **grêle** ou de **neige**. C'est surtout en mars qu'elles se produisent en Europe.
→ À Lima, il **bruine** souvent en hiver, c'est **un crachin** peu agréable.
→ **Une ondée** est une très courte **averse** qui peut vous surprendre lors d'une promenade. Mais ce n'est pas grave : le ciel s'éclaircira à nouveau quelques minutes plus tard !
→ En été, il **tombe** parfois de **la grêle** accompagnée de gros **grêlons** qui peuvent saccager nos jardins.

Expressions

- Il pleut, il neige et il souffle très fort. Bref, **il fait un temps de chien** ! (= très mauvais temps)
- Aujourd'hui, il pleut énormément. Autrement dit, **il pleut des cordes** / **à verse** / **des hallebardes** ! (= pleuvoir abondamment)

Info Culture

- Pourquoi parle-t-on, quand il y a des pluies très fortes et abondantes, de **pluies diluviennes** ? C'est parce que l'adjectif « **diluvien/ne** » provient du mot latin « diluvium » qui signifie « déluge ». Ce dernier correspond, selon la mythologie, à l'inondation universelle qui se serait produite dans des temps très reculés (environ 5 000 ans avant Jésus-Christ).

Un orage

un temps orageux / lourd
un roulement de tonnerre
un paratonnerre

un tonnerre
éclater
gronder

un coup de tonnerre
tonner
un éclair (= le phénomène lumineux dans le ciel)

être foudroyé/e
frappé/e par la foudre

la foudre
un impact de foudre

LE TEMPS ET LE CLIMAT

Exemples

→ **Des orages** vont **éclater** ce soir. Il fait vraiment très **lourd** aujourd'hui !

→ Ça **tonne** quand il y a **un coup de tonnerre** et ça **gronde** quand il s'agit plutôt d'**un roulement de tonnerre**.

→ **La foudre est tombée sur** un arbre. Le pauvre sapin a été **foudroyé** !

→ La tour Eiffel est **un paratonnerre** géant qui protège la zone environnante **des impacts de foudre**.

Expressions

• Il est tombé amoureux de cette personne au premier regard. Il a eu un véritable **coup de foudre** ! (= une passion amoureuse subite)

• Hier, le président a annoncé qu'il se retirait sur une île en Mélanésie. C'est **un coup de tonnerre** dans le paysage politique ! (= une annonce brusque d'un changement à venir)

Les vents

▲ une tornade

▲ un ouragan

un cyclone

un temps venteux

balayer / chasser les nuages

un courant d'air

un vent faible ▶ **modéré** ▶ **fort** ▶ **violent**

une bourrasque ▶ **une rafale de vent** ▶ **un tourbillon de poussière** ▶ **une tempête**

un typhon

venter

souffler

une brise (marine)

Exemples

→ Quand il **vente**, la girouette sur notre toit se tourne toujours en direction du **vent**.
→ Par beau temps, **le vent chasse les nuages**. Par mauvais temps, il les apporte.
→ Quand on ouvre deux fenêtres en même temps, on produit **un courant d'air**. C'est parfait pour aérer la maison.
→ En pleine mer, il y a parfois **des bourrasques** qui secouent mon bateau, mais lorsqu'il y a **des rafales**, des vents assez **forts**, je préfère rentrer au port.
→ **La tornade**, accompagnée de **vents** extrêmement **violents** est reconnaissable à son entonnoir qui ravage tout sur son passage. **Le cyclone**, lui, est un phénomène bien plus étendu et dont l'œil se voit facilement depuis l'espace.

• **Distinguez : la brise** (= le vent faible et agréable sur le littoral ou dans les vallées) ≠ la bise (= en France, en Suisse et en Allemagne, le vent de secteur nord-est en général froid et désagréable).

Expressions

• La situation économique est stable, mais je crains qu'elle ne se dégrade d'ici peu : **après le calme vient la tempête**, comme on dit !
• Le président de la République change de discours politique selon le public auquel il s'adresse. **Une vraie girouette** ! (= une personne versatile dans son opinion)

Info Culture

• Nous connaissons tous l'histoire d'Ulysse à qui Éole, le dieu du **vent**, avait confié une outre (= un sac en peau de bouc) renfermant tous les mauvais **vents** susceptibles d'empêcher le héros de rentrer à Ithaque. Mais ses compagnons de voyage, curieux de savoir ce que contenait cette outre, l'ouvrirent et déclenchèrent **une tempête** qui les éloigna à nouveau de leur but.

une girouette

LE TEMPS ET LE CLIMAT

La température

un thermomètre (en degrés Celsius)

une température minimale ≠ maximale

monter ≠ descendre / tomber (fam.)

être en hausse ≠ en baisse

augmenter ≠ baisser

une vague de chaleur

une vague de froid

brûler / griller (fam.)

une température fraîche ⟹ froide ⟹ glaciale

une température douce ⟹ chaude ⟹ élevée ⟹ caniculaire

le mercure

une normale saisonnière

du gel / des gelées (fém.)

du verglas

du givre

une canicule

un froid polaire

geler / givrer

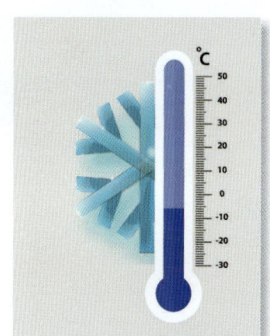

Exemples

→ **Le mercure** indique 23 **degrés** à l'ombre. C'est **une température douce** correspondant aux **normales saisonnières**. En revanche, on annonce des températures **en baisse** pour le week-end.

→ Quand la température **tombe en dessous de** zéro, il **gèle**. Il y a du **givre** sur les vitres des maisons et du **verglas** sur la route. Les premières **gelées** arrivent dans les Alpes vers la mi-novembre.

• Les verbes « **brûler** » et « **griller** » peuvent s'employer dans deux situations différentes : quand il fait **une canicule** et quand il y a du **gel**. Exemples : « Cette semaine, le soleil a tapé si fort qu'il a **brûlé / grillé** toutes les plantes de mon balcon ». « J'ai oublié de rentrer mon pot de basilic hier soir et, ce matin, j'ai retrouvé mon pauvre basilic **brûlé** par **le gel** ! »

• **Distinguez :** une gelée (= le gel) ≠ une gelée (= la confiture à base de jus de fruits solidifié) ≠ une gelée (= le fond de volaille solidifié).

Expressions

- Ce matin, il fait moins 15 degrés (Celsius). **Il fait un froid de canard** ! (= faire très froid)
- Je reste à la maison, je n'ai pas envie de mourir de froid. Dehors, **il gèle à pierre fendre** ! (= geler très fort)
- Il y a du verglas sur la route et cet automobiliste roule à 90 km à l'heure. Franchement, il est complètement **givré** ! (= fou, cinglé)

La météo

un bulletin météo(rologique)

des prévisions / conditions météorologiques

un anticyclone (= une haute pression atmosphérique)

une dépression (= une basse pression atmosphérique)

un front (chaud / froid / pluvieux)

une masse d'air (chaude / froide)

une perturbation

un temps perturbé

annoncer une tendance

prévoir

Exemples

→ Tous les matins, j'écoute **le bulletin météo** à la radio, comme ça je sais comment m'habiller !

→ **La météo annonce** l'arrivée d'**un front chaud**. Comme **la masse d'air** est actuellement plutôt froide, il faudra s'attendre à **un temps perturbé**.

LE TEMPS ET LE CLIMAT

Communiquer

[un bulletin météo] « **Les prévisions** pour aujourd'hui : après le passage de plusieurs **fronts pluvieux** générés par **une dépression** qui s'est creusée sur les îles britanniques, nous serons à nouveau sous l'influence de **l'anticyclone** des Açores qui asséchera l'air progressivement. Vous pourrez donc vous attendre à une journée assez ensoleillée.
La tendance pour demain : Les températures se situeront proches des normales de saison. Les précipitations devraient continuer de s'estomper. Quelques **passages pluvieux** resteront toutefois possibles, notamment au nord de la Loire, sauf autour de la Méditerranée où **les conditions** seront sèches, avec le maintien du mistral et de la tramontane. »

Le climat

un climat doux / clément ≠ rude / extrême   **un microclimat**
- **le climat froid :** les régions polaires, les zones de haute montagne
- **le climat tempéré :** les régions océaniques, les régions méditerranéennes
- **le climat continental :** les régions semi-arides, les paysages de steppes
- **le climat tropical :** les régions équatoriales, les régions des moussons, les régions de savanes
- **le climat désertique :** les régions arides

Exemples

→ Au Groenland, région **polaire**, les températures sont souvent négatives. C'est **un climat rude** !

→ Dans une région **désertique** comme le Sahara, les températures peuvent atteindre les 50 degrés. Ce sont des conditions **extrêmes** !

→ **Le climat tropical** peut être humide ou sec. Les zones **équatoriales** avec leurs forêts vierges et leurs jungles sont chaudes et humides alors que les zones de **savanes** sont plutôt sèches.

→ La France métropolitaine bénéficie d'**un climat tempéré**, en majeure partie **océanique**, avec des étés **doux** et des hivers **cléments**. Elle a aussi une zone **méditerranéenne** dans le Midi et une zone sous influence **continentale** dans le Nord-Est.

51 LA GÉOGRAPHIE ET L'ESPACE

La Terre

le globe terrestre **le pôle Nord (= l'Arctique)** **le pôle Sud (= l'Antarctique)**
un hémisphère **un continent** **un océan**
le Tropique du cancer ≠ le Tropique du capricorne **l'équateur** (masc.)
un archipel **une péninsule** ➤ **une presqu'île** **une île** ➤ **un îlot** ➤ **un atoll**

Exemples

→ **La Terre** est composée de **continents** ainsi que d'**océans** où **les îles** et **les îlots** peuvent former **des archipels**, comme l'archipel des Cyclades.

→ Afin de se situer sur **le globe terrestre**, on se sert des parallèles comme **le Tropique du cancer** dans **l'hémisphère** Nord et **le Tropique du capricorne** dans **l'hémisphère** Sud.

→ **La péninsule** est une très grande langue de terre qui s'avance dans la mer alors que la **presqu'île**, plus petite, est reliée à une côte par une petite bande de terre. Exemples : la péninsule Ibérique et la presqu'île de Giens.

• **Distinguez :** l'**équateur** (= le parallèle qui sépare les deux hémisphères) ≠ l'Équateur (= le pays d'Amérique du Sud).

LA GÉOGRAPHIE ET L'ESPACE

Les reliefs

une chaîne de montagne   un massif montagneux   un haut plateau
une montagne ➤ un mont   une colline ➤ une butte ➤ un tertre
un vallon   une vallée (un val)   une plaine
un piton (rocheux)   un pic   un précipice
une gorge   un gouffre   un ravin

Exemples

→ **Une chaîne** est une succession de **montagnes** alignées alors qu'**un massif** est un regroupement de montagnes, comme la chaîne des Alpes et le Massif central en Auvergne.

→ **Les buttes** sont de petites **collines** qui s'élèvent dans les **plaines**, comme la butte Montmartre ou les buttes Chaumont à Paris.

→ Selon la forme de leur cime, les montagnes sont appelées **mont**, **pic**, **aiguille**, **piton**, suivis d'un nom propre : le mont Blanc, l'aiguille du Midi, le pic Saint-Loup.

→ L'érosion et les rivières ont creusé dans les montagnes des passages qu'on nomme **vallon**, **vallée** ou **gorge**.

→ Quand il y a un dénivelé très important, avec des parois à pic, il s'agit soit d'**un précipice**, soit d'**un gouffre**, ou alors d'**un ravin** creusé par un torrent. Attention de ne pas y tomber !

Expression

• J'ai beau injecter d'énormes sommes d'argent dans ce projet, jamais il ne deviendra rentable. C'est **un gouffre financier** (= des dépenses sans limite, une dilapidation d'argent).

La montagne

un sommet / une cime   un versant (nord / sud)
une crête   un col
un glacier   une crevasse
un névé   un dénivelé
(= une neige éternelle)
une pente (raide ≠ douce)   un flanc

une paroi rocheuse ➤ un rocher ➤ un roc

Exemples

→ **Le flanc** est la partie entre **le sommet** et le pied de la montagne.
→ Pour changer de vallée, il faut passer par **un col**, qui est la partie la plus basse d'**une crête** de montagne.
→ Lorsque vous vous promenez sur **un glacier**, faites attention aux **crevasses** !

Expression

- Cet homme ne se laisse jamais déstabiliser ou abattre. C'est **un roc** (= une personne très solide et stable).

Le volcan

un volcan actif ≠ éteint   un cratère   une éruption volcanique
un panache de fumée   une fumerolle   un nuage de cendres
le magma   la lave   une coulée de lave
entrer en éruption   cracher   (se) déverser

LA GÉOGRAPHIE ET L'ESPACE

> **Exemples**

→ Le Fuji-Yama est **un volcan** dormant, mais non **éteint**. Il peut se réveiller à tout moment.
→ Le piton de la Fournaise dans l'île de la Réunion est un **volcan** très **actif**. Régulièrement, il **entre en éruption**, **crache des nuages de cendres** formant **un panache** au-dessus du **cratère** et **déverse** de **la lave** dans la mer. Ses **coulées de lave** sont toujours très spectaculaires !

• **Distinguez :** **un panache de fumée** (= le nuage de fumée sortant d'une cheminée) ≠ un panache (= la décoration de plumes flottantes) ≠ un panache (= le brio, l'éclat d'un discours).

Les cours d'eau

une source ➤ un ruisseau ➤ un torrent ➤ une rivière ➤ un fleuve

une cascade ➤ une chute d'eau ➤ une cataracte

un lit   un bras / un coude

une rive   une berge

un méandre (= la boucle d'un fleuve)

un delta   une embouchure

couler   jaillir

affluer   se jeter

> **Exemples**

→ **La source jaillit** d'une roche, elle est toute petite puis elle devient **un ruisseau**. Par temps de pluie, ce dernier peut se transformer en **torrent** et sortir de son **lit**. Attention aux inondations !
→ **La rivière** est un grand **cours d'eau** qui **afflue** vers **un fleuve** qui, lui, **se jette** dans la mer. À **l'embouchure**, celui-ci peut former **un delta**, comme le Rhône ou le Nil.

• **Distinguez : une cataracte** (= la chute d'eau sur un fleuve) ≠ une cataracte (= la perte de transparence du cristallin de l'œil), **le bras** (mort) et **le coude** d'un cours d'eau ≠ un bras et un coude (= les parties du corps), **une source** (= le départ d'un cours d'eau) ≠ une source (= l'origine d'une œuvre/d'une information : citer ses sources).

Expression

• Que cet ouvrage soit un excellent livre de vocabulaire, **cela coule de source** (= être logique, évident) !

Les lacs

un lac ➤ **un étang** ➤ **une mare**

un marais   **un marécage**

une nappe phréatique
(= un réservoir d'eau souterraine)

une eau stagnante (= immobile)

Exemples

→ **Un étang** est plus petit qu'**un lac** mais plus grand qu'**une mare** où seuls les canards s'y baignent !

→ **Un marais** est une étendue d'eau **stagnante** avec des herbes, alors que **le marécage** est un terrain gorgé d'eau.

→ En hiver, quand il ne pleut pas assez, **les nappes phréatiques** ne sont pas suffisamment remplies et l'eau pourrait manquer en été !

LA GÉOGRAPHIE ET L'ESPACE

- Attention à **la prononciation** du mot « **stagnant** » : stag-nant/e. Le "g" et le "n" sont prononcés séparément !
- **Distinguez** : une mare (= le petit étang) ≠ marre ! (= ça suffit !) ≠ un marc de café (= le résidu de café après infusion : lire dans le marc de café pour prédire l'avenir), **une nappe** (d'eau / de pétrole / de brouillard) ≠ une nappe (= la pièce de tissu pour couvrir une table pendant les repas).

Expression

- En décrivant la situation sociétale du pays si brutalement, le sociologue **a lancé un pavé dans la mare** (= faire une déclaration qui dérange, qui choque). Il n'empêche que c'est la vérité !

La mer

une calanque ▶ une crique ▶ une anse ▶ une baie ▶ un golfe

une côte / un littoral	un estuaire	un détroit	un lagon
un rivage / un bord de mer	une plage	un banc de sable	une lagune
s'échouer (sur)	sombrer / couler (fam.)	un cap	un récif
la marée haute ≠ basse	un coefficient de marée	une vague	une écume
une déferlante	un rouleau	un ressac	
un courant (chaud / froid)	une houle	une lame (de fond)	
déferler sur la plage	se briser		

Exemples

→ La protection du **littoral** est une priorité du gouvernement français afin de préserver toutes **les côtes** des constructions illégales.

→ Quel bonheur de se baigner dans une petite **crique**. Si elle est bien entourée et protégée par des falaises, il s'agit d'**une calanque**.

→ Autour **des caps**, les bateaux doivent faire attention aux **récifs**, ces rochers qui sortent de l'eau.

→ Lors des grandes **marées**, **le coefficient de marée** peut atteindre 110 sur une échelle de 20 à 120. Faites-en l'expérience dans **la baie** du Mont-Saint-Michel, c'est impressionnant !

→ Quand **les vagues** forment de véritables **rouleaux**, on peut surfer en dessous !

→ Près du **rivage**, on parle de **déferlantes**, ces **vagues** qui **se brisent** sur **les plages**, alors qu'en pleine mer, on parle plutôt de **houle** !

• **Distinguez :** une anse (= la petite baie) ≠ une anse (= le dispositif pour tenir une tasse), **une baie** (= le petit golfe) ≠ une baie (= le petit fruit rond : myrtille, raisin, cassis, groseille…), **un cap** (= la pointe de terre qui s'avance dans la mer) ≠ une cape (= un manteau que l'on jette sur ses épaules).

Expressions

• Grâce à mon entreprise, deux personnes sans emploi ont pu retrouver un travail, mais comme il y a beaucoup de chômage, ce n'est qu'**une goutte d'eau dans la mer** (= une mesure insignifiante).

• Aller chercher les enfants à l'école et les faire goûter, **ce n'est pas la mer à boire**, non ? (= une chose pas si contraignante, pénible, difficile que cela).

• Voilà cinq ans que cette chanteuse se trouve **dans le creux de la vague** (= dans un moment difficile). Retrouvera-t-elle le chemin du succès ?

Info Culture

• Dans la fameuse tirade du nez, Cyrano de Bergerac ironise avec autodérision sur son nez disproportionné : « c'est **un roc** !… c'est **un pic** !… c'est **un cap** ! / Que dis-je, c'est **un cap** ?… c'est **une péninsule** ! »

(Edmond Rostand, *Cyrano de Bergerac*, 1897, acte I).

LA GÉOGRAPHIE ET L'ESPACE

Le ciel

l'aube (fém.) ➝ **l'aurore** (fém.) ➝ **le lever du soleil**
le coucher du soleil ➝ **le crépuscule** ➝ **la tombée de la nuit**
un croissant de lune ➝ **le premier / dernier quartier de lune** ➝ **la pleine lune**
le clair de lune   **une étoile**
poindre (le point du jour)   **croître ≠ décroître**

> **Exemples**

→ **L'aube** commence à **poindre**, puis apparaissent les couleurs jaune doré et rougeâtres de **l'aurore** avant **le lever du soleil**. C'est ce qu'on appelle poétiquement **le point du jour** !
→ Après **le coucher du soleil** et avant **la tombée de la nuit**, il y a un autre spectacle magnifique : **le crépuscule**.
→ Les amoureux adorent se promener au **clair de la lune**. C'est si romantique !

> **Expressions**

• Je suis en pleine forme, je vais faire la fête **jusqu'à l'aube** (= toute la nuit jusqu'au petit matin).
• Demain, on a une réunion à 7h30. Il faudra que je me lève **aux aurores** (= très tôt le matin) pour être à l'heure !
• Tristan est perdu dans ses pensées, il n'est pas du tout concentré. Bref, il **est dans la lune** (= être distrait/e).

L'espace

l'Univers	le cosmos	une galaxie	la Voie lactée
un astre	une planète	un satellite	une constellation
une comète	une étoile filante	un astéroïde	un météore
décrire une orbite	graviter	exploser	se désintégrer

Exemples

→ **La planète** est **un astre** qui **gravite** autour d'**une étoile**, alors que **le satellite décrit une orbite** autour d'**une planète**, comme dans notre système solaire la Lune autour de la Terre.

→ En 1957, la fusée Semiorka a été lancée dans **l'espace** pour mettre **en orbite** le premier **satellite** artificiel, le Spoutnik 1.

→ Contrairement à ce qu'on pourrait croire, **les étoiles filantes** ne sont pas **des astres** mais **des météores** qui brillent avant de **se désintégrer** et de mourir.

Expressions

• Je réussis tout ce que j'entreprends. Je suis **né/e sous un astre favorable** ! (= avoir de la chance = être **né/e sous une bonne étoile**).

• Nous imaginons développer notre entreprise et gagner beaucoup d'argent. Mais au vu de la conjoncture actuelle, c'est sans doute **tirer des plans sur la comète** (= faire des projets illusoires).

52 LES PRÉOCCUPATIONS ENVIRONNEMENTALES

Les catastrophes naturelles

un séisme / un tremblement de terre

un glissement de terrain — une secousse

un incendie / un feu de forêt — des flammes (fém.)

une crue (torrentielle)

une coulée de boue / de neige

des températures caniculaires — une inondation

un raz de marée / un tsunami — une sécheresse

une éruption volcanique — une avalanche

inonder — emporter

brûler / détruire — ravager / dévaster

se déclencher — ensevelir

Exemples

→ Après une période de **sécheresse**, les pluies ont été si abondantes que les rivières sont sorties de leur lit et **ont inondé** toute la vallée.

→ Près d'Avignon, les pompiers luttent contre un gigantesque **incendie** attisé par un fort mistral, alors que la région affronte **des températures caniculaires**. Le feu a déjà **ravagé** 400 hectares dans les forêts du Lubéron.

→ En 1908, **un séisme** de magnitude 7,1 sur l'échelle de Richter a frappé la ville de Messine. **La secousse** a été suivie d'**un raz de marée** qui **a dévasté** tout le détroit. **La catastrophe** a fait près de 100 000 morts et la ville sicilienne **a été détruite** à 98 %.

→ L'hiver, en montagne, après d'abondantes chutes de neige, **des avalanches** peuvent **se déclencher** et tout **emporter** sur leur passage. L'été, à la suite de fortes pluies, il peut se produire **des glissements de terrain** et **des coulées de boues** qui **ensevelissent** des villages entiers.

Expressions

- Il s'est produit **un** véritable **raz de marée** (= un phénomène brutal et massif) dans le paysage politique. Le parti de l'opposition a remporté les élections législatives avec 60% des voix.
- Aujourd'hui, j'ai reçu **une avalanche** (= une énorme quantité) de courriels. C'est désespérant !

Les catastrophes environnementales

une déforestation

une pénurie d'eau douce

une urbanisation excessive

le réchauffement climatique

une élévation du niveau de la mer

une raréfaction des ressources naturelles

une espèce menacée / en voie d'extinction

un gaz à effet de serre   **la fonte des glaces**

une marée noire   **un accident nucléaire**

un nuage radioactif   **un déchet polluant / toxique**

émettre ➤ **l'émission** (fém.)

détruire ➤ **la destruction**

contaminer ➤ **la contamination**

polluer ➤ **la pollution**

gaspiller ➤ **le gaspillage**

LES PRÉOCCUPATIONS ENVIRONNEMENTALES

> **Exemples**

→ **La marée noire** est une nappe de pétrole dans l'océan qui, une fois arrivée sur les côtes, **contamine** tout le littoral.

→ **La déforestation** tropicale s'accélère de façon dramatique en raison du développement des cultures de soja pour lesquelles on **détruit** les forêts.

→ **La fonte des glaces**, c'est-à-dire la disparition des glaciers, est due au **réchauffement climatique** et provoque **une élévation du niveau de la mer**.

→ Une espèce de reptile sur cinq est **menacée d'extinction**. C'est catastrophique !

→ Il faudrait arrêter de produire **des déchets** plastiques à usage unique pour éviter qu'ils ne finissent dans les océans et ne les **polluent**.

 • **Distinguez :** <u>une contamination</u> (= la pollution par la radioactivité ou des produits chimiques) ≠ une contamination (= la propagation d'une maladie), **des ressources** (= les matières premières par exemple) ≠ des ressources (= les moyens financiers).

Le développement durable

le développement durable

une énergie propre / renouvelable

un panneau solaire

une éolienne

un biocarburant

un produit écologique / durable

une démarche écoresponsable

un écosystème

la biodiversité

décontaminer ➤ la décontamination

lutter ➤ la lutte

recycler ➤ le recyclage

trier ➤ le tri

préserver ➤ la préservation

protéger ➤ la protection

réduire ➤ la réduction

dépolluer ➤ la dépollution

Exemples

→ J'ai installé **des panneaux solaires** sur le toit de ma maison et acheté une voiture électrique afin de **réduire** les gaz à effet de serre.

→ Pour **la protection des écosystèmes**, je participe aux campagnes de **dépollution** des rivières et **lutte contre** le gaspillage en remplaçant les boîtes en plastique par des bocaux en verre. Je reprends tout simplement les gestes « **durables** » de mon arrière-grand-mère !

→ **La biodiversité** me tient à cœur. Je suis malheureux quand j'apprends que de plus en plus d'oiseaux et d'insectes sont en voie de disparition.

Communiquer

« Alors, mon cher ami, tu es un citoyen **écoresponsable** ?

– J'espère ! Je **trie** les déchets et je **recycle** le papier. Et toi ?

– Moi, je fais du télétravail et toutes mes activités sont basées sur le numérique. Tu devrais faire la même chose.

– Peut-être. Mais j'ai lu quelque part que plus on numérise et dématérialise, plus on consomme de matière et d'énergie, ce qui est contraire au **développement durable**.

– Il est vrai qu'en utilisant mon portable et mon ordinateur pour tout ce que j'ai à faire, je ne suis sûrement pas si **écoresponsable** que cela ! »

PARTIE 11
LES ANIMAUX ET LES PLANTES

53 LES ANIMAUX DE COMPAGNIE

Les chats

un chat de race ≠ de gouttière

un Siamois

un Bobtail des Kouriles

une litière (parfumée)

miauler ➡ un miaulement

ronronner ➡ un ronronnement

un chat tigré

un Persan

un Angora

un bac à litière

griffer

se gratter

un Chartreux

un Sacré de Birmanie

un panier

un produit antipuce

un coupe-griffes

feuler ➡ un feulement

Exemples

→ Mon chat n'est pas **un chat de race**, c'est **un chat de gouttière** trouvé dans la rue. Il ne **feule** jamais, même quand il est mécontent !

→ Valdemar, mon beau **Bobtail des Kouriles** qui a une queue en forme de pompon comme un lapin, **miaule** toujours quand il veut avoir des croquettes et **ronronne** de plaisir quand il les mange. C'est un vrai gourmand !

→ Ma chatte Zouzou **se gratte** en permanence, elle doit avoir des puces. Il faut absolument que je la brosse et que je lui mette **un produit antipuce**.

→ Le chat a besoin d'un minimum de confort : **une litière** propre pour faire ses besoins, **un panier** pour dormir et un endroit pour faire ses **griffes**, sinon il risque de **griffer** votre canapé en cuir !

LES ANIMAUX DE COMPAGNIE

Expressions

- Je n'aime pas quand on me parle par énigmes. Je préfère qu'on **appelle un chat un chat** (= dire les choses telles qu'elles sont). Ainsi, tout est beaucoup plus clair !
- Je suis incapable de dire si l'homme que j'ai croisé dans la rue hier soir était beau ou non. **La nuit, tous les chats sont gris** (= dans les ténèbres, on ne distingue rien avec précision).
- J'ai déjà commis cette erreur une fois et je le regrette amèrement. **Chat échaudé craint l'eau froide** ! (= ne pas vouloir recommencer une expérience après avoir subi une mésaventure)

Les chiens

un chien de race ≠ un bâtard	un Carlin	un Pékinois
un Bichon (à poil frisé)	un Caniche	un Bouledogue français
un Épagneul	un Teckel	un (Fox-)Terrier
un Berger allemand	un Boxer	un Husky (de Sibérie)
un Lévrier	un Dalmatien	un Labrador
un Saint-Bernard	un Doberman	un Bouvier

Exemples

→ Mon chien est **un bâtard**, c'est le croisement entre **un Caniche** et **un Bichon frisé**.
→ Il y a de plus en plus de **Huskies sibériens** dans nos contrées méridionales, ce qui est aberrant car ces chiens de traîneau ont besoin d'un climat froid et de grands espaces.
→ Tout le monde connaît **le Dalmatien**, ce chien à la robe blanche tachetée de noir.

Expression

• Ce député **suit** le président **comme un caniche** (= être servile, obéissant) dans l'espoir d'obtenir un portefeuille ministériel. C'est pathétique !

Info Culture

• On dit que **le chien** est le meilleur ami de l'homme. Ce qui est sûr, c'est que certaines **races** sont particulièrement adaptées à la recherche et au sauvetage de victimes : après un tremblement de terre, **le Berger allemand** indique aux équipes cynophiles l'endroit où la victime est emprisonnée sous les décombres ; **le Saint-Bernard** fait de même pour sauver les victimes ensevelies sous une avalanche ; et l'adorable **Labrador** sert de guide aux malvoyants et aux aveugles.

Le chien

le museau	la truffe
la gueule	les crocs (masc.)
un collier	une laisse
une muselière	une gamelle
une pâtée	une friandise
aboyer ➤ un aboiement	dresser ➤ un dressage
grogner ➤ un grognement	mordre ➤ une morsure

Exemples

→ Grâce à sa **truffe**, mon chien Titus retrouve toujours mes chaussettes égarées : « cherche, mon toutou, cherche ! »

→ **Le chien** de notre voisin est mal **dressé** : il **aboie** sans cesse. Quand on s'approche de lui, il montre ses **crocs** et **grogne**. J'ai peur qu'il ne me **morde** ! Il devrait porter **une muselière**.

→ Avec mon carlin, j'ai un rituel : chaque matin, après lui avoir donné sa **gamelle** avec **la pâtée**, je prends **la laisse** et je le sors pour qu'il fasse pipi. Je lui ai appris à faire dans le caniveau, pas sur le trottoir. Pour le récompenser, je lui donne une petite **friandise** !

LES ANIMAUX DE COMPAGNIE

- **Distinguez :** une truffe (= le nez du chien / chat au bout du museau) ≠ une truffe (= le champignon très parfumé) ≠ une truffe (= la petite friandise au chocolat)

Expressions

- Mes deux collègues ne sont d'accord sur rien. Ils **sont comme chien et chat** (= se disputer constamment).
- Quand je dois me lever très tôt, je suis **d'une humeur de chien** (= de mauvaise humeur) toute la journée.
- Dans cette association, le stagiaire bénévole **est traité comme un chien** (= ne pas être respecté/e). C'est scandaleux !
- Je **me suis donné un mal de chien** (= se donner de la peine, faire des efforts) pour préparer le dîner et maintenant tu m'appelles pour me dire que tu vas dîner au restaurant ! Saperlotte !

Les oiseaux

un canari	une perruche
un pinson / un mandarin	un perroquet
un serin	un cacatoès
un perchoir	une cage
une volière	un abreuvoir

Exemples

→ Mon **perroquet** « Écho », qui est plus précisément **un cacatoès** avec une jolie huppe jaune sur la tête, est très jaloux : quand je fais un bisou à mon petit ami, il crie toujours : « suffit ! suffit ! »

→ À mon retour d'Asie, j'ai installé **une volière** avec différentes espèces d'**oiseaux** chanteurs, dont **des canaris** et **des pinsons**.

> Expression

• Aujourd'hui, beaucoup de gens **répètent comme des perroquets** (= répéter sans réfléchir) ce qu'ils ont lu sur Internet ou sur les réseaux sociaux sans savoir si c'est vrai ou pas. Quel dommage !

• Ce matin, je ne sais pas ce qui m'arrive : je suis **gai comme un pinson** (= être joyeux, de bonne humeur).

Les rongeurs

un cochon d'Inde (= un cobaye)

un hamster

un lapin (nain)　　un chinchilla

un rat (domestique)　　un furet

une souris blanche　　une gerbille

> Exemples

→ Mon **cochon d'Inde** s'appelle Aglaé. Elle est gourmande et adore les pommes.
→ **Le furet** albinos, utilisé à l'origine pour la chasse aux **rongeurs** et aux **lapins**, est le plus ancien des animaux domestiqués. Sa domestication est plus ancienne que celle du chat !

> Expressions

• Comme le patron est en vacances, certains employés en profitent pour arriver plus tard au bureau. **Quand le chat n'est pas là, les souris dansent** (= en l'absence du supérieur, les subalternes profitent de leur liberté).

• L'entreprise est en grande difficulté financière. Tout le personnel cherche donc du travail ailleurs. **Les rats quittent le navire** (= les gens se désolidarisent et s'en vont en cas de problème).

• Si tu as été choisi pour tester un nouveau médicament, c'est que tu vas servir de **cobaye** (= un sujet d'expérience) aux laboratoires pharmaceutiques. Bon courage !

Les poissons

un poisson rouge
une carpe koï

un poisson japonais
un poisson-zèbre

un bocal
un bassin

un aquarium

Exemples

→ Mon **poisson rouge** est très content dans son **bocal**. Il s'appelle Bubulle.
→ J'ai acheté un bel **aquarium** avec une vingtaine de **poissons-zèbres**. C'est très reposant !
→ La **carpe koï** a besoin de place. Je vais lui construire **un bassin** dans le jardin.

Expression

• Mon frère ne répond jamais aux questions qu'on lui pose. Il est **muet comme une carpe** (= se taire, ne pas prononcer un seul mot).

Des animaux de compagnie plus rares

une tortue
un gecko

un serpent
un caméléon

une grenouille
un phasme

une araignée
une mante religieuse

un terrarium

Exemples

→ Ma **tortue** Tanit adore quand je lui apporte une feuille de salade. Elle sort sa tête de sa carapace et la dévore. C'est son son repas préféré !

→ Mon fils a construit **un terrarium** afin de pouvoir élever **des phasmes**, ces insectes qui ressemblent à de petites branches. Ils sont fascinants !

→ J'ai une phobie **des serpents** mais ma sœur a choisi un python royal pour lui tenir compagnie. Chacun ses goûts !

Expressions

• Alphonsine, tu n'as pas encore commencé la lecture du chapitre suivant ? Tu es **lente comme une tortue** ! (= être très lent)

• Tous les dimanches, notre voisin se promène dans les rues sans pantalon. Je crois qu'il **a une araignée au plafond** (= être un peu fou, dérangé).

54 LES ANIMAUX DE LA FERME

La poule

une poule ≠ un coq

un poulet   un poussin

un poulailler

chanter (cocorico !)

glousser   caqueter

picorer (des graines)   pondre (des œufs)

Exemples

→ **La poule caquette** quand elle cherche **des graines** à **picorer** et elle **glousse** de bonheur quand elle se promène avec ses **poussins**.

→ Au lever du jour, **le coq chante** pour réveiller tout **le poulailler**. **Cocorico** !

→ Contrairement au poulet, on ne mange pas **la poule pondeuse**, car elle **pond des œufs**.

Expressions

• Dieu que tu es naïf ! Il te rendra l'argent que tu lui as prêté **quand les poules auront des dents** (= jamais) !

• Qu'est-ce que je suis bien ici ! Je suis nourri, logé, soigné, aimé… Je suis **comme un coq en pâte** (= dans une situation très confortable).

• Dans son discours, il passe d'un sujet à l'autre sans aucune cohérence. Il **passe du coq à l'âne** (= changer de sujet de conversation).

• Mon chien a peur de tout. Au moindre petit bruit, il panique. C'est **une poule mouillée** ! (= un être très peureux)

Les animaux de la basse-cour

un canard ➡ un caneton   cancaner

une dinde ≠ un dindon   glouglouter

une oie   une pintade

un pigeon   un pigeonnier

un lapin ➡ un lapereau   un clapier

un paon

Exemples

→ Nous avons installé une mare pour **les canards** derrière la maison. Maintenant, ça **cancane** de plaisir !

→ Au fond du jardin, nous avons construit **un clapier** pour nos **lapins**. **Les lapereaux**, leurs petits, sont trop mignons !

Expressions

• J'ai monté une affaire lucrative avec des associés l'an dernier. J'apprends aujourd'hui qu'ils ont créé une entreprise concurrente dans mon dos. Bref, je **suis le dindon de la farce**
(= être dupe et la risée de tout le monde).

• Djamel n'est pas venu au rendez-vous et ne m'a pas prévenu. Il **m'a posé un lapin**
(= ne pas honorer un rendez-vous). Quel malpoli !

• La marchande de fruits croit que je vais lui acheter ses mangues hors de prix. Elle a tort car je n'aime pas **être pris pour un pigeon** (= être pris pour un idiot qu'on peut plumer, dépouiller, escroquer) !

Info Culture

• Les francophones adorent se donner des surnoms affectifs issus du monde animal : « mon **lapin** », « mon **canard** », « mon **poussin** », « mon **poulet** / ma **poulette** », mais aussi « ma colombe », « ma tourterelle », « ma biche », « ma gazelle », « mon biquet », etc.

LES ANIMAUX DE LA FERME

La vache

une vache ≠ un taureau   un veau

un bœuf (= un mâle castré)   une étable

une vache laitière ≠ à viande

traire ➤ la traite   un pis

brouter   ruminer   meugler (meuh !)

Exemples

→ Regarde ce **veau**, qu'est-ce qu'il est mignon ! Tu crois que c'est une future **vache laitière** ou une future **vache à viande** ?

→ Tous les matins à 7 heures, je **trais** ma vache Clémentine. Elle donne environ 15 litres de lait à chaque **traite**. Ensuite, elle quitte **l'étable** pour aller **brouter** l'herbe fraîche et **ruminer** dans le pré. **Meuh** !

 • **Distinguez** : **un pis** (= la mamelle remplie de lait de la vache) ≠ pis (= adv. : de mal en pis).

Expressions

• Mon père est brave ! À chaque fois que je lui demande de l'argent, il m'en donne en rigolant : « je ne suis pas **une vache à lait** ! » (= une personne dont on profite continuellement).

• Quand on est jeune, il faut apprendre à ne rien voler, sinon plus tard cela se dégrade. Le proverbe dit : **qui vole un œuf, vole un bœuf** ! (= celui qui commence par un petit délit finira par en commettre un grand)

• Certes, tu as fait une bêtise en quittant ton conjoint, mais maintenant, il est inutile de **ruminer** le passé (= repenser sans cesse à une chose de manière obsessionnelle), il faut se tourner vers le futur et le positif !

351

Le cochon

une truie

un porcelet / un cochonnet

un groin

une queue en tire-bouchon

une porcherie

se vautrer dans la boue

grogner (groin-groin !)

Exemples

→ Pour protéger leur peau des parasites, **les cochons se vautrent dans la boue**.
→ Dans **la porcherie**, **des porcelets** viennent de naître. Ils sont très mignons avec leur petit **groin** et leur **queue en tire-bouchon** !

Expressions

• Ces deux amis ne se quittent jamais. Ils **sont copains comme cochons** (= être très amis et complices).

• Tu offres un roman à quelqu'un qui n'a jamais ouvert un livre ? À mon avis, c'est **donner de la confiture à des cochons** (= gaspiller, faire un effort pour rien = jeter des perles aux pourceaux).

• Fais attention quand tu manges des spaghettis, tu mets de la sauce tomate partout. Tu **manges comme un cochon** (= manger peu proprement) !

• Me tutoyer et me parler sur ce ton ? Je ne vous le permets pas : nous **n'avons pas gardé les cochons ensemble** ! (= ne pas se connaître suffisamment pour pouvoir se parler sur un ton familier)

Le mouton et la chèvre

une brebis ≠ un bélier

un agneau

une chèvre ≠ un bouc

un chevreau

un troupeau

une bergerie

bêler

chevroter

un/e berger/ère

LES ANIMAUX DE LA FERME

Exemples

→ Mon chien de **berger** garde mon **troupeau** de **moutons**. Grâce à lui, aucune **brebis** ne risque de s'égarer et de se perdre.
→ **Un agneau bêle** dans **la bergerie**, il cherche sa mère.

Expressions

• Tout le monde se précipite sur ce dernier modèle de smartphone. Moi aussi, je l'ai acheté sans réfléchir davantage. J'ai suivi les autres **comme un mouton de Panurge** (= imiter les autres, bêtement, sans réfléchir) !
• Cet homme est très musclé et mesure 1 m 90, mais il est **doux comme un agneau** (= très gentil et paisible).
• Si je veux faire carrière, il faut que je **ménage la chèvre et le chou** (= contenter tout le monde, y compris des parties opposées) en toute circonstance.
• Cette colocation se passe mal. Si je ne déménage pas bientôt, je **deviendrai chèvre** (= s'énerver) !

Le cheval

une jument ≠ un étalon   **un poulain**
au pas ▶ au trot ▶ au galop   **un poney**
une crinière   **un sabot**
une écurie   **une selle**
un étrier   **hennir**
les rênes (fém.) / **la bride** **ruer**

Exemples

→ Les trois allures du **cheval** sont **le pas**, **le trot** et **le galop**. Un cheval de course peut galoper jusqu'à 60 km à l'heure !
→ Dans mon **écurie**, j'ai un Pur-sang arabe. Je le bichonne car c'est encore **un poulain**.
→ Pour aller trotter à cheval, il faut d'abord que je mette le pied à **l'étrier** pour monter en **selle**.
→ Quand **le cheval** perçoit un danger, il **hennit** pour avertir ses congénères. Pour se défendre, il **rue**. Attention aux coups de **sabots** !

• **Distinguez :** **le trot** (= l'allure du cheval) ≠ trop (= énormément).

Expressions

• Mes débuts dans ce travail étaient difficiles car je n'avais aucune expérience. Maintenant, j'**ai le pied à l'étrier** (= être prêt pour réussir, faire carrière).

• Beaucoup de gens n'arrivent pas à travailler en autonomie. Ils ont besoin d'être encadrés. Si on leur **lâche la bride** (= laisser faire, donner toute liberté d'action), ils ne travaillent plus.

• Ce n'est pas le directeur, c'est la directrice adjointe qui **tient les rênes** (= diriger) de l'entreprise.

• Face aux injustices du monde, j'ai envie de **ruer dans les brancards** (= exprimer son désaccord avec force, se rebeller).

L'âne

une ânesse ≠ un âne   **un ânon**

une bourrique (fam.)

une mule ≠ un mulet

braire (hi-han !)

Exemple

→ J'adore mon **âne** qui s'appelle Trolilo. Il est très affectueux et se met à **braire** quand je viens lui apporter de l'herbe fraîche : **hi-han**, **hi-han** !

→ **La mule** est un animal hybride qui est né du croisement entre **un âne** et une jument.

Expressions

• Je dois vraiment porter ce sac à dos, ces deux valises et ce sac en bandoulière ? Je vais être **chargé comme une mule** (= porter des bagages très lourds) !

• Mon père, même malade, ne veut jamais voir aucun médecin. Il est **têtu comme une mule** (= très têtu).

• Mon directeur me demande de faire une chose et puis son contraire. Il **me fait tourner en bourrique** (= fatiguer, exaspérer quelqu'un à force d'exigences parfois contradictoires).

LES ANIMAUX DE LA FERME

Les abeilles

une abeille ouvrière ≠ une abeille butineuse

la reine

un rayon

le pollen / le nectar

un essaim

bourdonner (bzz !)

un/e apiculteur/trice

une ruche

une alvéole

le miel

polliniser

butiner

la gelée royale

Exemples

→ Dans une colonie d'**abeilles**, il y a une hiérarchie bien établie : **la reine** est nourrie exclusivement de **gelée royale** alors que **les abeilles ouvrières** ne mangent que du **miel** et du **pollen**. Au printemps, la colonie se divise en deux et **un essaim** quitte **la ruche** pour s'installer ailleurs.

→ L'abeille **butine le pollen** et **le nectar** des fleurs **en bourdonnant**. **Bzz** !

→ Comme les abeilles **pollinisent** les arbres fruitiers, il y a des accords entre les agriculteurs et **les apiculteurs** pour qu'ils installent leurs **ruches** dans les vergers.

→ Dans **une ruche**, on trouve **des rayons** verticaux en cire composés d'**alvéoles**, ces cellules hexagonales où **les abeilles** stockent **le miel** et **le pollen** pour l'hiver.

 • **Distinguez :** **un rayon** (dans une ruche) ≠ un rayon (dans un supermarché).

Expression

• Cette entreprise emploie une centaine d'employés qui s'activent dans tous les sens. C'est **une vraie ruche** ! (= un endroit où il y a une activité intense)

55 LES ANIMAUX SAUVAGES

Dans les prairies et les buissons

 une coccinelle

 un puceron

 un scarabée

 un ver de terre

 un papillon

 une chenille

 une sauterelle

 une araignée

 une musaraigne

 un loir

 une chauve-souris

 un campagnol / un mulot

 un lièvre

 une taupe

 un hérisson

 un lapin de garenne

 une couleuvre

 une vipère

 un lézard

 un orvet

 un étourneau

 une grue

 une cigogne

 une hirondelle

 un faucon

 un corbeau

 une corneille

 une pie

LES ANIMAUX SAUVAGES

Exemples

→ Tiens, **une coccinelle** ! Tu sais qu'on appelle cet insecte rouge à points noirs la « bête à bon Dieu » ? Alors, elle te portera chance !

→ Je ne confonds plus les deux oiseaux au plumage noir, **le corbeau** et **la corneille** : sur le sol, le premier marche alors que la seconde saute !

→ **La chenille** tisse un cocon à l'intérieur duquel elle se transforme en chrysalide pour devenir **papillon**. Quelle belle métamorphose !

→ **Le faucon** est un rapace diurne, c'est-à-dire un oiseau de proie qui chasse le jour **des orvets**, **des mulots** et **des lapins de garenne**. Quant au **hérisson**, aucun souci : il peut se défendre grâce à ses piquants !

→ Comme la marmotte, **le loir** hiberne. Cela signifie qu'il sommeille pendant l'hiver dans un grenier.

→ Mon toit est un véritable biotope : **les hirondelles** ont construit leurs nids sous la gouttière, **la cigogne** a installé le sien en haut de la cheminée et **les chauves-souris** ont élu domicile dans le grenier.

Expressions

• L'âge venant, je ne vois presque plus rien. Je suis **myope comme une taupe** (= être quasi aveugle).

• Toute la journée, j'affronte mille difficultés et je me sens constamment humilié. Tous les jours, j'**avale des couleuvres** (= subir des affronts sans pouvoir se plaindre) !

• Ma petite sœur raconte des histoires toute la journée. Elle est **bavarde comme une pie** (= très bavarde).

• Mon voisin est méchant et médisant : **une vraie langue de vipère** ! (= une personne qui dit de méchantes choses sur tout le monde)

• Tout est sous contrôle, tout fonctionne bien. **Il n'y a pas de lézard** (= pas de souci, aucun problème).

Info Culture

• Dans ses *Fables*, Jean de La Fontaine se sert **des animaux** pour se moquer des humains. Ainsi, **le lièvre**, qui se croit supérieur à son adversaire, perd sa course contre **la tortue** qui, elle, se hâte lentement : « Rien ne sert de courir, il faut partir à point » ! **Le corbeau**, quant à lui, se laisse voler son fromage car il écoute le discours flatteur du **renard** : « Hé ! bonjour, Monsieur du Corbeau, / Que vous êtes joli ! que vous me semblez beau ! » Bref, les animaux et la littérature peuvent nous apprendre beaucoup de choses sur la vie !

Dans les forêts tempérées

 un cerf

 une biche

 un faon

 un chevreuil

 un écureuil

 un renard

 un ours (brun)

 un sanglier (et son marcassin)

 un blaireau

 une belette

 un putois

 une chouette

 un coucou

 un hibou

 un geai

 un pivert / un pic-vert

> **Exemples**

→ Au retour du printemps, on peut entendre le cri caractéristique du **coucou** (cou-cou !), ainsi que le bruit reconnaissable du **pivert** qui cogne avec son bec contre les troncs d'arbre.

→ Ne me demandez surtout pas la différence entre **une belette** et **un putois**. Ce qui est sûr c'est que **le putois** pue. Pour le reste, je n'en sais rien !

- **Prononciation :** Le mot « faon », le petit du cerf et de la biche, se prononce comme /fend/ du verbe « fendre » (= séparer, couper) !
- **Distinguez : un coucou** (= l'oiseau migrateur dont la femelle pond son œuf dans le nid des autres oiseaux) ≠ un coucou (= la pendule qui sonne comme un coucou) ≠ coucou ! (= expression pour attirer l'attention de quelqu'un).
- **Distinguez : un blaireau** (= l'animal à la tête rayée de blanc et de noir) ≠ un blaireau (= l'objet de toilette pour étaler la mousse à raser).

LES ANIMAUX SAUVAGES

Expression

• Sans être très intelligent, il est **rusé comme un renard** (= très malin/e).

Près des étangs et dans les marais

une grenouille

un crapaud

un têtard

un cygne

un canard

une poule d'eau

un martin-pêcheur

une libellule

un ragondin

une loutre

un castor

un raton laveur

un flamant (rose)

un pélican

un héron

> **Exemples**

→ En hiver, j'adore observer les majestueux **cygnes** blancs, les joyeux **canards** sauvages et **les poules d'eau** avec leur bec rouge se terminant par une pointe jaune.

→ Les oiseaux échassiers, comme **le héron** et **le flamant rose**, ont de longues pattes qui leur permettent de marcher dans les eaux peu profondes à la recherche d'insectes, de **têtards** et de **grenouilles**.

→ Au bord des rivières claires, on peut rencontrer **la libellule**, ce bel insecte prédateur, ainsi que **le martin-pêcheur**, ce petit oiseau bleu et orange qui attrape les poissons avec une grande habileté.

→ Le seul moyen sûr de distinguer **le castor** et **le ragondin**, ce sont leurs queues : celle du **castor** est plate et celle du **ragondin** est cylindrique. Le premier ronge le bois tandis que le second, très nuisible, dégrade les berges en creusant des terriers.

• **Distinguez :** un flamant (= le grand oiseau échassier) ≠ un Flamand (= un habitant des Flandres qui parle le flamand ou le français).

> **Expression**

• Ce romancier est mort juste après avoir écrit son chef-d'œuvre. Ce fut **son chant du cygne** (= la dernière et la plus belle chose qu'on réalise avant de mourir).

Dans les montagnes

une marmotte

une fouine

un loup

un chamois

un bouquetin

un lynx

LES ANIMAUX SAUVAGES

une perdrix des neiges

un coq de bruyère

un choucas

un aigle (royal)

Exemples

→ Chut ! Regarde, **un coq de bruyère** qui mange des myrtilles. Il adore ça. Si on monte plus haut vers les sommets, on apercevra peut-être **une perdrix des neiges** !

→ **Le chamois** est très agile, il peut courir et sauter dans les rochers sans problème.

→ **Le bouquetin** mâle, quant à lui, porte deux cornes qui peuvent atteindre jusqu'à 1 mètre !

→ **Le choucas** est un oiseau des montagnes facilement reconnaissable à son bec jaune.

→ **L'aigle royal**, le plus majestueux des rapaces, est le maître des sommets des Alpes. Pour élever ses petits, il bâtit son aire dans les endroits les plus inaccessibles.

Expressions

• Je n'ai pas entendu le réveil sonner. J'**ai dormi comme une marmotte** (= dormir profondément).

• Ce n'est pas la peine de me cacher des choses. Je vois tout, j'**ai des yeux de lynx** (= avoir une excellente vue).

• Cette actrice française est une célébrité mondiale. Elle **est connue comme le loup blanc** (= être très célèbre).

• Cet homme met son nez partout. **Une fouine**, je te dis ! (= une personne indiscrète et rusée)

Dans la toundra et les zones polaires

 un renne

 un ours blanc / polaire

 une oie de la toundra

 un élan

 un pingouin

 un harfang des neiges

 une hermine

 un albatros

 un manchot (empereur)

 une mouette

 un goéland

 une sterne

Exemples

→ Depuis la Laponie, le père Noël vient nous apporter les cadeaux, assis sur son traîneau tiré par neuf **rennes**.

→ **Le pingouin** vit dans l'hémisphère Nord tandis que **le manchot** vit en Antarctique. Si le premier peut nager et voler, le second peut nager et marcher.

→ Ne confondez pas **la mouette** et **le goéland**. La mouette, plus petite que le goéland, a un bec rouge foncé alors que celui du goéland est jaune.

 • **Distinguez :** un élan (= le grand cerf qui porte des cornes en éventail) ≠ un élan (= le mouvement pour s'élancer, la manifestation spontanée de tendresse).

LES ANIMAUX SAUVAGES

Dans la savane

● **Les herbivores**

une girafe	un zèbre	un éléphant	une gazelle
un hippopotame	un gnou	une antilope	une autruche
un rhinocéros	un buffle	un phacochère	un kangourou

● **Les carnassiers**

un lion / une lionne	un guépard	un crocodile	
un léopard	un serval	un lycaon	un chacal

● **Les charognards**

une hyène   un vautour   un marabout (d'Afrique)

Exemples

→ À la tombée du jour, **les gnous**, **les antilopes** et **les girafes** se retrouvent au même point d'eau pour boire. Mais attention aux **crocodiles** qui les attendent dissimulés sous l'eau !

→ **Les carnassiers** sont des prédateurs qui chassent des animaux pour se nourrir de leur chair. Dans la savane, le roi des fauves est **le lion**.

→ **Les charognards**, comme **la hyène** et **le vautour**, se nourrissent d'animaux morts.

Expressions

• Tu te souviens de tout, c'est incroyable ! Tu as **une mémoire d'éléphant** (= une excellente mémoire).

• La concurrence est rude sur le marché du livre. Mais mon éditeur **s'est battu comme un lion** (= lutter, se défendre avec beaucoup de courage) pour vendre mon dernier roman.

• Afin de nous émouvoir et de nous tromper, elle **a versé des larmes de crocodile** (= faire semblant d'être triste). Quelle hypocrite !

• Comme je suis ruiné, je dois vendre à ce marchand d'art mes magnifiques tableaux à des prix dérisoires. **Quel charognard** ! (= une personne qui profite du malheur des autres)

Dans les forêts tropicales

un chimpanzé

un orang-outan

un gorille

un macaque

un python

un anaconda

un caméléon

un boa (constricteur)

un perroquet

un cacatoès

un toucan

un oiseau de paradis

LES ANIMAUX SAUVAGES

un tapir   un okapi   un paresseux   un fourmilier /
                                                                      un tamanoir

un jaguar   un tigre   une panthère noire

Exemples

→ **Le fourmilier** géant, comme son nom l'indique, mange surtout des fourmis et des termites. Ses seuls prédateurs sont les grands félins, dont **le jaguar**... et l'homme bien sûr !

→ Distinguer **le perroquet** et **le cacatoès**, c'est facile : le second porte une jolie huppe jaune, blanche ou rouge sur la tête.

Expressions

• Il trouve toujours des combines pour partir gratuitement en vacances. Il est **malin comme un singe** (= très malin, futé, dégourdi).

• Mon cousin ne rembourse jamais ses dettes. Il **paie** toujours tout le monde **en monnaie de singe** (= payer avec des promesses ou ne pas payer du tout). Quel malin !

Quelques insectes fréquents

une mouche   un moustique   une guêpe   une fourmi

Exemple

→ Les piqûres de **guêpe** peuvent être dangereuses et faire très mal. Donc attention !

Expression

• Pour écrire ce livre, il nous a fallu effectuer **un travail de fourmi** (= un travail minutieux).

56 LES POISSONS ET LES MAMMIFÈRES MARINS

Les poissons des lacs et des rivières

une carpe   **un goujon**   **un gardon**   **un barbeau**

une truite   **un brochet**   **une perche**   **un sandre**

une anguille   **un poisson-chat**   **un piranha**   **une lamproie de rivière**

Exemples

→ De la même famille que le saumon, **la truite** et **le brochet** sont des poissons très appréciés dans nos assiettes. Goûtez les quenelles de brochet, c'est une merveille !

→ **Les goujons** frits, très croustillants, sont servis en hors-d'œuvre. En revanche, **les perches** frites se mangent en plat accompagnées d'une sauce aux câpres.

→ Chez le poissonnier, je n'aime pas toucher **l'anguille** ni **le poisson-chat**. Ces deux poissons ont une peau visqueuse !

 • **Distinguez :** une perche (= le poisson d'eau douce) ≠ une perche (= la longue tige de bois) ≠ une perche (= une personne de grande taille).

LES POISSONS ET LES MAMMIFÈRES MARINS

Expressions

- Il ne dit jamais rien. Il est **muet comme une carpe** (= ne pas parler).

- Ah, qu'est-ce que j'ai bien dormi ! Ce matin, je suis **frais comme un gardon** (= en pleine forme).

- Ce week-end, je vais aller à la pêche. Je vais aller **taquiner le goujon** (= pratiquer la pêche à la ligne). Tu viens avec moi, Sébastien ?

- Je ne peux pas te dire exactement pourquoi, mais toutes ces belles promesses ne me plaisent pas. **Il y a anguille sous roche** (= être perplexe face à une situation douteuse et louche, ne pas être rassuré).

Les poissons d'eau de mer

un anchois

une sardine

un hareng

une daurade

un bar / un loup

un maquereau

un saumon

un thon

un espadon

un merlan

une rascasse

une sole

une baudroie

un congre

une murène

un poisson-clown

un poisson-lune

un poisson-globe

une raie

un poisson-scie

un requin
(blanc / tigre / marteau)

Exemples

→ Lorsqu'ils se déplacent, **les sardines**, **les anchois** et **les harengs** se regroupent en bancs pour tromper leurs prédateurs, tels **les requins**.

→ **La rascasse**, dotée de fortes épines, entre dans la composition de la bouillabaisse marseillaise. Bon appétit !

→ Parmi **les poissons plats** à la chair très goûteuse, on trouve **la sole** et le turbot, mais aussi le flétan, la plie et la limande. En revanche, **la raie**, bien que plate également, ne fait pas partie de la même famille.

→ On a tendance à confondre **le congre** et **la murène**. Les deux ont un corps allongé et une tête peu sympathique. **La baudroie** avec son immense mâchoire est aussi quelque peu effrayante.

→ Saviez-vous que **le loup** et **le bar** sont deux appellations pour le même poisson ? La seule différence est qu'on pêche le premier en Méditerranée et le second dans l'Atlantique !

Expressions

• Dans le métro, aux heures de pointe, on **est serrés comme des sardines** (= être nombreux et très serré). C'est insupportable !

• Ces deux amoureux se regardent avec **des yeux de merlan frit** (= un regard énamouré mais niais et ridicule). Que c'est touchant !

• Ce jeune diplômé sorti d'une école de commerce veut devenir président de la République. Pour cela, il est prêt à tout, ce **requin** ! (= une personne ambitieuse et sans scrupule).

LES POISSONS ET LES MAMMIFÈRES MARINS

D'autres animaux marins

le corail / les coraux

un oursin

une anémone de mer

une étoile de mer

une méduse

un concombre de mer

une pieuvre / un poulpe

un calamar

une seiche

un crabe

une langouste

une araignée de mer

un hippocampe

une tortue marine

une coque / un coquillage

> **Exemples**

→ Les récifs coralliens, construits par **les coraux**, jouent un rôle extrêmement important dans l'écosystème marin.

→ J'ai vu **une méduse** dans l'eau et je crains qu'elle ne me pique ! Ses tentacules, comme ceux **des anémones de mer**, peuvent provoquer des brûlures très désagréables !

→ Grâce à ses mini-ventouses, **l'étoile de mer** s'accroche aux rochers et se déplace au fond des océans. Pour fuir un prédateur, elle peut même abandonner un bras, comme le fait le lézard avec sa queue.

→ **L'hippocampe** est un drôle de poisson qui nage à la verticale. Mais qu'est-ce qu'il est charmant !

> **Expression**

• Insatiable, ma mère s'empare de tout et personne ne peut échapper à son emprise. C'est **une pieuvre** ! (= une personne ou une entreprise tentaculaire qui neutralise tout le monde)

Les mammifères marins

une baleine (à bosse)

un cachalot

une baleine bleue / un rorqual bleu

un dauphin

une orque

un marsouin

un narval

un phoque

un éléphant de mer

LES POISSONS ET LES MAMMIFÈRES MARINS

une otarie

un morse

une loutre de mer

Exemples

→ **La baleine bleue** est l'animal le plus grand qui vit sur notre planète. Pourtant, elle ne mange que du krill, qui est composé de minuscules crustacés.

→ À la différence de la baleine, **le cachalot** a une tête rectangulaire et des dents.

→ **L'otarie** se distingue du **phoque** par la présence de deux jolies petites oreilles !

→ **Le morse** est facilement reconnaissable à ses longues défenses en ivoire.

→ **L'orque**, qui ressemble à un grand **dauphin** noir et blanc, est considérée comme un super-prédateur (un prédateur alpha), qui se trouve au sommet de la chaîne alimentaire. Elle chasse tout, y compris **les phoques**, **les morses** et **les baleines** !

→ Les surnoms qu'on donne parfois à certains **mammifères marins** peuvent nous aider à les reconnaître. Ainsi, **le narval** est surnommé la licorne des mers, **le morse** le cheval des mers, le lamantin la vache des mers et **le marsouin** le cochon de mer. En plus, c'est rigolo !

• **Distinguez :** une baleine (= l'animal) ≠ des baleines de parapluie / de corset / de col de chemise (= les tiges pour rendre rigides certains tissus), un morse (= le mammifère marin) ≠ le morse (= le code Morse : le code télégraphique avec des traits et des points).

Expression

• Parfois, je suis gênée de sortir avec mon copain car il **rit comme une baleine** (= rire très fort, sans aucune retenue).

57 LES FLEURS

La fleur

une tige · une épine

une corolle · un pétale

une feuille · un pistil

un bulbe · une graine

un bouton · des étamines (fém.)

fleurir ≠ se faner · annuel/le ≠ vivace

Exemples

→ Voici une rose pour toi. Tiens, mon amour, mais attention aux **épines** qui piquent !

→ Quand **une fleur** repousse chaque année, elle est considérée comme **vivace**, contrairement à une fleur **annuelle** qui grandit, **fleurit**, fait **des graines** et meurt la même année.

→ **Une corolle** de fleur est composée de plusieurs **pétales**. Ceux-ci entourent **le pistil**, l'organe reproducteur femelle, ainsi que **les étamines**, les organes reproducteurs mâles qui produisent le pollen.

→ Cette année, mon rosier va **fleurir** abondamment car il est recouvert de **boutons** qui vont s'ouvrir d'ici quelques semaines. Quelle belle perspective !

Expressions

• Sans être invitée, je suis passée prendre le thé chez mes voisines. Je **suis arrivée comme une fleur** (= se présenter de façon innocente et mal à propos). Je crois qu'elles n'ont guère apprécié.

• Si tu me rends ce service, tu vas **m'ôter une épine du pied** (= enlever un souci, tirer d'embarras).

LES FLEURS

Les fleurs sur les balcons

| un géranium | un œillet | un cyclamen | une pensée |
| une clématite | une capucine | une passiflore | un pétunia |

> Exemples

→ Mon balcon est très fleuri cette année : **les géraniums** et **les œillets** fleurissent comme jamais et **le pétunia** a tellement poussé qu'il descend jusque sur le balcon de nos voisins du dessous !

→ Sur les deux murs de mon balcon, j'ai à gauche **une clématite** et à droite **une capucine**. L'une a des fleurs bleu foncé et l'autre des fleurs rouge orangé vif. Quel beau contraste !

Les fleurs du jardin

un perce-neige	une jacinthe	une primevère	une jonquille / un narcisse
une tulipe	un aster	un chrysanthème	une Rose de Noël
une iris	un lys	un glaïeul	un dahlia
un tournesol	un muguet	une violette	une campanule

> **Exemples**

→ Les premières fleurs du printemps sont **les perce-neige**, ces petites clochettes blanches qui poussent dès que le sol se réchauffe.

→ Savez-vous faire la différence entre **un narcisse** et **une jonquille** ? Les jonquilles, contrairement aux narcisses, ont plusieurs fleurs par tige.

→ En automne, vous pouvez voir fleurir **les asters**, ces fleurs en forme d'étoiles bleues, ainsi que **les chrysanthèmes**. Mais la vedette de l'hiver, c'est **la Rose de Noël** !

→ Au milieu de mon jardin, j'ai aménagé un massif de fleurs avec **des lupins**, **des lys** de feu et **des glaïeuls**. C'est un véritable feu d'artifice de couleurs !

→ Sur les bordures, il faut planter de petites fleurs basses et délicates : **des muguets** ou **des violettes**.

> **Info Culture**
>
> • **Les fleurs** font partie de notre vie et de nos traditions. En début d'année, rien de tel que d'offrir **un bouquet de violettes** pour faire une déclaration d'amour. À la Saint-Valentin, c'est le moment idéal pour confirmer votre amour à votre bien-aimé/e : **un bouquet de roses** s'impose. Le 1er mai, il est temps d'offrir **un brin de muguet**, c'est un geste porte-bonheur ! Enfin, le 1er novembre, à la Toussaint, c'est l'heure du souvenir et de la gratitude, n'hésitez pas à apporter **des chrysanthèmes** au cimetière pour fleurir la tombe de vos aïeux.

Les fleurs formant de petits arbustes

un rosier   un hortensia   un rhododendron
une azalée   une pivoine   un fuchsia

LES FLEURS

Exemples

→ **Le rosier** Pierre de Ronsard est mon rosier préféré. Ses roses dégagent un parfum absolument délicieux !

→ Comme **les rosiers**, il faut tailler **les hortensias** avant l'arrivée du printemps pour qu'ils produisent de belles fleurs en été.

Expressions

• Le jeune garçon a dit une grossièreté. En s'excusant, il est devenu **rouge comme une pivoine** (= rougir).

Les fleurs des champs

| une pâquerette | une marguerite | un coquelicot | un pissenlit |
| un bouton d'or | un bleuet | une ortie | un souci |

Exemples

→ **Les marguerites** et **les coquelicots** sont devenus rares dans les champs. Quel dommage ! Par contre, **les pissenlits**, il y en a partout !

→ Viens. On va voir si tu aimes le beurre : je vais te mettre **un bouton d'or** sous le menton et s'il y a un reflet doré sur ta peau, c'est le cas !

→ Attention, ne mets pas ta main dans **les orties**. Tu vas te faire piquer !

• **Distinguez :** un souci (= la fleur des champs) ≠ un souci (= le problème).

Expressions

• La qualité de l'enseignement primaire et secondaire a vraiment baissé. Le niveau des élèves est désormais **au ras des pâquerettes** (= intellectuellement très bas). C'est désolant !

• C'est un peu familier de dire cela, mais mon grand-père adoré est parti : il **mange les pissenlits par la racine** (= être mort et enterré).

Les fleurs de montagne

| un edelweiss | un génépi | une gentiane | un myosotis |
| un chardon | un crocus | un colchique d'automne | une ancolie |

Exemples

→ Pour découvrir **un edelweiss**, la fleur la plus emblématique des Alpes, il faut grimper dans les endroits les plus inaccessibles des montagnes. Il est extrêmement rare !

→ L'odeur particulière du **myosotis**, qui signifie « ne m'oubliez pas », chasse les moustiques.

→ Tu vois là-bas dans le pré ? **Les colchiques** fleurissent. C'est la fin de l'été !

LES FLEURS

> **Info Culture**
>
> • En montagne, à la fin d'un repas, vous pouvez goûter une liqueur de **génépi** ou une eau-de-vie de **gentiane**. En apéritif, ce sera plutôt une Suze tonic, un cocktail à base de liqueur de **gentiane**.

Les fleurs des zones semi-arides

une lavande   **un romarin**   **un thym**   **une immortelle**

> **Exemple**
>
> → Dans les garrigues sèches de Provence, on trouve **la lavande** et **l'immortelle** mais aussi **le thym** et **le romarin**. Sous la chaleur du soleil, ces plantes dégagent des senteurs extraordinaires !

Les fleurs aquatiques et tropicales

un nénuphar   **une orchidée**
un lotus   **une amaryllis**

> **Exemple**
>
> → Claude Monet adorait peindre **les nénuphars**, parfois appelés nymphéas.

58 LES ARBRES

L'arbre

une racine	un tronc	une écorce	une branche
un rameau	un bourgeon	une feuille	un feuillage
une cime	un feuillu	un palmier	un conifère / un résineux

un arbrisseau ➤ un buisson ➤ un arbuste ➤ un arbre   la sève ≠ la résine

Exemples

→ Les amoureux aiment graver leurs initiales dans **l'écorce** d'**un tronc** d'arbre en espérant que ce geste fera durer leur amour le plus longtemps possible.

→ Au printemps, la circulation de **la sève** reprend et quand on aperçoit un œil sur **une branche**, c'est sûrement **un bourgeon** qui deviendra **feuille**.

→ À l'automne, **les feuilles** se colorent de jaune et de rouge et **la cime** des arbres commence à se dépouiller.

→ Plusieurs **arbrisseaux** forment ensemble **un buisson**. En revanche, **les arbustes** avec leur tronc bien marqué, ressemblent à de petits **arbres**.

→ **Les conifères** sont des arbres qui ont des aiguilles et dont **l'écorce** sécrète de **la résine**. Leurs aiguilles peuvent être persistantes (pour le sapin) ou caduques (pour le mélèze), comme les feuilles **des feuillus**.

LES ARBRES

Expressions

• Souvent, ce n'est que le dysfonctionnement du métro qu'on remarque mais, en réalité, ce sont tous les transports en commun qui fonctionnent très mal. C'est **l'arbre qui cache la forêt** (= ne voir qu'une partie et non pas l'ensemble).

• C'est fou, tu **trembles comme une feuille** (= trembler énormément) ! Tu as froid ? Tu as de la fièvre ?

Les arbustes et les buissons

▲ **un lilas**

un bougainvillier
un noisetier

▲ **un chèvrefeuille**

un jasmin
un sureau (noir)

▲ **une glycine**

un laurier-rose
un églantier

▲ **un mimosa**

un camélia
un buis

Exemples

→ **La glycine** fait des grappes de fleurs violettes de toute beauté.

→ En Méditerranée, c'est un festival de senteurs et de couleurs : **le mimosa** et **le jasmin** dégagent des parfums extraordinaires tandis que **le laurier-rose** et **le bougainvillier** nous impressionnent par leurs fleurs blanches, roses, pourpres ou violettes.

→ Dans les régions septentrionales, il y a aussi des arbustes à fleurs très odorantes, comme **le lilas** et **le chèvrefeuille**.

→ Si les noisettes du **noisetier** se mangent cru, les baies sauvages du **sureau** se consomment plutôt en confiture ou en sirop.

→ Dans les jardins à la française, **les buis** sont taillés en rond, en cône, en cube ou en spirale. C'est l'art topiaire !

→ **L'églantier** produit des fruits rouges, les cynorhodons. Ceux-ci sont consommés en confiture.

Info Culture

• ***La Dame aux camélias*** est un roman d'Alexandre Dumas fils publié en 1848. C'est l'histoire d'un jeune homme qui tombe amoureux d'une belle et vertueuse courtisane, Marguerite Gautier, atteinte de tuberculose. Ce roman à l'issue tragique, dans lequel l'héroïne communique avec son amoureux au moyen de différentes fleurs de **camélias** qu'elle accroche à son buste, a inspiré Giuseppe Verdi pour son opéra *La Traviata*.

Les arbres fruitiers

▲ **un pommier** (la pomme)   ▲ **un poirier** (la poire)   ▲ **un cerisier** (la cerise)

un prunier (la prune)   **un pêcher** (la pêche)   **un abricotier** (l'abricot)
un olivier (l'olive)   **un oranger** (l'orange)   **un citronnier** (le citron)
un noyer (la noix)   **un amandier** (l'amande)   **un figuier** (la figue)
un palmier (la datte)   **un bananier** (la banane)   **un cocotier** (la noix de coco)

Exemples

→ Dans mon verger, j'ai trois **pommiers** et deux **pruniers**. J'ai également **un citronnier** dans mon orangerie où je garde les plantes qui ne supportent pas le gel.

→ Depuis plus de 6 000 ans, **l'olivier** est l'ami le plus précieux de l'homme. C'est à partir de ses fruits que l'on extrait l'huile d'olive !

→ Le bois du **noyer**, du **poirier** et du **cerisier** sauvage (= le merisier) est très apprécié dans la menuiserie et l'ébénisterie.

• **Distinguez :** un pêcher (= l'arbre fruitier qui produit des pêches) ≠ un péché (= la transgression de la loi divine) ≠ pêcher (du poisson à la ligne).

LES ARBRES

Expression

- Il fait 46 degrés à l'ombre. Elle a eu un malaise et elle **est tombée dans les pommes** (= s'évanouir, perdre connaissance).

Info Culture

- **Les agrumes** sont intéressants non seulement pour leurs fruits mais également pour leurs fleurs très parfumées. Ainsi, au Maghreb, **l'eau de fleur d'oranger** et l'essence de néroli, très prisées par les parfumeurs français, sont extraites par hydrodistillation des fleurs de **l'oranger amer**, le bigaradier.

Les feuillus

▲ un chêne

▲ un érable

▲ un châtaignier

▲ un saule (pleureur)

un hêtre
un marronnier
un chêne-liège
un baobab

un frêne
un platane
un orme
un teck

un tilleul
un bouleau
un acacia
un acajou

un charme
un peuplier
un eucalyptus
un hévéa / l'arbre à caoutchouc

Exemples

→ Si vous trouvez des glands au pied d'un arbre, il s'agit d'**un chêne**. Si vous y trouvez des samares, ces mini-fruits munis « d'ailes », il s'agit d'**un érable** ou d'**un frêne**.

→ **Le bouleau** est reconnaissable à son écorce blanche et lisse avec de petites crevasses noires horizontales.

→ Les feuilles du **peuplier** tremblent dans le vent et murmurent comme un ruisseau. Quel doux bruit de fraîcheur !

→ Attention ! **Les marronniers** produisent des fruits toxiques, les marrons, alors que **les châtaigniers** produisent des fruits comestibles, les châtaignes, faussement appelées marrons : « chauds, chauds, les marrons chauds » !

→ **L'eucalyptus** a des feuilles très aromatiques utilisées pour dégager les bronches et calmer la toux.

→ L'écorce du **chêne-liège** est un bon isolant thermique et acoustique.

→ Dans la savane, on trouve **l'acacia**, dont les feuilles sont la nourriture préférée des girafes et **le baobab**, un arbre géant qui a fasciné le Petit Prince !

→ Le caoutchouc naturel provient de la transformation du latex produit dans les plantations d'**hévéas**.

- **Distinguez :** un bouleau (= l'arbre à feuilles caduques) ≠ un boulot (= fam. le travail)

Expression

• Ce monsieur a quatre-vingt-dix ans mais il **se porte comme un charme** (= être en pleine forme).

Info Culture

• **L'érable**, dont la feuille est l'emblème du Canada, est réputé pour sa sève sucrée et aromatisée que l'on récolte pour produire **le sirop d'érable**. Avec près de 70 % de toute la production mondiale, le Québec est le premier producteur de ce délicieux sirop naturel.

Les conifères

▲ un épicéa

▲ un thuya

▲ un sapin

un if

un mélèze

un pin (maritime / parasol / d'Alep)

un cyprès

un cèdre (du Liban)

un séquoia (géant)

Exemples

→ Pour créer des haies autour des jardins, on plante souvent **des tuyas** et parfois **des ifs**.

→ Si vous voulez distinguer **le sapin** et **l'épicéa**, il faut observer les pommes de **pin**. Si elles pointent vers le ciel, il s'agit d'**un sapin** et si elles pendent vers le sol, c'est **un épicéa**.

→ Les forêts de **mélèze** sont magnifiques en automne car **les conifères** qui les composent se colorent de jaune avant de perdre leurs **aiguilles**.

→ Dans les jardins méditerranéens, **le cyprès** est immédiatement reconnaissable à sa forme étroite et pyramidale.

→ Certains cryptomères (du Japon), **cèdres** et **séquoias** peuvent vivre entre 1000 et 2000 ans. En Iran, il existe même **un cyprès** qui aurait été planté par Zoroastre il y a plus de 4000 ans !

 • **Distinguez :** **un pin** (= le conifère) ≠ un pain (= l'aliment) ≠ peint (= qui est peint/e).

PARTIE 12
LA SCIENCE ET LA TECHNOLOGIE

59 LA TECHNOLOGIE ET SES GADGETS

L'ordinateur

▲ un écran (tactile)   ▲ un clavier   ▲ une souris   ▲ un ordinateur (portable)

un logiciel	un disque dur	une clé USB	un périphérique
cliquer	un câble	un port USB	une cartouche d'encre
sauvegarder	allumer ≠ éteindre	télécharger	brancher ≠ débrancher
un scanneur	numériser	une imprimante	imprimer

Exemples

→ J'utilise **un clavier** français « AZERTY » car les premières lettres du **clavier** apparaissent dans cet ordre.

→ Il n'y a qu'un seul **port USB** sur cet **ordinateur**. Il me faudrait donc une multiprise USB afin de pouvoir **brancher** plusieurs **périphériques** et **clés USB**.

→ Je ne peux plus **imprimer**. **La cartouche** de l'**imprimante** est vide. Il n'y a plus d'**encre** noire.

→ En informatique, il est nécessaire de distinguer **le disque dur**, qui stocke les données, et **le logiciel**, qui est un programme pour le traitement de celles-ci.

 • **Distinguez :** une encre (= le liquide pour écrire ou imprimer) ≠ une ancre (= la pièce métallique très lourde pour immobiliser un navire), **un port** (USB) ≠ un port (maritime / fluvial).

Expression

• Mon fils conduit sa moto sans casque. Je **me fais un sang d'encre** (= être très inquiet) !

LA TECHNOLOGIE ET SES GADGETS

La connexion Internet

un fournisseur d'accès
se connecter
le (haut) débit

une box
le Wi-Fi
un antivirus

un forfait Internet en illimité
un réseau sans fil
la protection des données personnelles

Exemples

→ Ma **box** ne fonctionne plus. En tout cas, je ne peux plus **me connecter** à Internet. Il faudrait que je puisse contacter mon **fournisseur d'accès**. Mais comment faire puisque leurs « services » sont entièrement dématérialisés et uniquement en ligne ?

→ Comme je n'ai pas de **forfait Internet haut débit en illimité**, il faut que je surveille ma consommation. Sinon ma facture d'Internet va exploser !

• **Distinguez** : une box (= le boîtier pour Internet) ≠ la boxe (= le sport) ≠ un box (= un petit local pour une voiture ou un cheval).

Le téléphone multifonction

une application
un kit mains libres
un internaute
en mode sonnerie ➡ en mode vibreur ➡ en mode silencieux

une icône
un chargeur
un avatar

surfer
en ligne ≠ hors ligne
les réseaux sociaux

Exemples

→ **Le téléphone multifonction**, ou smartphone, nous accompagne jour et nuit. Si on ne veut pas être dérangé, on peut le mettre **en mode silencieux**.

→ Les gens sont constamment **en ligne** ou au téléphone, même au volant de leur voiture. Heureusement qu'il existe **le kit mains libres** qui permet de conduire tout en téléphonant !

• **Distinguez** : une icône (= le symbole graphique sur l'écran) ≠ une icône (= l'image sacrée) ≠ une icône (= la personne représentative d'une mode, d'un courant).

Les gadgets technologiques

| une tablette nomade | une console de jeu | une manette sans fil | un robot aspirateur |
| l'intelligence artificielle | un objet connecté | une liseuse | des lunettes 3D |

Exemples

→ Hier, j'ai essayé ma nouvelle **console de jeu** avec **une manette sans fil**. C'est extraordinaire !

→ De nos jours, il existe toutes sortes d'**objets connectés** : des montres, des lunettes, des vêtements, des frigos, des stores, **des tablettes**, **des robots**, etc. Ces **gadgets** sont-ils utiles ? futiles ? ou inutiles ? À vous de décider !

→ Afin de mieux les commercialiser, on a habilement regroupé tous les algorithmes en informatique sous le terme d'« **intelligence artificielle** ». Mais, à mon sens, le terme « intelligence » devrait être réservé à l'être humain !

 • **Distinguez :** une liseuse (= une tablette numérique qui affiche un livre) ≠ une liseuse (= la lampe individuelle de lecture) ≠ une liseuse (= une cape en laine pour lire au lit).

60 LES SCIENCES

Les scientifiques

un/e mathématicien/ne   un/e physicien/ne   un/e chimiste   un/e biologiste

Exemple

→ **Le physicien** étudie la matière en général, c'est-à-dire sa position dans l'espace, ses mouvements, sa température, etc., alors que **le chimiste** en analyse les composants chimiques.

La démarche scientifique

une expérimentation scientifique   un raisonnement logique   une déduction (déduire)
une preuve (prouver)   un exemple (illustrer)   un graphique
récolter et analyser des données   une courbe   faire des recherches
présenter les résultats d'une étude   interpréter une statistique   formuler une hypothèse

Exemples

→ Il faut toujours être très prudent lorsqu'il s'agit d'**interpréter des statistiques** car tout dépend de la manière dont **les données ont été récoltées**.

→ Avant de **présenter les résultats** d'une recherche, on décrit et **analyse des données**. Celles-ci peuvent être **illustrées** par **des graphiques** et des schémas.

Info Culture

• **L'Institut Pasteur** est une fondation créée en 1887 par Louis Pasteur qui a découvert, deux ans auparavant, le vaccin contre la rage, ce qui lui a valu une renommée mondiale. Grâce aux travaux de ses **chercheurs**, cet institut de **recherche** a réussi à mettre au point des vaccins contre la peste (1894), la tuberculose (1921), la fièvre jaune (1932), la poliomyélite (1954) et l'hépatite B (1985). Dans ses laboratoires, on a également découvert les virus du sida VIH1 et VIH2 (1983). À ce jour, l'Institut Pasteur a reçu 10 prix Nobel !

Dans un laboratoire

un/e laborantin/e	un/e ingénieur chimiste	une blouse	des lunettes de sécurité
une molécule	des gants de protection	un aimant	un élément chimique
un solide	un liquide	un gaz	une vapeur (d'eau)
une cellule	une réaction chimique	un gène	une expérience (*in vitro*)
un ADN	le génie génétique	un clone	un clonage

Exemples

→ Avant de procéder à **une expérience**, **le laborantin** doit mettre **des lunettes de sécurité** et enfiler **des gants de protection** pour éviter qu'une solution dangereuse ne l'éclabousse.
→ Les trois états de la matière sont **le liquide**, **le solide** et **le gaz**.
→ **Le génie génétique** est l'ensemble des techniques permettant de manipuler **in vitro les gènes** d'un organisme vivant. **Le clonage** en fait partie.
→ Voici quelques symboles d'**éléments chimiques** connus : Ag pour argent, Au pour or, Pb pour plomb, Al pour aluminium, etc.

Le matériel de laboratoire

– pour remuer, homogénéiser ou dissoudre : **un bécher, un erlenmeyer, une fiole, un ballon, une cornue** (pour la distillation) + **un agitateur**
– pour mesurer, prélever ou tester : **une éprouvette (graduée), une pipette, un tube à essai**
– pour chauffer (≠ refroidir), faire fondre ou évaporer : **un bec Bunsen**
– pour verser ou broyer : **un entonnoir, un compte-gouttes, un mortier et un pilon**
– pour doser et peser : **une coupelle, une balance**
– pour observer et examiner : **une loupe, un microscope, une lame, une boîte de Petri**

Exemples

→ Si **l'éprouvette** graduée sert à **mesurer** du liquide, **le tube à essai** permet de **tester** des réactions chimiques. Pour cela, on peut le **chauffer** à l'aide d'**un bec Bunsen**.

→ Pour **prélever** un peu de solution, on utilise **une pipette**, parfois dotée d'une poire pour mieux aspirer le liquide.

→ Dans **une boîte de Petri** remplie d'un bouillon de culture, je **prélève** un échantillon que je transfère sur **une lame**, qui me permet de l'**examiner** ensuite au **microscope**.

→ En laboratoire, il faut distinguer différents types de récipients : **un bécher, un erlenmyer, une fiole, un ballon** et **une cornue**, lesquels sont reconnaissables respectivement à leur forme rectangulaire, conique, arrondie, ronde ou courbée.

Info Culture

• Avant qu'Antoine de Lavoisier n'impose au XVIIIe siècle **la chimie** comme discipline scientifique qui **étudie** la composition et **la réaction** de **la matière** à travers des **expériences** reproductibles, on pratiquait **l'alchimie**. Celle-ci avait pour but d'obtenir l'immortalité et de fabriquer la pierre philosophale, **une substance** supposée transformer tous les autres métaux en or. Les nombreuses **expérimentations** des alchimistes ont, malgré l'absence de rigueur scientifique, contribué au développement de **la chimie** moderne !

Achevé d'imprimer en Mars 2024 par Macrolibros
N° éditeur : 10270336